MAR DEL CARIBE

Barranquilla
Cartagena
Medellín
Cali ★ BOGOTÁ
COLOMBIA

LLANOS
CARACAS ★
VENEZUELA
Río Orinoco
GUYANA
SURINAM
GUAYANA FRANCESA

Ecuador

★ QUITO
ECUADOR
Guayaquil
Iquitos

Manaus
Río Amazonas
Belén

B R A S I L

OCÉANO PACÍFICO

PERÚ
LIMA ★
Cuzco
Lago
Titicaca
BOLIVIA
La Paz
BRASILIA ★

ANDES
Arica
Iquique
★ SUCRE
PARAGUAY
São Paulo
Río de Janeiro
Santos

Antofagasta
ANDES
ASUNCIÓN ★
Río Paraná

CHILE
Tucumán
OCÉANO ATLÁNTICO

Córdoba
Rosario
URUGUAY

Valparaíso
Mendoza
BUENOS AIRES ★
MONTEVIDEO ★
SANTIAGO ★
Río de la Plata

Concepción
ARGENTINA

Bahía Blanca

ANDES
PATAGONIA

Islas Malvinas

Estrecho
de Magallanes
Punta Arenas

América del Sur

Tierra del Fuego
Cabo de Hornos

0   600   1200

Kilómetros

¡TANTO MEJOR!

un enfoque
comunicativo,
estructural y cultural

THOMAS A. LATHROP

University of Delaware

ROMAN ALVAREZ
Consulting Editor
Moorhead State University

drawings by HAL BARNELL

JOHN WILEY & SONS

New York   Chichester   Brisbane   Toronto   Singapore

Cover photo: Luis Castañeda/The Image Bank

Lección preliminar: Reading Spanish. Permission to use two *fábulas rasas* ("La zorra y las uvas" and "La zorra y el cuervo"), from *Exorcismos del esti(l)o*, copyright 1978 by Guillermo Cabrera Infante, from the author.

Lección 2: Salvador Dalí: "No estoy loco." Permission to reprint sections from *La vida secreta de Salvador Dalí* given by the current copyright holder of the original edition, Doubleday Publishing Co., New York. The original edition is *The Secret Life of Salvador Dalí* (New York: Dial Press, 1942, copyright renewed by Dial Press in 1970 and transferred to Doubleday).

Lección 3: Novelista por casualidad. Permission to reprint selections from *Boquitas pintadas*, copyright 1968 and 1978 by Manuel Puig, from the author.

Lección 6: Un gato llamado Offenbach. Permission to use sections from "Orígenes," "Obsceno," and "Offenbach," from the book O, copyright 1975 by Guillermo Cabrera Infante, from the author.

Lección 7: El año en que no hubo sanfermines. Permission to reprint the newspaper articles "Los incidentes, recogidos en grabaciones. . .," from *EL PAIS* (Madrid), and "Pamplona dice adiós a los Sanfermines" and "Prácticamente suspendidos las fiestas. . .," from *Ya* (Madrid).

Lección 8: En el periódico de hoy. Permission to reprint the newspaper articles "No hubo bomba. . ." and "Siete heridos. . ." from *Ya* (Madrid), and "Los terremotos de México. . .," "La movilización popular. . .," and "Los cuadros robados. . ." from *EL PAIS*.

Lathrop, Thomas A.
Tanto Mejor

ISBN 0-471-81806-2

Printed in the United States of America

10 9 8 7 6 5 4 3 2 1

AL PROFESOR

¡Tanto mejor! is a new second-year college-level Spanish textbook with structural, communicative, and cultural goals. Along with *¡De acuerdo!*, a first-year textbook, it forms a complete two-year package. Although they were written to work in sequence, each is self-contained and can be used independently. Each has a language lab program and a combination language-lab/writing manual.

Organization of the book

¡Tanto mejor! is divided into nine lessons plus an initial **Lección preliminar**.

The purpose of the **Lección preliminar** is to teach students the rudiments of how to read in Spanish. It is not easy to read Spanish, so I have always been distressed that students, upon entering the second year of language study, were automatically expected to be able to read the language with no previous training. This initial lesson discusses the problems of reading a foreign language in general, and Spanish in particular, then goes on to give crucial information on how to approach a text, what to look for, and how to work with long sentences. Then it gives two short, heavily annotated texts by Guillermo Cabrera Infante for practice.

Training in reading does not stop with the **Lección preliminar**. The structural explanations in the lessons are geared to problems of syntax common to both speaking and writing, and within the lessons themselves there are several readings of different types—original writings developed for this book, newspaper articles, and literary selections.

To help reading further, each reading selection is followed immediately by a rather complete **Vocabulario de la lectura**. I placed it where I did for two reasons. First, I wanted to encourage students to try to divine the words they didn't know (as we have to do in English whenever we read). If the meanings were glossed in the margins, it would simply be too easy to resolve temporary doubts by glancing just a few inches away. Second, since most words have more than one meaning, I felt that individual, custom wordlists following each reading could give the exact meanings of the words as they are used in that reading. The end vocabulary lists the various meanings of words, and also gives meanings of commoner words not listed in the individual vocabularies.

Following the **Vocabulario de la lectura** is an **Estudio de expresiones** which lists, defines, and further exemplifies expressions seen in the text. If students cannot find a vexing vocabulary item in the **Vocabulario**, chances are it is listed in the **Estudio de expresiones**.

Drawings illustrate many of the readings, to set their scene or to illustrate one of their sections. Sometimes novice readers cannot believe that they are in fact really reading what they think they are. The drawings serve to give confidence to these readers that they are indeed reading exactly what they *think* they are. In Lección 2, for example, when students reach the point where Salvador Dalí is taking his oral examination in the History of Art, it will be obvious that the incredible outcome of the reading is exactly what they think it is because it is confirmed by the illustration (yet the illustration itself in no way gives the ending away.)

Finally, there are many cultural notes to help students' comprehension of the text.

At the end of each reading there is a series of questions that ask both what the text says and what it implies. When the questions seek factual information, as much as possible they are phrased in such a way that students have to do more than just "copy from the book."

The Structural Explanations

Any second-year textbook—even one that is part of a two-year program, as this one is—has to take into consideration that only about *half* the students will have been in the previous year's introductory course. Many second-year students are freshmen with a wide variety of high-school backgrounds, others are transfer students from other colleges and junior colleges where, doubtless, other books were used, and still others are continuing students from the same college, now enrolling in the second year after a break of a couple of years (most likely with a different textbook).

Therefore, a major duty of any second-year textbook should be to homogenize the class's structural knowledge and to put everyone on the same even footing. *¡Tanto mejor!* tries to do this by first giving a "what you should know already" set of explanations, then going on to give "second-year" refinements. For example, in Lección 3, "what you should already know" about **ser** and **estar** includes the use of **ser** with nouns, and with adjectives that show characteristics, and its use in the meaning of "takes place"; the uses of **estar** are listed with condition and location. This puts the whole class on the same level by reviewing for some and filling in some holes for others. Next, the lesson goes on to the "second-year refinements" of these verbs by discussing the true passive, uses of **lo** with these two verbs and **parecer** (**Juan es inteligente pero no *lo* parece**), the use of **estar** with sensations, and, finally, **estar** in resultative sentences.

As in *¡De acuerdo!*, this book gives from four to eight structural sections per chapter, each one accompanied by abundant oral exercises in the textbook. I hope you will find *too many* oral exercises, so that you can tailor the textbook to your style of teaching and to the students that you have. Writing exercises are contained in the language-lab/writing manual, discussed later.

Often, students really do very little extended talking in the standard language class. For that reason, I have included **Dos a dos** exercises (as in *¡De acuerdo!*). In these, students work in pairs and ask each other a series of questions using the structural information from the section at hand.

At the end of each lesson there is a **Recapitulación** section which includes a **Cuestionario doble**, an **Escenario**, and some **Temas de composición escrita**. The **Cuestionario doble** is like the **Dos a dos** exercise in that students work in pairs with sets of questions, but this time information from the whole lesson is included, and students write down the answers they hear. In this way students get practice both in reading and speaking (as they ask the questions from the list), and in understanding and writing (as they transcribe the answers).

The **Escenario** is an improvised skit in the style of those Robert DiPietro has devised for his Strategic Interaction. It is a wonderful preparation for using language in the Real World. Each person in the skit is told what his or her motivations are, but they do not know what anyone else's are. Skits can be run two or three times with different casts. Those who are not performing try to figure out what the motivations of everyone are, and should be asked questions about the skits. The **Escenario appendix** in the Instructor's Manual (available from the publisher) gives the clues that both sides need.

The **Temas de composición escrita** give students the opportunity to expand upon, react to, or continue information contained in the readings and cultural information.

The Cultural Content

The culture of ¡*De acuerdo!* is the kind with a lower-case *c*, aimed to help North American students cope with everyday situations and understand student daily life in Hispanic countries. The cultural content of ¡*Tanto mejor!* is with a capital C. Two of the lessons deal with the lives and works of two contemporary authors (Manuel Puig, a novelist from Argentina, and Guillermo Cabrera Infante, a Cuban novelist living in London), two twentieth-century artists (Salvador Dalí and Joaquín Sorolla, both from Spain), a dancer (Alicia Alonso, Cuba), and a musician (Carlos Montoya, Spain). Each one was chosen because their lives and careers are utterly fascinating. In addition, there are readings dealing with current events (a whole lesson is devoted to the year there was *no* running of the bulls in Pamplona, and another lesson contains stories from Hispanic newspapers). The book ends with some short, delicious readings from *Don Quijote* (the first and second appearance of Andrés and the adventure of the windmills). These readings are well annotated. I hope they will be a wonderful culmination to these two years of work.

The Writing Manual and Language Lab Program

The Writing Manual and Language Lab Manual are contained in the same workbook. Each lesson starts out with the written exercises, followed by the lab manual section.

Each structural section in the textbook is numbered. In the Writing Manual, exercises corresponding to that section bear the same number. If there is more than one written exercise per section, each bears the section number and a letter. For example Lección 6, section 1 deals with the subjunctive with verbs of communication. In the Writing Manual, exercises 1a and 1b work on that concept. There is a key to the written exercises at the end of the Manual.

The lab program that accompanies ¡*Tanto mejor!* starts with a pronunciation exercise, to review the major features of the Spanish sound system. The examples students will work with are printed in the Manual.

Then there is a series of grammatical exercises. Some are fully oral, some are fully written, and some are half-oral and half-written. No exercise seen in the textbook is duplicated in the lab program, so students will always be doing something different in the lab.

A major feature of this lab program is the inclusion of a number of interviews with or about the personalities that the lessons deal with. The actual voices of Carlos Montoya, Manuel Puig, and Guillermo Cabrera Infante are heard, as well as the voice of Joaquín Sorolla's grandson. These interviews give a new dimension to language lab work and prove to students that the language is both vital and real. Each one, being different, has a different format and way of asking questions about it.

Another nice feature of the lab program is an original song in every lesson composed by Lorenzo Tapia. These limit themselves rigorously only to what students know at any given point.

At the end of each taped lesson is a comprehension text, based on or continuing the cultural information from the book's lesson, and a dictation (given without indication of punctuation).

I would like to thank Manuel Puig and Guillermo Cabrera Infante for permission to use sections of their work. I also thank both Carlos and Sally Montoya for letting me interview them. I am delighted to have the opportunity to publish authentic information about Carlos. One of the real pleasures of preparing this project was having an excuse to meet and talk with these celebrated and nice people. Israel Gabriel, Lecturer in Dance at the University of California, Irvine, and Artistic Adviser to the Montgomery Ballet Company (Maryland), provided lots of background information about Alicia Alonso, for which I thank him. Román Alvarez, chairman of the language department at Moorhead State University, read and critiqued all of the texts which I wrote for this book, and helped in other innumerable ways, too. Thank you, Román. I am very grateful to Estela García of Salamanca, who collaborated in the writing of exercises for this project. Sometimes I was baffled about how a point of structure could be effectively practiced orally, but Estela always came up with a good solution. I also thank Ginette Brayman of the University of Delaware for helping with proofreading. On the Wiley Staff, I thank my editor, Ron Nelson, for his skill in putting these books together, Maddy Lesure, the designer, who did tasteful work, and Safra Nimrod, for her selection of photographs. I would like to thank these eight reviewers for their comments about the book while still in manuscript form: Michael D. Finnemann, Syracuse University, Peggy Hartley, Appalachian State University, Phillip Johnson, Baylor University, Barbara A. Lafford, Arizona State University, Jaime Montesinos, Borough of Manhattan Community College, Barbara Rank, University of Illinois at Chicago Circle, Marie S. Rentz, University of Maryland and Manuel Rodriguez, Los Angeles Valley College. Finally, I thank Hal Barnell (the artist) and Lorenzo Tapia (the songwriter),

LECCIÓN 1

La música de los gitanos

ALGO VIEJO Y ALGO NUEVO

1. Repaso del presente

A. The present indicative is an important tense because it is so common, and because so much is built on it.

Although there are three conjugation groups in Spanish (**-ar**, **-er**, and **-ir**), all tenses use really only *two* sets of endings—those for the **-ar** verbs and those for the **-er** and **-ir** sets. [1]

Repaso instantáneo: el presente

You probably know these forms well already, but here are some model conjugations in case you would like to review.

	-ar	**-er**	**-ir**
	llegar *to arrive*	aprender *to learn*	abrir *to open*
(yo)	llego	aprendo	abro
(tú)	llegas	aprendes	abres
(usted)	llega	aprende	abre
(él/ella)	llega	aprende	abre
(nosotros,-as)	llegamos	aprendemos	abrimos
(vosotros,-as)	llegáis	aprendéis	abrís
(ustedes)	llegan	aprenden	abren
(ellos/ellas)	llegan	aprenden	abren

[1]Some tenses—notably the future and conditional—have only *one* set of endings. The present indicative shows a slight variation in the **-er/-ir nosotros** and **vosotros** forms: the **-er** endings are **-emos**, **-éis** and the **-ir** endings are **-imos**, **-ís**. This is the *only* difference in endings in the **-er/-ir** groups.

13

About tú, usted, and vosotros

You may have learned that you use the **tú** form only with family members, intimate friends, and people who are younger or of a lower social status than you are (the shoeshine kid, your employees). This is only partially true. The **tú** form is virtually always used in peer groups among all members. You are students now, so you would use the **tú** form with any student, whether you know that person or not. In later life, if you become a lawyer or an advertising executive, you'd likely use the **tú** form when talking to fellow lawyers or advertising executives.

The **vosotros** form is the plural of **tú** in most of Spain. In Latin America, **ustedes** is the plural of **tú**. Whereas Latin Americans do not *use* the **vosotros** form, all educated Latin American speakers recognize it, and you should know the form, too.

B. Here are some useful regular verbs. This is the only lesson which will give such a long list of verbs, but don't let it frighten you—you doubtless know most (if not all) of them already.

-ar verbs

andar *to walk, function*	El mexicano típico **anda** mucho en la calle. Mi coche no **anda** bien.
bajar *to get off, go down*	¿Dónde **bajamos** del tren? Usted puede **bajar** por aquí. **Bajamos** la escalera para ir a clase.
buscar *to look for*	**Busco** mi tarea, pero no la encuentro. ¿**Buscan** ustedes un apartamento más grande?
caminar *to walk*	Ellos no **caminan** a la universidad. Mi amiga siempre **camina** lentamente.
cantar *to sing*	Yo no **canto** muy bien, pero mi hermana **canta** como un ángel. Siempre **cantamos** en clase.
cenar *to eat dinner*	En España, **cenan** a las diez de la noche. Los americanos **cenamos** a las seis de la tarde.
colocar *to place*	Durante el examen se **coloca** el libro en el suelo. Yo **coloco** mi bicicleta cerca de este edificio.
cocinar *to cook*	Mi hermano **cocina** muy bien. En México, usan muchas especias cuando **cocinan**.
comprar *to buy*	**Compramos** muchos refrescos en el verano. No se puede **comprar** coches rusos aquí.
desear *to desire*	¿No **deseas** tú un coche nuevo? Ellas **desean** un apartamento tranquilo.
entrar (en) *to enter*	Marta **entra** en la tienda de ropa. El profesor **entra** antes de la hora.

escuchar	*to listen to*	**Escucho** bien cuando hablan español.
		Escuchas bien las ideas nuevas.
esperar	*to wait for*	**Esperamos** el autobús en la esquina.
		Los estudiantes **esperan** el autobús en la calle.
estudiar	*to study*	Yo no **estudio** los domingos.
		¿**Estudias** en la biblioteca o en casa?
descansar	*to rest*	Después de las clases, **descanso** un poco.
		Mi abuelo **descansa** por la tarde.
funcionar	*to work*	Mi coche viejo no **funciona** bien.
		En Madrid, los ascensores viejos no **funcionan** a menudo.
hablar	*to speak*	Sonia **habla** cuatro lenguas.
		El profesor Vives **habla** español y alemán.
llegar	*to arrive*	¿Cuándo **llegamos** al cine?
		El buen estudiante **llega** un poco temprano.
llevar	*to take*	¿Qué **llevas** contigo cuando viajas a México?
		Ella **lleva** un maletín consigo a clase.
mirar	*to look at*	**Miramos** los árboles y las flores cuando caminamos.
		¿**Miras** por allí la pirámide azteca?
necesitar	*to need*	**Necesito** cinco dólares.
		Ellos no **necesitan** nuestra ayuda.
pagar	*to pay (for)*	**Pagamos** los impuestos el quince de abril.
		Tengo que **pagar** la habitación.
pasar	*to spend time*	En el verano, **pasamos** dos semanas en el Canadá.
		Pasamos mucho tiempo en el laboratorio de química.
quedar	*to remain, be*	¿Cuántos meses **quedan** hasta el fin del año?
		El hospital **queda** muy cerca.
regresar	*to return*	Mi padre **regresa** el viernes.
		¿Qué día **regresas** después de las vacaciones?
sacar	*to take out*	Antes del examen, los estudiantes **sacan** un lápiz.
		La profesora **saca** el examen a las diez y media.
terminar	*to finish*	¿Cuándo vamos a **terminar** este proyecto?
		Termino la carta en cinco minutos.
tocar	*to play an instrument*	Mi hermana **toca** muy bien el piano.
		No **toco** la guitarra.
tomar	*to take, drink*	Ella nunca **toma** un taxi.
		Tengo que **tomar** dos aspirinas.
trabajar	*to work*	Mi hermano **trabaja** en el centro.
		Trabajo bastante bien en la biblioteca.

viajar *to travel*	Durante el verano **viajamos** a México.
	Román **viaja** a España a menudo.
visitar *to visit*	Ella **visita** las ciudades grandes.
	Visitas a tu abuela frecuentemente.

Práctica oral

Say these sentences aloud with the proper form of the verb.

MODELO   Juan no (pasar) _____ tiempo en Bulgaria cuando (viajar) _____ a
            Europa.
            Juan no **pasa** tiempo en Bulgaria cuando **viaja** a Europa.

1. Mis padres (cenar) _____ a las nueve.
2. Los españoles (comprar) _____ pan y leche todos los días.
3. Yo siempre (sacar) _____ a mi perro de paseo por la noche.
4. Juana (entrar) _____ en casa de María.
5. Vosotros no (trabajar) _____ los sábados ¿verdad?
6. María, tienes que (estudiar) _____ un poco más.
7. Mis padres y yo (regresar) _____ a casa a las cinco de la tarde.
8. El tocadiscos de mi hermano no (funcionar) _____ muy bien.
9. Yo (caminar) _____ al parque con Matilde.
10. Nosotros (pagar) _____ la cuenta.
11. ¿Qué (llevar) _____ contigo cuando (viajar) _____?
12. Antonio (visitar) _____ a su familia en el verano.
13. Francisco (hablar) _____ mucho en clase.

Dos a dos

The **dos a dos** exercise is to give you practice talking for a longer period than questions and answers with the instructor. Here's how it works. The class divides into groups of two students (you and your neighbor). First one student asks the other a question or a group of questions, to which the other student responds, then they switch roles usually with a different set of questions. Make sure that you use the proper feminine forms when talking to a female neighbor, and the proper masculine forms when talking to a male neighbor. Use the **tú** form with your neighbor.

In this exercise, if you have no way of knowing what the answer might be, make one up.

Person A asks these questions

1. ¿Escuchas las noticias en la radio por las mañanas?
2. ¿Cómo anda tu bicicleta nueva?
3. ¿Baja el precio de gasolina?
4. ¿Qué buscas en la tienda estudiantil?

Un cuadro flamenco típico de hoy. La bailadora está bailando y el cantador, a la derecha, se prepara para cantar.

5. ¿Caminas mucho en los parques?
6. ¿Cantas cuando estás contento,-a?
7. ¿A qué hora cena tu familia los domingos?
8. ¿Deseas ir al cine con el/la estudiante nuevo,-a?

Person B asks these questions

1. ¿Hablas español con tus amigos?
2. ¿A qué hora llegas a clase normalmente?
3. ¿Llevas a tu novio,-a al cine?
4. ¿Compras algún regalo para tu mamá hoy?
5. ¿Funciona bien tu coche nuevo?
6. ¿Viajas mucho?
7. ¿Tocas un instrumento musical?
8. ¿Dónde pasas las vacaciones?

Note: Here are some notes about the verbs above. **Buscar** *to look* **for**, **escuchar** *to listen* **to**, **esperar** *to wait* **for**, **mirar** *to look* **at**, and **pagar** *to pay* **for**, are ordinary verbs in Spanish, but they cause a problem for English-speakers because the *English* equivalents most often require a preposition to complete their meaning. No such preposition is possible in Spanish.[1]

Busco mi maletín.	*I am **looking for** my briefcase.*
Escuchas la radio.	*You are **listening to** the radio.*
Esperamos el autobús.	*We **wait for** the bus.*
Miran los dibujos.	*They **look at** the drawings.*
Ella **paga** la comida.	*She **pays for** the food.*

[1]The "personal a" is still required with these verbs: Escucho **a** mi madre; Buscamos **a** nuestros amigos; Esperan **a** la doctora Gómez.

Entrar, on the other hand, requires **en**—a concept which is not needed in English—when you say where you enter:

Entramos en el edificio.   *We* **enter** *the building.*

Práctica oral ─────────────────────────────

Say the English verb in Spanish as you repeat the whole sentence.

1. Andrés y Pedro (*look for*) ─────────── un tesoro en una isla.
2. Mi madre (*listens to*) ─────────── música cuando cocina.
3. ¿Tú (*wait for*) ─────────── el tren de Badajoz?
4. Los niños (*look*) ─────────── a la izquierda y a la derecha antes de cruzar la calle.
5. Nosotros (*pay for*) ─────────── la matrícula todos los años.
6. ¿Vosotros (*wait for*) ─────────── a vuestros amigos para jugar al fútbol?
7. Cecilia (*pays for*) ─────────── su coche en metálico.
8. Yo (*look at*) ─────────── la casa de mi vecino porque es bonita.

-er and -ir verbs

abrir *to open*	¿Cuándo se **abren** las puertas? Mi amigo nunca **abre** su libro.
aprender *to learn*	**Aprendo** español y matemáticas. ¿Qué **aprendes** tú?
asistir (a) *to attend*	Yo **asisto** a todas las clases. El presidente **asiste** a las reuniones del comité.
beber *to drink*	¿Deseas **beber** un refresco conmigo? No **bebemos** mucha leche en mi casa.
comer *to eat*	¿**Comen** bien los argentinos? Yo **como** en el restaurante de los estudiantes.
comprender *to understand*	Ahora **comprendo** porque mi nota es mala. Ellos no **comprenden** la esencia del problema.
creer *to believe, think*	**Creemos** en los ideales de la sociedad. **Creo** que el Presidente no tiene razón.
deber *to owe*	Le **debo** diez dólares a mi hermano. **Debes** otra tarea al profesor, ¿verdad?
esconder *to hide*	¿Qué **esconde** ella? Yo nunca **escondo** nada.
escribir . *to write*	Manuel Puig **escribe** bien. Ellos **escriben** mal.
leer *to read*	La persona típica no **lee** rápidamente. Me gusta **leer** novelas de aventuras.

meter *to put in*	Se **mete** la moneda en el teléfono.
	Después de la clase, el profesor **mete** los libros en su maletín.
recibir *to receive*	El estudiante que trabaja **recibe** buenas notas.
	Yo no **recibo** muchas cartas.
recoger *to pick up*	Tú siempre **recoges** a tu hermana.
	Recojo a mi amigo en el aeropuerto.
subir *to go up*	Juan **sube** siete pisos a su apartamento.
	Subimos la escalera para ir a clase.
ver *to see*	**Vemos** a nuestra familia los sábados.
	Margarita **ve** mucha televisión.
vivir *to live*	¿**Vives** en la capital?
	Nosotros **vivimos** en la calle Princesa.

Notes: 1) **Asistir** requires **a** when you say what you attend: **Asistimos a clase y a las funciones teatrales** *We attend class and theater shows*, but: **No asisto hoy.** 2) **Recoger** has a regular spelling change in the **yo**-form; **recojo.** 3) **Ver** actually has an irregular **yo**-form: **veo** (we don't expect the **-e-** to be there).

Práctica oral

Read the paragraph below aloud filling in the correct present tense forms of the verbs indicated.

María (asistir) _____ a clase todos los días y allí (ver) _____ a sus amigas Rosa y Juana. Rosa y María (vivir) _____ lejos de la escuela pero Juana (vivir) _____ cerca. Los sábados estudian en casa de Juana. María (meter) _____ los libros en el coche y (recoger) _____ a Rosa. Cuando llegan tienen que (subir) _____ la escalera porque Juana (vivir) _____ en el segundo piso. Primero ellas (comer) _____ un bocadillo y (beber) _____ agua fresca o refrescos, y después (abrir) _____ los libros para estudiar. (Escribir) _____ los ejercicios y (leer) _____ las lecturas de la clase de español pero a veces no las (comprender) _____. Ellas (deber) _____ (aprender) _____ más español.

Dos a dos

Person A

1. ¿Cuántas novelas lees al mes?
2. ¿Comprendes bien esta lección?
3. ¿Recoges tú a tu hermanita?
4. ¿Ves todas las películas nuevas?
5. ¿Escribes muchas cartas?
6. ¿Abres la ventana en diciembre?

7. ¿Bebes vino en el restaurante de los estudiantes?

8. ¿Qué comes cuando tienes mucha hambre?

Person B

1. ¿Crees que el tabaco es malo para la salud?

2. ¿A cuántas clases asistes este semestre?

3. ¿Dónde vives en el verano?

4. ¿Aprendes más de una lengua extranjera?

5. ¿Escribes bien en inglés?

6. ¿Subimos muchos pisos para ir a la clase de español?

7. ¿Escondes muchas cosas de tu familia?

8. ¿Le debes mucho dinero a tu padre?

C. Special cases

1. You should be aware that a few regular **-ar** verbs—most of those ending in **-iar** and **-uar**—have an unusual accent pattern; the **u** or the **i** has a written accent in all of the singular and in the **ustedes/ellos/ellas** forms, where the stress falls on the **i** or the **u**.

continuar *to continue*	**Continuamos** la lección hoy en la sección seis. ¿**Continúas** con aquel dentista horrible?
actuar *to perform, act*	Rodolfo Casanova **actúa** bien en aquella película. Tú tienes que **actuar** en la función de mañana.
esquiar *to ski*	Los españoles **esquían** en la Guadarrama. Nosotros **esquiamos** en Vermont o en Colorado.
enviar *to send*	**Enviamos** dos o tres cartas al día. ¿**Envías** tú muchos paquetes?

Not all verbs follow this pattern: **estudiar, odiar** *to hate,* **apaciguar** *to pacify* do not (**estudio, odio, apaciguo**).

2. Verbs ending in **-uir** have a **-y-** before all endings except the **nosotros/vosotros** forms.

	construir *to construct*	**destruir** *to destroy*
(yo)	construyo	destruyo
(tú)	construyes	destruyes
(usted)	construye	destruye
(él/ella)	construye	destruye
(nosotros, -as)	construimos	destruimos
(vosotros, -as)	construís	destruís
(ustedes)	construyen	destruyen
(ellos/ellas)	construyen	destruyen

Este año, no **construyen** mucho. **Construimos** nuestra casa nueva poco a poco. Mi hermanito lo **destruye** todo. **Destruimos** los edificios viejos.

Práctica oral —————————————————————————————————

Insert the right form of the verb asked for. The exercise includes **acentuar** *to stress,* **espiar** *to spy,* **huir** *to flee,* **obstruir** *to obstruct,* and **incluir** *to include.*

MODELO   Yo (esquiar) _____ en Chile.
              Yo **esquío** en Chile.

1. Mis amigos (esquiar) _____ los fines de semana.
2. Debemos (acentuar) _____ las palabras correctamente.
3. ¿(Continuar) _____ tú jugando al baloncesto?
4. Yo (enviar) _____ rosas a mis padres para su aniversario.
5. Mis amigos y yo (odiar) _____ las hormigas (*ants*) porque comen nuestra comida en el picnic.
6. No es bueno (espiar) _____ a las demás personas.
7. Humphrey Bogart (actuar) _____ en *La reina de África*.
8. Nosotros (continuar) _____ en la universidad.
9. Muchos animales (huir) _____ cuando ven al hombre.
10. Los accidentes de coche (obstruir) _____ el tráfico.

LECTURA CULTURAL

El flamenco[1]

La música flamenca—el flamenco—es la música folklórica de Andalucía, la región del sur de España. Es diferente de cualquier[2] otro estilo de música folklórica del mundo.

Pero ¿por qué es el flamenco la música del pueblo *del sur* de España y no del norte, del este o del oeste? ¿Por qué es el flamenco tan distinto de la música folklórica del resto del mundo?

Hay una sola respuesta a estas dos preguntas. El flamenco es una mezcla de música de varias culturas antiguas del sur de la Península Ibérica. En los primeros siglos de nuestra era llegan muchos judíos al sur de Hispania (todavía no se llama "España"), y traen consigo su propia música. Estos son los sefarditas que continúan hablando español hasta hoy.

Siglos después, en el año setecientos once, llegan tribus musulmanas al sur de la Península Ibérica, que se llama Andalucía hoy (en efecto "Andalucía" viene de una palabra árabe). ¿Por

---

[1]No one can know for sure the definitive origins of the music known as flamenco. It has no written tradition and no historical records of any kind. The account below is a synthesis of different theories on the subject.

[2]**Cualquier(a)** means *any(one) at all*. It is a very unusual word because it loses its final **-a** before a noun (**cualquier canción, cualquier disco**), but retains it anywhere else (**cualquiera de mis amigas, cualquiera puede hacerlo**). Its plural form is **cualesquier(a): Deseo comprar cualesquiera de las novelas de García Márquez.** If an adjective precedes the noun, **cualquier** is still the right form: **cualquier buena canción.**

qué se establecen allí? Es porque vienen del norte de Africa. Los musulmanes traen consigo su propia música también. La música musulmana es un ingrediente fuerte en el flamenco.

Pero falta otro ingrediente. En el año mil cuatrocientos los gitanos son echados de la India y muchos de ellos llegan a Barcelona en el año mil cuatrocientos cuarenta y siete. Una vez en España, ¿adónde pueden ir? Si se quedan en el norte de España, no van a tener una buena vida porque el "establecimiento" español—los reinos importantes—se encuentra en el norte (y el "establecimiento" indio acaba de echarlos de la India). Pero en el sur existe un civilización oriental, diferente de los reinos del norte y por eso los gitanos van al sur. Traen consigo también su propia música.

En el año mil cuatrocientos setenta y nueve, los Reyes Católicos—Isabel y Fernando—[1]deciden conquistar Granada, el último reino musulmán de la península, donde viven los judíos y los gitanos.[2] Lo que pasa es que de repente estos tres grupos—los gitanos, los musulmanes y los judíos—que ordinariamente se consideran muy distintos, ahora están luchando contra un enemigo común, el ejército español. Estos tres grupos tienen que convivir, y forjan una nueva forma de música. Y lo que sale es el origen de la música flamenca.

Preguntas sobre la lectura

1. ¿Es el flamenco la música folklórica de toda España?
2. ¿Es posible la música flamenca sin los musulmanes?
3. ¿Cuáles son los tres ingredientes del flamenco?
4. ¿Quiénes son los sefarditas?
5. La palabra "Andalucía" ¿viene del latín?

[1]Although all Spanish monarchs have been Catholic, only Ferdinand and Isabella are known as *the* **reyes católicos**. **Reyes** means *king and queen*.

[2]Ferdinand and Isabella finally conquered Granada in 1492, without a doubt Spain's greatest year.

Una vista parcial de Granada, la ciudad española dónde viven más gitanos, sobre todo en la sección que se llama "Sacro Monte".

6. ¿Por qué no se establecen los musulmanes en el Norte de España?
7. ¿Por qué no se quedan en Barcelona los gitanos?
8. ¿Por qué no es el flamenco como las otras músicas folklóricas del mundo?
9. ¿Quién es el enemigo de los gitanos?

Vocabulario de la lectura

In these vocabularies all important words for the comprehension of the texts are given. Those words in boldface should be learned for your active vocabulary.

canción *song*
conquistar *to conquer*
consigo *with oneself, themselves*
convivir *live together*
cualquier *any(one) at all, just any*
echar *to throw out*
distinto *different*
ejército *army*
enemigo *enemy*
establecerse *to establish oneself*
establecimiento *establishment*
este *east*
faltar *to be lacking*
forjar *forge*
fuerte *·strong*
gitano *gypsy*
hasta *until*
Hispania *Roman name for Iberian Peninsula*

judío *Jew*
luchar *to fight*
mezcla *mixture*
mundo *world*
musulmán *Muslim*
norte *north*
oeste *west*
primero *first*
pueblo *people*
quedarse *to remain*
reino *kingdom*
sefardita *Jew of Spanish origin*
siglo *century*
sur *south*
tribu f. *tribe*
varios *several*

Estudio de expresiones

1. **de repente** *suddenly, all of a sudden*

   De repente, estos grupos están luchando.
   De repente, entraron en el edificio.

2. **diferente/distinto de** *different from*

   El flamenco es **diferente de** la otra música folklórica.
   Es **distinto de** la otra música europea.

3. **lo que** (the non-interrogative) *what*

   Lo que pasa es que no tenemos dinero para entrar.
   Lo que sabemos es la verdad.

4. **propio/ajeno** *one's own/someone else's*

   Trajeron su **propia** música.
   Yo tengo mis **propios** pensamientos; no necesito los **ajenos**.

5. **todavía no** *not yet*

   Todavía no era posible.
   Todavía no tengo la carta que me mandaron.

6. **una vez** *once*

   Una vez que terminaron, se fueron.
   Una vez en España, fueron al sur.

Práctica de vocabulario

Insert the correct choice—the generic word or expression only is given. You will have to give the correct choice in the correct form.

1. _____ veo a mi hermano. **ajeno, de repente, lo que**
2. No sé _____ dices. **una vez, propio, lo que**
3. _____ en clase, los estudiantes no salen. **todavía no, propia, una vez**
4. _____ español habla español. **cualquier, de repente, todavía no**
5. _____ que vuelven, se quedan. **reino, una vez, de repente**
6. España es _____ Francia. **diferente de, cualquier, más bien**
7. Los gitanos tienen sus _____ ideas. **reino, propio, una vez**
8. Ellos están en casa; _____ pueden llegar. **propio, todavía no, cualquier**

2. El presente regular con cambios de vocales

Vowel-changing verbs are part of the regular present tense system. All three groups change **o** to **ue** and **e** to **ie**. This change takes place in all forms of the singular and in the **ustedes/ellos/ellas** form of the plural. The infinitive and the **nosotros/vosotros** forms never show that change.

	-ar	-er	-ir
	contar *to relate* (o–ue)	volver *to return* (o–ue)	dormir *to sleep* (o–ue)
(yo)	cuento	vuelvo	duermo
(tú)	cuentas	vuelves	duermes
(usted)	cuenta	vuelve	duerme
(él/ella)	cuenta	vuelve	duerme
(nosotros,-as)	contamos	volvemos	dormimos
(vosotros,-as)	contáis	volvéis	dormís
(ustedes)	cuentan	vuelven	duermen
(ellos/ellas)	cuentan	vuelven	duermen
	pensar *to think* (e–ie)	perder *to lose* (e–ie)	mentir *to lie* (e–ie)
(yo)	pienso	pierdo	miento
(tú)	piensas	pierdes	mientes
(usted)	piensa	pierde	miente
(él/ella)	piensa	pierde	miente
(nosotros,-as)	pensamos	perdemos	mentimos
(vosotros,-as)	pensáis	perdéis	mentís
(ustedes)	piensan	pierden	mienten
(ellos/ellas)	piensan	pierden	mienten

Here is a basic set of verbs that make these changes. You probably know most of them already, too.

e–ie

atravesar   *to go across*   **Atravesamos** la ciudad en el metro.
¿Cómo **atraviesas** la universidad?

cerrar   *to close*   ¡No puedo **cerrar** esta puerta!
El policía **cierra** bien la puerta.

comenzar   *to begin*   **Comienzo** mis estudios universitarios este año.
¿Cuándo **comenzamos** nuestra clase hoy?

empezar   *to begin*   **Empezamos** el trabajo a las siete.
Ellas **empiezan** a las ocho.

entender   *to understand*   No **entiendo** el alemán.
Nosotros **entendemos** el álgebra pero no el cálculo.

mentir   *to lie*   No **mentimos** nunca, con algunas excepcioncitas.
Hay algunos políticos que **mienten** un poco.

pensar *to think*	El profesor Vives **piensa** mucho.
	Nosotros **pensamos** antes del examen.
perder *to lose*	No deseo **perder** mi tarjeta de crédito.
	Tú **pierdes** siempre lo que necesitas.
preferir *to prefer*	Yo, francamente, **prefiero** el vestido amarillo.
	Nosotros **preferimos** el viaje de seis semanas.
querer *to want, love*	**Quiero** aquel coche rojo.
	Queremos a nuestras madres.
recomendar *to recommend*	**Recomendamos** el hotel de dos estrellas.
	¿Qué **recomiendas**?

Práctica oral

Choose the right verb and say the sentences with the right form of that verb.

MODELO José _____ frecuentemente su billete.   **cerrar perder empezar**
José **pierde** frecuentemente su billete.

1. El partido de fútbol _____ a las ocho de la tarde.

    empezar cerrar perder

2. Nosotros _____ los libros con mucho diálogo.

    atravesar preferir pensar

3. Ustedes tienen que _____ en sus estudios. **entender pensar querer**

4. Ellos sólo _____ tu dinero.   **comenzar mentir querer**

5. Podemos _____ la frontera de España y Portugal fácilmente.

    atravesar recomendar perder

6. Rosa, ¿_____ a tu hermana pequeña? **cerrar atravesar entender**

7. Las clases en la universidad _____ el 8 de septiembre.

    recomendar perder comenzar

8. El _____ es algo muy feo.   **pensar mentir preferir**

9. Josefina y yo _____ la ventana cuando hace frío.

    cerrar mentir querer

10. Yo te _____ esta película. Es muy buena.

    mentir pensar recomendar

o–ue

almorzar *to eat lunch*	**Almorzamos** a mediodía en este país.
	En España **almuerzan** a las dos de la tarde.
contar *to tell (a story)*	¿Qué me **cuentas**, hombre?
	No puedo **contar** ese chiste terrible.

costar *to cost*	¿Cuánto **cuesta** el sarape anaranjado? Las maletas ligeras **cuestan** mucho.
devolver *to return something*	**Devolvemos** los libros a la biblioteca hoy. La profesora siempre **devuelve** las tareas pronto.
dormir *to sleep*	No **duermo** bien antes del examen final. **Dormimos** ocho horas o más, si es posible.
encontrar *to find*	**Encontramos** los libros necesarios en la librería. ¿Qué **encuentras** en el Museo de Bellas Artes?
jugar *to play (a game)*	**Jugamos** al béisbol en aquel campo. ¿Quién **juega**[1] bien al tenis?
morir *to die*	Mucha gente **muere** de hambre en el mundo. Casi **morimos** de risa cuando oímos hablar a aquel cómico.
recordar *to remember*	No **recuerdo** la fecha de la independencia de Bolivia. **Recordamos** bien las preguntas difíciles del examen.
soler *to be accustomed*	No **solemos** comer a las diez de la noche aquí. El cartero **suele** venir a las dos de la tarde.
volver *to return*	Mis padres **vuelven** hoy. Patricia **vuelve** después del almuerzo.

Práctica oral

Say these sentences with the correct form of the verb.

MODELO Alberto no (dormir) _____ bien.
          Alberto no **duerme** bien.

1. ¿A qué hora (almorzar) _____ en vuestra casa?
2. Mi abuela siempre les (contar) _____ cuentos a mis hermanos.
3. Los abrigos de pieles (costar) _____ mucho dinero.
4. Alfredo, tienes que (devolver) _____ la máquina de escribir a Rosa.
5. Nosotros (encontrar) _____ la película muy interesante.
6. Rosa (jugar) _____ a las cartas todos los domingos.
7. Cuando hace mucho frío las moscas (morir) _____.
8. ¡Ah! Ahora yo (recordar) _____ quien es.
9. Nosotros (soler) _____ ir al parque a pasear.
10. (querer) _____ volver a mi casa pronto.

---

[1]**Jugar** is the only verb that changes **u** to **ue**.

Dos a dos _____

Person A

1. ¿Juegas mucho al Monopolio?
2. ¿Encuentras la tarea de español muy difícil?
3. ¿Piensas que es importante tener una educación?
4. ¿Suelen ustedes jugar al béisbol los sábados?
5. ¿Empezamos las clases a las ocho de la mañana?
6. ¿Cuentas muchas historias chistosas?
7. ¿Atraviesas toda la universidad para venir aquí?
8. ¿Duermes ocho horas todas las noches?

Person B

1. ¿Cierras las cortinas por la noche?
2. ¿Recuerdas el número de teléfono de tu amigo?
3. ¿Juegas al béisbol en la primavera?
4. ¿Cuánto cuesta un sandwich en el restaurante universitario?
5. ¿A qué hora vuelves a la universidad los domingos?
6. ¿Recuerdas a John Lennon?
7. ¿Pierdes muchas cosas?
8. ¿Devuelves muchos artículos a las tiendas?

Una familia de gitanos españoles que vive cerca de Valencia.

LECTURA CULTURAL

El origen de la palabra "flamenco"

Es una lucha constante tratar de afirmar cuál es el origen de esta palabra. Lo más fácil, y lo más erróneo, es buscar una definición en un diccionario. "Flamenco" quiere decir "aquel pájaro grande y rosa que camina en el agua." ¿Qué puede tener en común este pájaro con la música folklórica española? Hay algunos que dicen que el flamenco (*pájaro*) es un símbolo de la lluvia y la fertilidad en muchas culturas antiguas y se asocia con la purificación, el renacimiento, la cosecha y otras muchas cosas. Pero es un disparate garrafal proclamar que tiene algo en común con la música, el tema de esta lectura.

El diccionario también nos informa que "flamenco" se refiere a "Flandes" (en Bélgica) donde hablan "flamenco", *Flemish*. Las teorías que tratan de convencernos que los flamencos tienen algo que ver con la música de Andalucía son poco atrayentes—con una excepción. En el año mil cuatrocientos noventa y dos, Fernando e[1] Isabel echan a los judíos de España. Muchos de ellos van a Flandes donde pueden cantar sus canciones religiosas en paz. Entonces "cantar música flamenca" puede significar "cantar emocionalmente en libertad"—y la música flamenca es así, sin duda. Pero no convence porque la gente que canta música flamenca está en España y no en Flandes.

La explicación que más nos convence hoy no tiene que ver ni con pájaros rosas ni con los belgas. Hay mucha influencia árabe en la música flamenca. ¿Por qué no buscar raíces árabes para la palabra? Hay dos posibilidades excelentes: *felag-mengu* 'campesino fugitivo' (lo que parece definir al gitano mismo) y *feh-lah-mangu* 'labrador que canta' (y aun hoy, los albañiles y los carpinteros cantan canciones flamencas).

Los gitanos son la gente que canta, toca y baila el flamenco. Si un gitano quiere saber si otra persona es gitana, le pregunta: "¿Eres flamenco?"—lo que significa "¿Eres gitano?" Esta es la clave del significado: "flamenco", en el habla[2] de los gitanos españoles significa "gitano," de modo que la música flamenca es la música de los gitanos españoles.

¿Cuál es la explicación de Carlos Montoya (un gitano puro y el guitarrista más famoso del estilo flamenco) de la raíz de la palabra "flamenco"? Dice: "Cada uno tiene explicación diferente de la palabra. Cuánto más pregunta usted, menos sabrá".

Flamingo! Flemish! Feh-lah-mangu

---

[1] The conjunction **y** becomes **e** before (**h**)**i** + consonant.

[2] **El habla** is feminine and means *speech*. You use the article **el** before feminine nouns beginning with stressed (**h**)**a-**, as in **el harpa** *harp*, **el alma** *soul*, **el hambre** *hunger*.

Preguntas sobre la lectura

Cierto o falso. If they are incorrect, say the correct answer.

1. El flamenco (pájaro) es un símbolo famoso de la música flamenca.
2. Los gitanos vienen de Flandes y hablan flamenco.
3. Los judíos salen de España cuando se descubre América.
4. Se canta mucho flamenco en Flandes.
5. "Feh-lah-mengu" significa "gitano" en español.
6. "Eres flamenco" significa "eres gitano" en español.
7. El flamenco es la música de los gitanos españoles.
8. Carlos Montoya dice que **flamenco** viene de "felag-mengu."

Vocabulario de la lectura

albañil   m. *bricklayer*
atrayente   *attractive*
Bélgica   *Belgium*
belga   *Belgian*
caminar   *to walk*
campesino   *country person*
clave   *key*
común   *common*
convencer   *to convince*
cosecha   *harvest*
disparate   *absurdity*
e   *and* (before [h]i-)
erróneo   *erroneous*

Flandes   *Flanders*
garrafal   *huge*
habla f.   *speech*
labrador m.   *farm hand*
lograr   *to succeed in*
lucha   *fight*
lluvia   *rain*
más   (the) most
mismo   (him/her)self
obvio   *obvious*
pájaro   *bird*
raíz f.   *root*
renacimiento   *rebirth*

Estudio de expresiones

1. **cuánto más... menos** (or **más**)
   the more + verb... *the less* (or *the more*) + verb

   Cuánto más pregunta, **menos** sabrá.
   Cuánto más estudias, **más** aprenderás.

2. **de modo que** *so*

   José no recibió la invitación, **de modo que** no fue a la fiesta.
   "Flamenco" significa "gitano," **de modo que** la música flamenca es la de los gitanos.

3. **lo más (fácil)** *the (easiest) thing*[1]

   Lo más fácil es buscarlo en el diccionario.
   Lo más irónico es que José, que no sabe nada, recibió una A.

   [1]Any "generic" (= masculine, singular) adjective can be used with **lo más**....

4. **lo que** *which*

> Preguntan: "¿Eres flamenco?— **lo que** significa: "¿Eres gitano?"
> Tengo cosas muy antiguas, **lo que** es interesante.

5. **no. . . ni. . . ni. . .** *neither. . . nor. . .*

> La música **no** tiene que ver **ni** con los pájaros, **ni** con los belgas.
> Mis amigos españoles **no** vienen **ni** de la capital **ni** de Sevilla.

6. **quiere decir** *it means*

> "Flamenco" **quiere decir** "gitano".
> ¿Qué **quiere decir** "belga"?

7. **referirse a (ie)** *refer to*

> "Flandes" **se refiere a** "Flanders".
> Cuando menciono *flamenco* no **me refiero** a los belgas.

8. **sin duda** *without a doubt*

> **Sin duda** la música flamenca muestra mucha emoción.
> **Sin duda** van a llegar un poco tarde.

9. **tener que ver con** *have to do with*

> Los pájaros no **tienen nada que ver con** la música española.
> ¿Qué **tiene** *Mechanix Illustrated* **que ver** con nuestra clase?

10. **tratar de** *try to* (+ infinitive)

> Ellos **tratan de** convencernos.
> Los estudiantes **tratan de** estudir mucho.

Práctica de vocabulario

Fill in the blanks with an appropriate expression from the above ten items.

1. _____ importante de la clase son los verbos.
2. Yo no sabía la dirección _____ no fui a tu casa.
3. Los españoles llegaron a América en 1492, _____ que pasaron más de un siglo aquí antes de la llegada de los británicos.
4. _____ escucho la música de Bartók, menos me gusta.
5. El estudiante malo frecuentemente no _____ aprender.
6. "Flandes" no _____ la música flamenca.
7. "Gitano" _____ mucha gente del sur de España.
8. ¿Qué _____ "Flandes" en inglés?

9. Josefina no tiene _____ hermanos ni hermanas.

10. _____ es verdad que la gente que toca música flamenca es gitana.

3. Cambios especiales de los verbos -IR

The -**ir** verbs have a special change that -**ar** and -**er** verbs can never have—where an **e** before the infinitive ending changes to **i**. It is actually the most common way that -**ir** verbs change vowels; there are only *two* o-to-**ue** verbs in the -**ir** group in all of the language (**dormir** and **morir**). Most of the -**ir** verbs with vowel changes that you learn from now on will be **e** to **i**.

	pedir (e–i) *to ask for*	repetir (e–i) *to repeat*
(yo)	pido	repito
(tú)	pides	repites
(usted)	pide	repite
(él/ella)	pide	repite
(nosotros,-as)	pedimos	repetimos
(vosotros,-as)	pedís	repetís
(ustedes)	piden	repiten
(ellos/ellas)	piden	repiten

corregir   *to correct*

Mi amiga **corrige** mis errores.
Después de escribir el examen, **corrijo** mis errores; no puedo **corregir** todos.

conseguir   *to obtain*

¿Cómo se **consigue** la nueva edición del manual?
Conseguimos las partes del coche en la tienda de repuestos de automóviles.
No **consigo** notas buenas en matemáticas.

pedir   *to ask for*

¿**Pides** tú mucha información turística?
No **pedimos** papas fritas.

repetir   *to repeat*

Yo no **repito** los ejercicios difíciles en el laboratorio.
Repetimos las secciones interesantes.

seguir   *to follow*

Sigo las instrucciones siempre.
Seguimos bien la historia después del siglo diecinueve.
Hay periodistas que **siguen** las ambulancias.

servir   *to serve*

¿Qué se **sirve** hoy en el restaurante de los estudiantes?
Siempre les **servimos** café a los invitados.

Notes: 1) **Corregir** shows a regular spelling change in the yo-form from **g** to **j**. The end of the word has to sound like the first two letters of **José**—if you kept the **g** from the infinitive, it would sound like the first two letters of **Gómez**. 2) **Conseguir** and **seguir** lose the **u** in the yo-form because -guo would be pronounced *gwo*. 3) **Seguir** takes **a** when its meaning is figurative: **B sigue a A; 31 sigue a 30** *B follows A; 31 follows 30*. When its meaning is literal it takes no **a**: **Los policías siguen el coche de los bandidos.**

Práctica oral

Ejercicio uno. Fill in the right form.

MODELO   El mesero (servir) _____ los refrescos.
El mesero **sirve** los refrescos.

1. Yo (corregir) _____ los ejercicios de mis hermanos.
2. Los niños (repetir) _____ lo que oyen.
3. Yo (seguir) _____ las instrucciones.
4. Ella siempre (pedir) _____ consejos a su amiga.
5. Normalmente yo (conseguir) _____ una A en mis clases de filosofía.
6. Los jóvenes españoles (servir) _____ en el ejército por un año.
7. El profesor (repetir) _____ las cosas muchas veces.
8. ¿Por qué no (pedir) _____ nosotros un café con leche?

Ejercicio dos. Answer these questions with the truth (if possible).

MODELO   ¿Qué pide usted en la librería?
Pido novelas.

1. ¿Corriges bien tus errores?
2. ¿Dónde se piden libros?
3. ¿Cuándo se sirve el postre?
4. ¿En qué país se sigue la teoría comunista?
5. ¿Qué premio consigues si sales bien en tus cursos?
6. ¿Quién corrige los problemas de los dientes?
7. ¿Sigues tus cursos fácilmente?
8. ¿Repites las lecturas difíciles?

4. Verbos irregulares en el presente

With only three exceptions (**ser**, **ir**, and **oír**) present-tense irregular verbs are perfectly regular *everywhere* except for the **yo**-form.[1]

[1]Two irregular verbs, **caber** and **valer**, are not listed because their irregular **yo**-forms are not commonly used. The verb **caber** *to fit in* has as its irregular **yo**-form **quepo**; but the form **cabe** in its literal meaning (**esto no cabe** *this doesn't fit*) as well as in expressions such as **no cabe duda** *there's no doubt*, **Juan no cabe en sí**, *Juan has a swelled head*, **todo cabe en ella** *you can expect anything of her* is useful. **Valer** *to be worth* has **valgo** as its **yo**-form. Its third-person forms **vale** and **valen** are used daily for asking and telling what something costs: **¿Cuánto vale esto? Este libro vale ochocientos pesos.**

Most of the irregular **yo**-forms end in **-go** (**hago, salgo, pongo, traigo**), four end in **-oy** (**doy, voy, soy, estoy**), and two end in **-e** (**sé, he**). Some verbs (such as **tener, venir,** and **decir**) have the irregular **yo**-form in **-go,** and also show *regular* vowel changes (**e** to **ie** or **e** to **i**).

A. Regular except for **yo**-form.

hacer *to do, make*

(yo)	**hago**	(nosotros,-as)	hacemos
(tú)	haces	(vosotros,-as)	hacéis
(usted)	hace	(ustedes)	hacen
(él/ella)	hace	(ellos/ellas)	hacen

Tú **haces** mucho trabajo en el verano.

¿Dónde **hacen** los mejores coches?

Yo no **hago** todos los ejercicios.

Note: As you know, when you ask a question, the verb of the question is normally the verb of the answer. When you are asked: "*¿Cocina* **bien María?**" you answer using the same verb: "**Sí** *cocina* **bien.**" With **hacer,** the situation is different. When **hacer** means *to do* in a question, the answer can have *any* verb at all, as these examples show:

¿Qué **hace** usted?	What are you *doing*?
Estudio la lección.	I'm *studying the lesson.*
Escribo la tarea.	I'm *writing the homework.*
Leo la novela.	I'm *reading the novel.*

Práctica oral

Ejercicio uno. Say these sentences with the right form of **hacer** included.

1. Yo _____ mucha gimnasia todos los días.
2. María, ¿_____ las camas en tu casa?
3. Carlos y yo _____ muchos amigos cuando viajamos.
4. ¿_____ ustedes picnics en sus casas durante el verano?
5. Mis vecinos _____ pan en su casa.
6. En invierno _____ mal tiempo.

Ejercicio dos. Answer the questions that follow. None of your answers should have a form of **hacer** in them.

MODELO   ¿Qué hace usted el sábado por la noche?
         Veo una película el sábado por la noche.

1. ¿Qué hace el profesor Vives por la tarde?
2. ¿Qué haces durante las vacaciones?
3. ¿Qué hace usted el sábado por la mañana?

4. ¿Qué hace usted cuando va al campo?
5. ¿Qué hace usted durante el mes de. julio?
6. ¿Qué hace un guitarrista en un cuadro flamenco?
7. ¿Qué hace su hermano en la escuela?
8. ¿Qué hace usted en la clase de español?
9. ¿Qué hace usted a mediodía?
10. ¿Qué hace usted a medianoche?

---

salir *to leave*

(yo)	salgo	(nosotros,-as)	salimos
(tú)	sales	(vosotros,-as)	salís
(usted)	sale	(ustedes)	salen
(él/ella)	sale	(ellos/ellas)	salen

Just as **entrar** requires **en** when you say where you enter, you need **de** with **salir** when you say where you leave.

Salimos de la clase a las diez.
Tú **sales del** edificio.
¿No **salen de** la casa pronto?

poner *to put*

(yo)	pongo	(nosotros,-as)	ponemos
(tú)	pones	(vosotros,-as)	ponéis
(usted)	pone	(ustedes)	ponen
(él/ella)	pone	(ellos/ellas)	ponen

¿Dónde **ponemos** estos zapatos?
Juan siempre **pone** sus libros en el suelo.
Yo **pongo** mi bicicleta en el garaje.

traer *to bring*

(yo)	traigo	(nosotros,-as)	traemos
(tú)	traes	(vosotros,-as)	traéis
(usted)	trae	(ustedes)	traen
(él/ella)	trae	(ellos/ellas)	traen

¿**Traes** tu perro **contigo** a la fiesta?
No **traemos** mucho papel al examen.
Mi hermano **trae** a su amiga **consigo**.
Ellos **traen** sus maletas **consigo**.

With **traer**, to say *with you, him, her, them* you need to use **consigo**, and not **con usted, él, ella**, etc., which is used with most all other verbs.

dar *to give*

(yo)	doy	(nosotros,-as)	damos
(tú)	das	(vosotros,-as)	dais
(usted)	da	(ustedes)	dan
(él/ella)	da	(ellos/ellas)	dan

Nosotros les **damos** mucha ayuda a la gente nueva.

Ellos les **dan** dinero a los pobres.

Yo no le **doy** información a la gente que no conozco.

Práctica oral ───────────────────────────────

Say these sentences with the correct form of the verb.

MODELO   Nosotros (poner) _____ los libros en el suelo.
   Nosotros **ponemos** los libros en el suelo.

1. Yo (poner) _____ la radio por la mañana.
2. Los niños (salir) _____ de la escuela a las tres.
3. El presidente (dar) _____ conferencias de prensa algunas veces.
4. Ella no (traer) _____ dinero consigo a clase.
5. Yo (dar) _____ comida a mi perro.
6. Ellos (traer) _____ muchas cosas en las manos.
7. Alberto, ¿(poner) _____ tu nombre en los libros?
8. Yo (traer) _____ el vino y tú (traer) _____ el jamón.
9. Nosotros (poner) _____ dinero en el banco.
10. Yo (salir) _____ de mi casa a las siete todas las mañanas.

saber   *to know (as a fact)*

(yo)	**sé**	(nosotros,-as)	sabemos
(tú)	sabes	(vosotros,-as)	sabéis
(usted)	sabe	(ustedes)	saben
(él/ella)	sabe	(ellos/ellas)	saben

conocer   *to know a person or place*

(yo)	conozco[1]	(nosotros,-as)	conocemos
(tú)	conoces	(vosotros,-as)	conocéis
(usted)	conoce	(ustedes)	conocen
(él/ella)	conoce	(ellos/ellas)	conocen

[1]Other verbs work just like **conocer**: **merecer** *to deserve*, **parecer** *to seem*, **perecer** *to perish*, **aparecer**, *to appear*, **carecer** *to lack*, all with **-zco** in the yo-form. **-ucir** verbs also work this way: **conducir** (**conduzco**, **conduce**) *to drive*, **introducir** (**introduzco**, **introduce**) *introduce*, **producir** (**produzco**, **produce**) *to produce*, to name a few. Since the forms are all predictable, these really should be considered *regular* verbs.

Repaso instantáneo: SABER y CONOCER

Saber represents the type of knowledge that can be reproduced: things you have *memorized*, such as formulas, lists, names, dates, poems, and musical compositions; and *facts* in general. If the knowledge cannot be reproduced in some way, it is not of the **saber** type.[1]

> Nosotros **sabemos** la dirección del Presidente. (Es 1600 Pennsylvania Ave., N.W.).
>
> Yo **sé** los nombres de todos los países de Europa. (Son Albania, Austria, Bélgica, Checoslovaquia, Dinamarca...)
>
> ¿**Sabes** el himno nacional de los Estados Unidos? (¿Puedes cantarlo ahora?)

Saber de means *to know (facts) about.*

> ¿Idi Amín? Sí, yo **sé de** él.
>
> ¿**Sabes del** terremoto de San Francisco de 1906?
>
> Nosotros **sabemos de** la guerra de Viet-Nam.

Saber is also used with an infinitive to mean *to know how to.*

> **Sé tocar** el piano.
>
> Ellos **saben jugar** al "criquet".
>
> ¿**Sabes estudiar** bien?

Saber also means *to find out.*

> Deseo **saber** el número de teléfono de la estudiante nueva.
>
> Mañana vamos a **saber** los resultados del examen.

Conocer is used for *people* and *places*. It is also used for the *smells*, *tastes*, and *sounds* that you know. Since **conocer** represents what is *visual* or *sensory*, it is used for knowledge that cannot be reproduced.

> Yo **conozco** bien la Ciudad de México.
>
> ¿**Conoce** usted al señor Suárez?
>
> Dolores **conoce** bien los monumentos del Perú.
>
> Ellos **conocen** bien a la gente española.
>
> ¡Yo **conozco** aquel sonido! ¡Es un grillo!   *I know that sound! It's a cricket!*
>
> Mi tío **conoce** el olor de las antiguas locomotoras.   *My uncle knows the smell of old locomotives.*

---

[1] Of course, if there is knowledge that can be reproduced, but you happen **not** to be able to do it, it still requires saber: **Yo no sé cuál es el nombre del Vice-Presidente de Buchanan; no sabemos la palabra que quiere decir** *to grind* **en español.**

Conocemos bien el sabor de la
buena salsa picante.

*We well know the taste of good hot
sauce.*

Conocer is also used to mean *to be familiar with.* If you are familiar with a
poem but cannot recite it (i.e., *reproduce* it), you would say "**Conozco** ese
poema".

Tú **conoces** bien *Don Quijote.* (You have read and studied it, but you
cannot recite it from memory.)

Yo **conozco** la arquitectura española. (I can recognize a "Spanish"-style
building when I see one.)

Conocemos las sinfonías de Haydn. (We can recognize his style but cannot
play or conduct them.)

Conocer is also used for people you haven't met but still "know".

Yo **conozco** bien a Dennis Martínez. Es un pítcher muy fuerte.

Todo el mundo **conoce** a Elizabeth Taylor.

El profesor **conoce** bien a Cervantes.

Andrés Segovia en
casa, tocando su
guitarra Ramírez.

Práctica oral

Insert the proper form of **saber**. Why must they all be **saber**?

1. ¿_____ tú cómo se llama el nuevo médico?
2. Mi madre _____ cocinar muy bien.
3. Nosotros _____ la fecha de la guerra civil.
4. Luis _____ conducir bien.
5. Los abogados _____ mucho de leyes.
6. ¿_____ ustedes dónde vive Pepe?
7. Yo _____ mucho de arte.

Now insert the proper form of **conocer**. Why must they all be **conocer**?

1. Vosotros _____ las ideas de Marx.
2. Ellos _____ la residencia de los reyes de Inglaterra.
3. ¿_____ tú a Jack Nicholson?
4. Nosotros _____ muchas partes de los Estados Unidos, ¿no?
5. Yo _____ el coche de mi padre.
6. Todo el mundo _____ a Shakespeare.

Dos a dos

Person A
1. ¿Conoces las películas de Cantinflas?
2. ¿Qué traes a clase?
3. ¿Sales con tus amigos los sábados?
4. ¿Qué haces en el verano?
5. ¿Dónde pones tu bicicleta por la noche?
6. ¿Das los ejercicios al profesor?
7. ¿Sabes la dirección de Robert Redford?

Person B
1. ¿Cuándo haces más trabajo—por la mañana o por la noche?
2. ¿Sales más los viernes o los sábados?
3. ¿Dónde pones tus exámenes viejos?
4. ¿Trae el profesor un violín hoy?
5. ¿Sabes cuál es la fecha del Día de los Muertos?
6. ¿Te da el profesor notas buenas?
7. ¿Conoces bien otros países?

B. Regular vowel changing verbs with irregular **yo**-form

tener *to have*

(yo)	ten**go**	(nosotros,-as)	tenemos
(tú)	tienes	(vosotros,-as)	tenéis
(usted)	tiene	(ustedes)	tienen
(él/ella)	tiene	(ellos/ellas)	tienen

Los jóvenes típicos no **tienen** mucho dinero.

Mi amigo **tiene** un coche nuevo y rápido.

Yo no **tengo** cincuenta libros en español.

venir *to come*

(yo)	ven**go**	(nosotros,-as)	venimos
(tú)	vienes	(vosotros,-as)	venís
(usted)	viene	(ustedes)	vienen
(él/ella)	viene	(ellos/ellas)	vienen

¿Cuándo **vienes** a mi casa?

No **vengo** a clase hoy.

Venimos aquí a menudo.

decir *to say, tell*

(yo)	di**go**	(nosotros,-as)	decimos
(tú)	dices	(vosotros,-as)	decís
(usted)	dice	(ustedes)	dicen
(él/ella)	dice	(ellos/ellas)	dicen

Yo siempre **digo** lo que es, en mi opinión, la verdad.

El profesor Vives **dice** que el examen es fácil.

Decimos que mañana ustedes tienen que llegar a tiempo.

Práctica oral

Ejercicio uno. Fill in the correct present-tense forms of **tener, venir** or **decir**.

1. Yo (tener) _____ muchos amigos.
2. Los médicos (decir) _____ que no es bueno beber mucho.
3. ¡Yo no (venir) _____ aquí para discutir!
4. Alberto y yo (tener) _____ muchos amigos.
5. ¿Por qué (venir) _____ a este restaurante?
6. Las personas pobres no (tener) _____ casas grandes.
7. Nosotros siempre (decir) _____ la verdad.
8. Mi hermano (venir) _____ el domingo a mi casa.
9. Rosa y Antonio (tener) _____ dos hijos.
10. ¡Yo no (decir) _____ nada de eso!
11. Los estudiantes (venir) _____ a estudiar aquí a la biblioteca.

12. El (decir) _____ que tu amigo está enfermo.

Ejercicio dos. Answer these questions with complete sentences using the same verbs as are in the questions.

MODELO   ¿Qué dice el gato?
              Dice "miau".

1. ¿Quién viene a comer mañana contigo?
2. ¿Cuántos años tienes?
3. ¿Qué dice el presidente?
4. ¿Tienes un bolígrafo para mí, por favor?
5. ¿Viene tu amiga a esta tienda?
6. ¿Por qué dicen que no juegan?
7. ¿Cómo vienes a la escuela?
8. ¿Quién dice que tienes que estudiar?
9. ¿Por qué tiene once jugadores un equipo de fútbol?
10. ¿Qué ciudad tiene más habitantes, México o Nueva York?
11. ¿Dices siempre lo que piensas?

C. Ir and **oír**

ir   *to go*

(yo)	**voy**	(nosotros,-as)	**vamos**
(tú)	**vas**	(vosotros,-as)	**vais**
(usted)	**va**	(ustedes)	**van**
(él/ella)	**va**	(ellos/ellas)	**van**

The question word that is associated with **ir** is **¿adónde?** Follow the reasoning this way: **Yo voy a clase? ¿Tú vas a... dónde? ¿Adónde vas tú?**

   ¿Adónde vas? Voy al cine.

   ¿Adónde van ustedes? **Vamos** al café.

   Mis amigos **van** a San Francisco.

oír   *to hear*

(yo)	**oigo**	(nosotros,-as)	**oímos**
(tú)	**oyes**	(vosotros,-as)	**oís**
(usted)	**oye**	(ustedes)	**oyen**
(él/ella)	**oye**	(ellos/ellas)	**oyen**

Oír has an accent on the infinitive and the **nosotros/vosotros** forms so that the **i** will be stressed—without the accent **oi** would be pronounced as in **oigo**.

   ¿Oye usted bien? Sí, **oigo** muy bien.

   Oímos las palabras del presidente cuando habla.

   Ellos no **oyen** la radio nunca.

Práctica oral ――――――――――――――――――――――――――――――――

Fill in the correct form of **ir** or **oír**.

1. Todos los niños (ir) ―――――――― a la escuela.
2. A veces yo no (oír) ―――――――― el despertador por la mañana.
3. ¡Cállense! Yo no puedo (oír) ―――――――― las noticias.
4. Nosotros (ir) ―――――――― de vacaciones a Guatemala este año.
5. Carlos no (oír) ―――――――― nada. Es sordo.
6. ¿(ir) ―――――――― tú a las fiestas a menudo?

5. Dos verbos juntos

A. In English when you "want to leave," "need to borrow," or "ought to pay," you are using a construction that Spanish also has—a conjugated verb plus an infinitive. The Spanish construction is easy precisely because it is the same as in English. Notice that **deber**, **pensar**, and **esperar**, when used before an infinitive, have different meanings from when they are used alone (**deber** means *ought to*, **pensar** means *to plan*, and **esperar** means *to hope*.

deber *ought to* + infinitive	No **abren** las ventanas por la noche; **deben abrir**las ahora.
desear *to desire* + infinitive	Yo no **salgo** ahora; **deseo salir** en diez minutos.
esperar *to hope* + infinitive	No **estudio** el martes pero **espero estudiar** mucho el miércoles.
necesitar *to need* + infinitive	No **aprendes** la lección ahora pero **necesitas aprender**la para mañana.
pensar *to plan, intend* + infinitive	Ella no **viaja** ahora; **piensa viajar** en el verano.
poder (ue) *to be able, can* + infinitive	No **hablas** bien el español ahora, pero **puedes hablar**lo bien pronto.
preferir (ie) *to prefer* + infinitive	Yo no **salgo** los jueves; **prefiero salir** los viernes.
querer *to want* + infinitive	No **comemos** a las once; **queremos comer** a mediodía.

B. Some verbs require a preposition before an infinitive.

aprender a *to learn to* + infinitive	Ustedes no **tocan** el piano pero **aprenden a tocar**lo este semestre.

comenzar a/empezar a _to begin_ + infinitive	No **lees** ahora; **comienzas a leer** a las nueve de la noche.
terminar de _to finish_ + infinitive[1]	Hoy **estudiamos** mucho; **terminamos de estudiar** a medianoche.
tratar de _to try to_ + infinitive	No **escribo** bien pero **trato de escribir** claramente.

Práctica oral _____

Ejercicio uno. Say these sentences to include the verbs in parentheses. Follow the model.

MODELO   Cierro la puerta. (deber)
         Debo cerrar la puerta.

1. Sé mi lección para hoy. (deber)
2. Julia construye una casa bonita. (desear)
3. Muchas personas duermen ocho horas diarias. (necesitar)
4. Digo siempre mi opinión. (preferir)
5. Hago muchos jerseys para mí. (poder)
6. Los trabajadores vuelven al trabajo después de la comida. (deber)
7. Tú consigues la nota más alta. (tratar de)
8. Pedimos muchas cosas para Navidad. (pensar)

Ejercicio dos. Say these sentences to include the verbs in parentheses. Follow the model.

MODELO   Almuerzo a mediodía. (comenzar a)
         Comienzo a almorzar a mediodía.

1. Escribo a máquina los trabajos. (terminar de)
2. Margarita juega al béisbol. (aprender a)
3. No hacen ruido cuando se levantan. (tratar de)
4. Nosotros conducimos mañana. (aprender a)
5. ¿Haces la cena? (terminar de)
6. Mi hermana pequeña lee cuentos. (comenzar a)

_____

C. **Volver a, acabar de,** and **dejar de:** These three expressions are ordinary constructions in Spanish, like those immediately above, but their translations _in English_ sometimes (if not _always_) cause problems for English speakers.

[1]Notice that the infinitive with **terminar de** can only be translated as an **-ing** form: _We finish studying at midnight._

Volver a + infinitive = *to (do something) again*

Si me gusta una película, **vuelvo a ver**la.   If I like a movie, I *see it again.*

Cuando hay algo difícil, **volvemos a estudiar** la lección.   When there is something difficult, we *study the lesson again.*

Acabar de + infinitive = *to have just (done something)*

El profesor **acaba de llegar.**   The professor *has just arrived.*

Tú **acabas de terminar** la tarea.   You *have just finished* the homework.

Dejar de + infinitive = *to stop (doing something)*

Mi hermano **deja de ver** la televisión a medianoche.   My brother *stops watching* television at midnight.

Los españoles **dejan de almorzar** a las tres y media.   Spaniards *stop eating lunch* at 3:30.

D. Two expressions with **tener.**

Tener que *to have to* + infinitive

Tengo que leer tres lecciones hoy.

Tengo ganas de *to feel like* + infinitive

¿**Tienes ganas de ir** a la playa?

Práctica oral ━━━━━━━━━━━━━━━━━━━━━━━━━━━━

Use the English to guide your answers to these questions.

MODELO   ¿Dónde está Octavio? (He has just arrived.)
Acaba de llegar.

MODELO   ¿Va a estar Anita en la fiesta? (She has to be there.)
Sí, tiene que estar allí.

1. ¿Qué hace Federico? (He has to study.)
2. ¿Qué hago con el libro? (Read it again.)
3. ¿Te gusta leer por la noche? (Yes, but I stop reading at eleven.)
4. ¿Cuándo vuelve tu hermana a casa? (When she stops working.)
5. ¿Cuándo te veo en el trabajo otra vez? (I work again on Monday.)
6. ¿Quieres comer algo? (No, thanks, I have just had lunch.)
7. ¿Ves a tu amiga hoy? (Yes, and I'll see her again tomorrow.)
8. ¿Qué quieres hacer? (I feel like going to the movies.)

Repaso instantáneo: la A personal

A. Perhaps the most distinctive feature of Spanish, in comparison with the other widely taught Romance Languages, is the use of the personal **a**, as in: **Veo a Juan.** The **a** is used before a specific person that is the direct object of a verb.[1] The personal **a** has no translation whatsoever in English.

Conozco **a** todos mis profesores.	I know all my professors.
Recordamos bien **a** Cecilia López.	We remember Cecilia López well.

There are two interesting cases to mention. 1) Both **alguien,** and its negative version **nadie,** represent specific people in Spanish and therefore they both require the personal **a**: **Veo a alguien, pero no oigo a nadie.** 2) If you are reading an author (or listening to a composer), the **a** is needed: "**Leo a Cervantes; escuchamos a Ginastera**".

B. Here is when *not* to use the personal **a**.

1. Usually after the verb **tener**:

Tengo tres hermanos. **Tenemos** el mejor libro de inglés.

2. With persons that are not specific—preceded by the *indefinite article* (**un, una, unos, unas**) or by indefinite quantity words (**muchos, bastantes, pocos**):

El profesor Vives entiende **muchos** filósofos.

Veo **una** persona que no conozco.

Podemos visitar **bastantes** primos en Nueva York.

Vemos **unas** personas.

3. With **la gente** when it does not refer to specific persons.

Veo **la gente**. Oímos **la gente**.

But: **Conocemos bien a la gente de aquella familia.**

---

[1]More will be said about direct objects in later lessons, but the definition of "direct object" will be given here, too. "Whatever *gets verbed* is the direct object." In the sentence "I gave Mildred a puppy," what *gets given*? It's a puppy, so "puppy" is the direct object. In "I saw Mildred at the movies," what *gets seen*? It is Mildred, so she is the direct object.

Práctica oral ——————————————————————————

Read the sentences and put in the personal **a** whenever necessary.

MODELO   Veo _____ la gente.
         Veo la gente.

1. Me gusta oír _____ Bruce Springsteen.
2. Eduardo ve _____ bastantes guitarristas.
3. Los domingos visito _____ mi abuela.
4. Los médicos tratan _____ muchas personas diariamente.
5. Ellos ven _____ tu hermana todos los días.
6. ¿Recuerdas _____ tus amigos de la infancia?
7. En las fiestas conocemos _____ muchas personas diferentes.
8. Yo quiero mucho _____ mis padres.

Carlos Montoya,
teniendo más de
ochenta años, sigue
dando conciertos.

LECTURA CULTURAL

Carlos Montoya en sus propias palabras

Sin duda, Carlos Montoya ha sido para la guitarra flamenca lo que ha sido Andrés Segovia[1] para la guitarra clásica. Montoya elevó la música flamenca de los bares a Carnegie Hall; es decir, antes de Carlos Montoya, la música flamenca de guitarra no era considerada como un arte, pero ahora—debido a él—es un arte reconocido.

Los padres y los cuatro abuelos de Montoya eran gitanos, de modo que Carlos Montoya es gitano puro. Cuando nació, en los primeros años de este siglo, el mundo era muy distinto. El modo de transporte ordinario no usaba motores sino bestias. Muchos gitanos en aquellos tiempos eran tratantes de bestias en las grandes ciudades españolas.

"Mi padre era un empresario que vendía las mulas. En aquellos tiempos no había la cosa de camiones para llevar los cañones y las ametralladoras a Marruecos. Entonces vendía caballos y mulas de carga para llevar por Marruecos las municones, los cañones y todo".

A la edad de ocho años, la madre de Carlos le mandó a Pepe el Barbero, no para hacerse cortar el pelo,[2] sino para aprender a tocar la guitarra, porque Pepe el Barbero la tocaba muy bien. Hizo progreso rápido, y a los catorce años era un prodigio. Tocaba a esta temprana edad en los cafés cantantes. "Un café cantante era un café concierto. Había un cuadro flamenco—salió una bailaora,[3] salió un bailaor, salió un cantaor. En aquellos tiempos era la cosa más típica que había. Había bastantes cafés cantantes—el café del Gato, el Café del Naranjero, y en Málaga, el Café de Chinitas (el Café de Chinitas madrileño de hoy no es el mismo).

"Un chico de catorce años en un café cantante era una cosa inaudita. Yo era el único guitarrista joven que había que tocaba en cuadros flamencos y era el único guitarrista que terminado el cuadro flamenco,[4] me ponían en una silla delante y tocaba solo. En aquellos tiempos era extraordinario." Ustedes tienen que saber que la función del guitarrista era para acompañar a los "bailaores" y a los "cantaores". Pero Montoya era tan bueno que le dieron la oportunidad de tocar solo—esto fue el origen de su carrera como solista.

Carlos Montoya tenía un tío, Ramón, que era un guitarrista de flamenco extraordinario. ¿Cuál fue la influencia del tío Ramón en el desarrollo del joven Carlos? "Mi tío Ramón no me influenció mucho. Me influenció en su arte, que era magnífico. Era un gran artista—pero yo hice mi estilo propio. Inventé mi estilo. No me parezco a nadie. Inventé lo de la mano izquierda[5] y varios tipos de rasgueado[6]—hay quienes dicen que mi mano se parece a un abanico".

---

[1]Segovia, born in Spain in 1893, a few decades after the modern guitar was born in that country, single-handedly transformed the guitar from an instrument used at family gatherings to one used for serious music through his transcriptions of Bach, Haydn, Mozart, and others. He also has trained legions of fine players.

[2]**Hacerse cortar el pelo** *to have his hair cut.* **Hacer** + an infinitive equals *to have something done* (**Voy a hacer envolver este regalo** *I'm going to have this present wrapped*). In this case it is reflexive because he is to *have the hair cut **on himself**.*

[3]A **bailaora** (= **bailadora**) is a flamenco dancer; loss of **-d-** is common in gypsy speech. **Cantaor** is **cantador** *singer.*

[4]See **Estudio de expresiones**, number 13.

[5]Those who have seen Montoya play know what he is talking about. At one point in his recital he swings his right hand away and plays a long solo of **ligado** where he plays the strings with the fingers of his left hand.

[6]**Rasgueado** is "flamenco strumming." The most typical of Carlos Montoya's playing (and also the most difficult to master) is the continuous drumroll-sounding **rasgueado**.

A los veinticinco años, Montoya viajó con "La Argentina"—la "bailaora" más famosa de aquel tiempo por Europa, donde nunca habían oído tal música antes—la reacción europea, en las palabras de Montoya, era "fantástica". "No hace falta entender el flamenco—por esto tiene éxito en todas las partes". En esto tiene mucha razón, porque él ha tocado en el norte del Japón, en Alaska, en Australia—en todos los continentes—y a la gente gusta de su música.

Su primera visita a los Estados Unidos fue en el año treinta y tres. Durante otra visita a los Estados Unidos, en el año cuarenta, "como había comenzado la guerra mundial, no se podía atravesar el Océano Atlántico (a causa del peligro de los submarinos enemigos)". Por esto, Montoya, que no hablaba inglés, se estableció en los Estados Unidos.

¿Qué prefiere Montoya, tocar solo o acompañar? "Me gusta más tocar solo porque es más libre. Con un cantaor y un bailaor, no se puede hacer nada más que acompañar. Solo, se pueden hacer muchísimas cosas. A lo mejor no acompaño bien hoy porque llevo sin acompañar unos treinta años".

En Nueva York, en el año cuarenta y ocho, comenzó de verdad la carrera de Montoya como solista. "Fue en un pequeño estudio de baile, donde enseñaban el baile indio y el baile español. Cabían cien personas. Alquilamos el estudio, pusimos dos anuncios en *The New York Times*, y lo llené de gente. Fue un éxito fantástico".

¿Sospechaba Montoya el enorme éxito que tendría? "Yo siempre tenía confianza en mí, y sabía que podía llegar a hacer algo. Mi madre—que en paz descanse—me dijo: 'Mi Carlos, vas a ser un gran artista'. Y ella murió cuando no tenía yo quince años".

En el año sesenta y seis, Carlos Montoya y Julio Esteban colaboraron en una "Suite Flamenca" para orquesta y guitarra. "La 'Suite Flamenca' es una cosa que no ha hecho nadie más que yo. No hay más que una 'Suite Flamenca' que es la mía—no hay ninguna en el mundo, nada más que ésa".[1]

La "Suite Flamenca" es un gran triunfo de Carlos Montoya, pero ¿cuál es el mayor triunfo suyo? "Es que he logrado llegar a una altura artística fantástica y que la gente me quiere mucho—que le agradezco infinitamente. Lo único que he deseado es tocar lo mejor que puedo". Y cuando Carlos Montoya toca, oímos sencillamente al mejor guitarrista flamenco de todos los tiempos.

Preguntas sobre la lectura

1. ¿Por qué Carlos Montoya es un gitano puro?
2. ¿Por qué no vendía coches el padre de Montoya?
3. ¿Había paz en Marruecos cuando nació Carlos? ¿Por qué?
4. ¿Cuántos años estudió Montoya antes de tocar profesionalmente?
5. ¿Cuántos guitarristas jóvenes tocaban en cuadros flamencos en aquellos tiempos?
6. Después del cuadro, ¿qué hacía el joven Carlos?
7. ¿Quién fue Ramón Montoya?
8. ¿Es posible tocar la guitarra con una mano sola?
9. ¿Entendían los europeos bien la música flamenca cuando la oyeron por vez primera?

[1]What was so unusual about this was that it was the first time that a flamenco guitar joined an orchestra on the concert stage, thus bringing quality flamenco to an ever-widening audience.

En el año 1940, Carlos Montoya (a la izquierda) se encontraba en los Estados Unidos con La Argentinita (en el centro). Montoya no pudo regresar a causa de la guerra. Esta no es la Argentina con quien tocaba años antes.

10. ¿Por qué no volvió Montoya a España en el año cuarenta?
11. ¿Por qué prefiere Montoya tocar conciertos?
12. En su primer concierto en los Estados Unidos, ¿cuánta gente asistió?
13. ¿Cómo sabía la madre de Carlos que iba a ser un gran artista?
14. ¿Cuántas composiciones como la "Suite Flamenca" hay en el mundo?
15. ¿Es la "Suite Flamenca" el mayor triunfo de Carlos Montoya?

Vocabulario de la lectura

abanico *fan*
agradecer *to be thankful for*
alquilar *to rent*
altura *level, height*
ametralladora *machine gun*
antes de *before*
bestias *beasts of burden*
caber *to fit*
café cantante/concierto *night club*
camión *truck*
carrera *career*
confianza *confidence*
cuadro flamenco *flamenco troup*
cañón *cannon*
carga *burden*

desarrollo *development*
durante *during*
edad *age*
elevar *to raise*
éxito *success*
gustar de *to enjoy*
inaudito *unheard of*
llenar *to fill*
madrileño *of Madrid*
modo de transporte *means of transportation*
Marruecos *Morocco*
mula *mule*
municiones *ammunition*
nacer *to be born*

prodigio *prodigy*
reconocido *recognized*
sencillamente *simply*
solista m. f. *solo performer*
sospechar *to suspect*
tal *such (a)*

temprano *early*
típico *quaint, typical*
transporte m. *transportation*
tratante m. *dealer, trader*
único *only*

Estudio de expresiones

1. **a lo mejor** *maybe, perhaps*

   A lo mejor han venido para saber sus notas.
   A lo mejor Montoya no acompaña bien hoy.

2. **debido a** *owing to*

   Debido a Montoya, el flamenco es un arte reconocido.
   Debido a mis padres, puedo hablar italiano.

3. **de verdad** *real(ly)*
   Su carrera comenzó **de verdad** en los cafés cantantes.
   Vicente Escudero fue un bailaor **de verdad**.

4. **es decir** *that is to say*

   Es decir, antes de Montoya el flamenco no era un arte.
   Tengo trescientas pesetas, **es decir** dos dólares más o menos.

5. **hace falta** *it is necessary, needs*

   No **hace falta** entender el flamenco para gustar de la música.
   Me **hacen falta** cinco dólares.

6. **lo de** *the matter of, the stuff concerning*

   Montoya inventó **lo de** la mano izquierda.
   Lo de los pájaros de color de rosa es ridículo.

7. **llegar a** *succeed in, reach*

   Montoya **llegó a** una altura artística fantástica.
   Su hijo **llegó a** hacer algo bueno.

8. **llevar (tiempo)** *spend, pass (time)*

   Montoya **lleva** treinta años sin acompañar.
   Llevó tres años en Europa.

9. **nada más que** *nothing else but*

> No tengo **nada más que** cinco dólares.
> No existe **nada más que** la "Suite Flamenca" de Montoya.

10. **nadie más** *no one else*

> **Nadie más** que Montoya tiene una "Suite Flamenca."
> **Nadie más** que el comité sabe el nombre del presidente nuevo.

11. **parecerse a** *to be/look like*

> El estilo de Montoya no **se parece a** ningún otro estilo.
> Mi hermano **se parece a** mí.

12. **que en paz descanse** *may he/she rest in peace*

> La madre de Montoya—**que en paz descanse**—le dijo que iba a ser un gran artista.

13. **terminado el cuadro** *once the show was finished*

> **Terminados** los éxamenes, los estudiantes se fueron.
> **Comidos** los bocadillos, tuvimos que buscar más.

Note: The use of the past participle agreeing with a following noun means: *once* (the noun) *was/is . . .-ed. . .* The *. . .-ed* form of the Spanish past participle, and the tense of "to be" are guided by the tense of the following verb: **Hechas las tareas, ustedes pueden irse** *Once the homework is done, you may leave,* **Acabada la película, salí del cine** *Once the movie was finished, I left the theater.*

Práctica de vocabulario

Fill in the correct item from the above list.

1. _____ que Montoya ha hecho una "Suite Flamenca".
2. _____ su experiencia en los cafés cantantes, Montoya podía iniciar su carrera como solista.
3. _____ usted no sabe lo que es un "soleares".
4. Si un hijo _____ ser famoso, los padres están contentos.
5. Montoya _____ más de cuarenta y cinco años en este país.
6. No entiendo _____ la influencia del tío Ramón.
7. Mi abuelo, _____, fue un hombre bueno.
8. Los gitanos, _____ los "flamencos", tocan bien.
9. Ramón Montoya era un artista _____.
10. Carlos Montoya no _____ nadie.

RECAPITULACIÓN

Cuestionario doble

The **cuestionario doble** recaps the lesson by including as much of the structure and active vocabulary as possible. In this exercise, you and your neighbor form a team, as in the **dos a dos** exercises. One of you asks the other the first series of questions but this time writes down every answer. Then you reverse roles and the other does the same with the second set of questions. There is sometimes a second question which you can ask if appropriate. Your instructor will then ask different students what their written answers are.

Person A

1. ¿Lees a los novelistas contemporáneos? ¿A quiénes?
2. ¿Qué tienes que hacer mañana?
3. ¿Quieres volver a visitar las otras ciudades que conoces? ¿Qué ciudades son?
4. ¿Aprendes a estudiar bien este año? ¿Qué estudias?
5. ¿Puedes jugar al tenis? ¿Juegas bien?
6. ¿Puedes cocinar bien? ¿Qué cocinas?
7. ¿Cuántos hermanos y hermanas tienes? ¿Son mayores o menores que tú?
8. ¿Conoces a una persona famosa? ¿Quién es?
9. ¿Sabes tocar el piano? ¿Qué instrumento sabes tocar?
10. ¿Qué haces el sábado por la noche?

Person B

1. ¿Escuchas a los compositores clásicos? ¿A quiénes?
2. ¿A qué hora dejas de estudiar por la noche? ¿A qué hora quieres dejar de estudiar?
3. ¿Vuelves a leer las secciones interesantes de tus libros? ¿Lees biografías, novelas, o qué?
4. ¿Tratas de dormir ocho horas o más todos los días? ¿Cuántas horas duermes?
5. ¿Piensas pasar tiempo en un país hispano? ¿En qué país?
6. ¿Puedes hablar otra lengua? ¿Qué lengua es?
7. ¿Oyes mucho la radio? ¿Qué estación oyes?
8. ¿Conoces a una persona famosa? ¿Quién es?
9. ¿Sabes escribir bien? ¿Qué te gusta escribir?
10. ¿Qué haces en el mes de julio?

Escenario

You must do in a foreign language what you do in your own—handle new situations, try to explain your point of view, and get the goods and services you require or would like. Sometimes people are not willing to provide these goods or services—for any number of reasons.

The **escenario** is an extemporaneous play that students put on in front of the class (sometimes two or three groups will put on the same topic). Since the one side doesn't know the motivations of the other, the **escenarios** cannot be written out in advance. Your instructor has information about the motivations of all characters and can inform each performer when roles are assigned or chosen.

The people who are not participating in the **escenario** will not know what the motivations of both sides are, but should try to figure them out. Each side is eager to get its own way and must use cleverness to succeed.

The **escenario** is where you get what comes closest to real experience. Once you get used to the **escenarios** (and it *will* take some time), you will become better prepared for handling diverse and unexpected situations in Spanish.

This first **escenario** reflects a real situation that happened at the basilica in the Valle de los Caídos near Madrid. It is carved 260 meters into a granite mountain. The scene is at the immense pipe organ which is both "on" and unattended. A young person (role A) wearing jeans and sneakers is just getting ready to sit down to play when a shocked guard (role B) rushes over to prevent the person from playing.

Temas de redacción

1. Imagine una conversación entre usted y Carlos Montoya. ¿Cuáles son las preguntas que usted desea hacerle? ¿Cuáles son sus respuestas?

2. Haga usted un resumen de lo que es la música flamenca y su historia. Busque usted también en el *Grove Dictionary of Music*.

3. Es el año 1940 y usted es un(-a) amigo(-a) de Carlos Montoya en Nueva York. Montoya acaba de saber que no puede volver a su país y le pide consejos (*advice*). ¿Qué le dice? ¿Qué puede hacer él para ganarse la vida? ¿Qué más necesita hacer para establecerse en Nueva York?

LECCIÓN 2

Salvador Dalí:
"No estoy loco"

ALGO VIEJO Y ALGO NUEVO

1. Noción básica del pretérito y del imperfecto

The linguistic concept English-speakers take longest to assimilate in Spanish is the difference in usage between these two tenses. For a French person or an Italian, on the other hand, these tenses pose no problem at all since French and Italian have tenses that work in exactly the same way. Since the tenses are different in English, you will have to learn what speakers of Spanish visualize when they use the preterite and the imperfect.

Almost every sentence you say can be pictured as a scene. When you say "I hit my thumb with a hammer," the people you talk to will wince with sympathy because they instantly picture what happened. When you say "The roads extended in all directions from Madrid," your audience can easily picture that scene.

If you can picture sentences as scenes,[1] it will allow you to see the difference between the two Spanish tenses. The key is to figure out when the action of the verb is in relation to the scene: did the action happen within the scene, or was it already going on when the scene began? If the action happened within the scene (that is, within the *sentence*), the verb will be preterite. If it was already going on before the scene began (before the *sentence* started), it will be imperfect.

In the first example above, "I hit my thumb with a hammer," the action clearly happened within the sentence. Did you strike your thumb before the sentence began? Clearly not. This sentence, therefore, would have a preterite verb in Spanish (**Yo me golpeé el pulgar con el martillo**) because you hit your thumb within the scene. In the second example, "The roads extended in all directions," the roads were *already*

---

[1]If the sentence has *and*'s and *but*'s in it, each clause should be treated as a sentence: "I went downtown and saw the parade" should be treated as "I went downtown. I saw the parade."

54

extending in all directions the instant you imagined the scene. This sentence would have an imperfect (**Los caminos se *extendían* en todas direcciones**) because the roads were already there when the scene began.

Práctica oral

Bearing the "scene method" in mind, say whether the English verbs in the sentences below would be preterite or imperfect in Spanish. If there is more than one interpretation possible, you must explain the picture you are envisioning.

1. We never understood the worth of calculus.
2. They saw their friends yesterday.
3. I went to a fancy theater once.
4. Fred always ate rice on Tuesdays.
5. The car ran very well at that time.
6. I had a dog at age ten.
7. He was a student.
8. They left at six o'clock.
9. We borrowed their car last night.
10. The desert spread before us.

Dalí en su casa de Cadaqués, al norte de Barcelona.

LECTURA CULTURAL

"No estoy loco"

En cuanto a quién es el mejor artista de todos los tiempos hay gran discusión, pero en cuanto a quién es el artista más extraño del siglo veinte, casi todo el mundo está de acuerdo: es Salvador Dalí, el pintor español. Y Dalí también es *uno* de los mejores pintores de todos los tiempos.

¿Por qué es tan extraño? Si comenzamos con su lema, ustedes pueden verlo fácilmente. Dalí dice: "La única diferencia entre un loco y yo es que yo no estoy loco".[1] Es decir, Dalí hace a propósito cosas de locos, pero muy bien orquestadas y planeadas de antemano. A veces hace espontáneamente cosas de locos también.

¿Qué cosas extrañas hace Dalí? Una vez un joven pintor francés, amigo del autor de este libro, fue a oír una conferencia del maestro Dalí en París sobre un asunto de inmenso interés. Todo el mundo esperaba con gran ansiedad cuando entró Dalí, ¡en una escafandra! Los zapatos de plomo eran tan pesados que apenas podía levantarlos del suelo y tenía que andar muy despacio. El casco estaba bien cerrado de modo que cuando comenzó a hablar, nadie pudo oírlo. Dalí habló y gesticuló por media hora y después salió lentamente, sin contestar a preguntas.

En otra ocasión, otro pintor francés que gustaba inmensamente de la obra de Dalí fue, muy atrevidamente, a España, para visitar a Dalí en su casa de Port Lligat. El no conocía a Dalí, y Dalí tampoco lo conocía. Llamó a la puerta y vino la criada. "He venido a hablar con el maestro", dijo el artista. Se fue la criada, y unos cinco minutos después vino Dalí sonriente, y con los brazos abiertos, diciendo: "¡Lo estaba esperando!" El artista pasó dos semanas en la casa de Dalí.

Un día Dalí tenía que dar una conferencia sobre el arte moderno en la Universidad de París.

Llegó a la universidad en el asiento posterior de un Rolls Royce blanco, pero sólo se veía la cabeza de Dalí porque el resto del coche estaba lleno con cien kilos de coliflores. Es un gran misterio cómo salió Dalí del coche.

En todos los museos hay artistas que copian pinturas famosas. Dalí pidió permiso al Museo del Louvre en París para sacar una copia de "La encajera" de Vermeer.[2] Dalí instaló su caballete ante el famoso cuadro y comenzó a pintar. Con gran sorpresa de todos, Dalí pintó en el lienzo cuatro perfectos cuernos de rinoceronte en vez de un retrato de "La encajera".

[1] Notice the use of **estoy** here, indicating that Dalí is not *in the condition* of being crazy. **Ser** and **estar** will be seen in some detail in the next lesson.

[2] "The Lacemaker" is one of the treasures of world art. Vermeer of Delft is the artist that Dalí holds in highest esteem. His next favorites are Raphael, Velázquez, and Leonardo da Vinci.

Preguntas sobre la lectura

1. ¿Está loco Salvador Dalí?
2. ¿Quién es el mejor artista de todos los tiempos?
3. ¿Es de Francia Salvador Dalí?
4. ¿Oyó el joven artista francés la conferencia de Dalí?
5. ¿Por qué caminó Dalí tan despacio cuando entró para dar su conferencia?
6. ¿Esperaba Dalí al otro pintor que lo visitaba?
7. ¿Estaba nervioso el artista mientras esperaba a Dalí? ¿Qué pensaba probablemente?
8. ¿Hay otras personas que van a la Universidad de París en un Rolls Royce lleno de coliflores?
9. ¿Por qué pintó Dalí cuernos de rinoceronte y no otras cosas? (La respuesta está en el laboratorio de lenguas.)

Vocabulario de la lectura

ansiedad f. *eagerness*
apenas *hardly*
asunto *matter*
asiento posterior *back seat*
atrevidamente *daringly*
caballete m. *easel*
casco *helmet*
casi *almost*
coliflor f. *cauliflower*
conferencia *lecture*
criada *maid*
cuadro *painting*
cuerno *horn*
despacio *slowly*
discusión *argument*
escafandra *deep-sea diver's outfit*
extranjero *foreigner*
extraño *strange*

gesticular *to gesture*
gran *great*
lema m. *motto*
lienzo *canvas*
loco *crazy (person)*
llamar *to knock*
obra *work (of art)*
orquestado *orchestrated*
pesado *heavy*
pintura *painting*
plomo *lead*
pintor *painter*
planeado *planned*
retrato *picture*
rinoceronte m. *rhinoceros*
siglo *century*
sonriente *smiling*
sorpresa *surprise*
suelo *floor*

Estudio de expresiones

1. **de antemano** *beforehand*

   Dalí lo preparó **de antemano**.

   José no supo de la fiesta **de antemano**.

2. **en cuanto a** *as for/to*

   En cuanto al hombre más extraño, no hay duda.

   En cuanto a mí, no deseo ir allí.

3. **estar de acuerdo (con)** *to be in agreement (with)*

> Dalí y su profesor no **estaban de acuerdo**.
> Todo el mundo **está de acuerdo con**migo.

4. **a propósito** *on purpose*

> Dalí lo hizo **a propósito**.
> Su padre lo arrastró **a propósito**.

5. **sacar una copia** *to make a copy*

> Dalí quería **sacar una copia** de "La encajera".

6. **de todos los tiempos** *of all times*

> No se sabe quién es el mejor artista **de todos los tiempos**.
> Jim Brown es el mejor futbolista **de todos los tiempos**.

Práctica de vocabulario

Ejercicio uno. Find the item in column 2 that is most related to an item in column 1 and make up a sentence about it.

1. "La encajera"	a. hay discusión
2. El casco estaba cerrado	b. no está loco
3. Dalí no conocía al pintor	c. zapatos de plomo
4. La diferencia entre Dalí y un loco	d. están de acuerdo
5. ¿Quién es el mejor pintor?	e. nadie oyó nada
6. ¿Quién es la persona más extraña?	f. "Lo esperaba a usted"
7. Rolls Royce	g. rinoceronte
8. una escafandra	h. coliflores

Ejercicio dos. Use expressions from the reading to complete these sentences. You may have to use them in a different form from the way listed.

1. Dalí no es loco porque tiene sus cosas de locos planeadas _____.
2. No hay duda _____ quién es muy extraño.
3. Todo el mundo _____ Dalí es un buen pintor.
4. Dalí está loco _____.
5. En el museo, hay muchos artistas que _____ de cuadros famosos.
6. "La encajera" es una de las obras más importantes _____.

2. El préterito—las acciones que pasan dentro de la oración

A. If a past action happens entirely within the time span of a sentence, it will be in the preterite. Sometimes the action will be very short, as in "The plane *landed* beautifully," and other times the action will be exceptionally long, as in "The Arabs *stayed* in Spain from 711 until about 1600." It is easy to imagine the first sentence as a scene—the plane lands in a tenth of a second and it's over. It's hard (if not impossible) to imagine the second one as a scene because it covers almost 800 years. But the time-span test is still valid: were the Arabs in Spain before the time span of the sentence began? No, because the sentence begins in 711.

These drawings will help you visualize the concept.

María **salió** a las diez.

Repaso instantáneo: las formas del pretérito regular

Here are the regular conjugations of the preterite. As usual, the **-ar** group has one set of endings, and the **-er/-ir** group has another.

Preterite

	-ar	-er	-ir
	regres**ar** *to return*	aprend**er** *to learn*	abr**ir** *to open*
(yo)	regres**é**	aprend**í**	abr**í**
(tú)	regres**aste**	aprend**iste**	abr**iste**
(usted)	regres**ó**	aprend**ió**	abr**ió**
(él/ella)	regres**ó**	aprend**ió**	abr**ió**
(nosotros,-as)	regres**amos**	aprend**imos**	abr**imos**
(vosotros,-as)	regres**asteis**	aprend**isteis**	abr**isteis**
(ustedes)	regres**aron**	aprend**ieron**	abr**ieron**
(ellos/ellas)	regres**aron**	aprend**ieron**	abr**ieron**

Yo **cené** muy bien anoche.

Tú **caminaste** mucho en México.

Ella **volvió** a las nueve.

Nosotros **hablamos** español con el embajador.

Ustedes **recibieron** buenas notas.

Ellos **jugaron** bien al fútbol.

Dar, although an **-ar** verb, is conjugated exactly like a regular **-er/-ir** verb.

	dar *to give*		
(yo)	di	(nosotros,-as)	dimos
(tú)	diste	(vosotros,-as)	disteis
(usted)	dio	(ustedes)	dieron
(él/ella)	dio	(ellos/ellas)	dieron

Yo le **di** la carta al jefe.

¿No me **diste** tú el artículo sobre Dalí?

¿Qué regalo te **dio** tu hermano?

There is no accent on **di** and **dio** since they are one-syllable words.

The **-ar** and **-er** verbs that have vowel changes in the present tense never have these changes in the preterite (or any other tense, for that matter):

Margarita **volvió** ayer, José **vuelve** hoy.

Joaquín **encontró** la llave pero no **encuentra** la puerta.

Ella **almorzó** bien ayer pero no **almuerza** hoy.

Me **recomendó** el Hotel Fénix pero no **recomienda** el Hotel Gibraltar.

Ella **entendió** el poema de Alberti pero no **entiende** el de Lorca.

Dos a dos

Person A

1. ¿A qué hora regresaste a casa anoche?
2. ¿Qué le diste a tu madre recientemente?
3. ¿Entendiste la última lección?
4. ¿Atrevesaste toda la universidad esta mañana?
5. ¿Qué cocinaste anoche?
6. ¿Visitaste un país hispano?
7. ¿Volviste a la biblioteca esta semana?
8. ¿Qué compraste ayer?
9. ¿A qué hora almorzaste ayer?
10. ¿Encontraste veinte dólares ayer?

Person B

1. ¿Cerraste la ventana antes de salir?
2. ¿Escuchaste la radio anoche?
3. ¿Dormiste bien anoche?
4. ¿Le diste consejos a tu amiga?
5. ¿Pensaste mucho antes del examen?
6. ¿Abriste tus libros el sábado por la noche?
7. ¿Cuánto costó el almuerzo de ayer?
8. ¿Recordaste todos los verbos de la primera lección?
9. ¿Volviste al restaurante italiano?
10. ¿Preferiste estudiar en México?

B. There are three regular sets of changes that always affect the preterite.

1. All **-ir** verbs with vowel changes (**e–i, e–ie, o–ue**) change the **o** to **u** and the **e** to **i** only in the **usted/él/ella** and **ustedes/ellos/ellas** forms. This set is perfectly regular and predictable.

	pe**d**ir (**e–i**) *to ask for*	mentir (**e–ie**) *to lie*	dormir (**o–ue**) *to sleep*
(yo)	pedí	mentí	dormí
(tú)	pediste	mentiste	dormiste
(usted)	pidió	mintió	durmió
(él/ella)	pidió	mintió	durmió
(nosotros,-as)	pedimos	mentimos	dormimos
(vosotros,-as)	pedisteis	mentisteis	dormisteis
(ustedes)	pidieron	mintieron	durmieron
(ellos/ellas)	pidieron	mintieron	durmieron

¿**Corregiste** tú los errores o los **corrigió** el profesor?

Yo no **pedí** nada. ¿Qué **pidió** ella?

En Barcelona Dalí pinta la cara de su mujer, Gala (a la derecha), para su "Cristo de los Valles", 1962.

Servimos buena comida en la fiesta pero ellos no **sirvieron** comida de buena calidad en la suya.

¿**Preferiste** no ver aquella película? Ellos **prefirieron** verla.

Práctica oral ──────────────────────────

Say the sentences putting the indicated form in the preterite.

MODELO   (pedir) Yo _____ un helado y mi hermano _____ un café.
         Yo **pedí** un helado y mi hermano **pidió** un café.

1. (corregir) Yo _____ tus errores y el profesor _____ tus exámenes.
2. (conseguir) Ellos _____ buenas entradas y nosotros _____ malas entradas.
3. (pedir) Nosotros _____ rosas en la floristería y ellos _____ claveles.
4. (servir) Yo _____ la comida y mi hermana _____ la cena.
5. (repetir) El _____ la primera parte y yo _____ la segunda.
6. (seguir) Ellos _____ las indicaciones del mapa y nosotros _____ a ellos.
7. (mentir) Rosa le _____ a Joaquín pero yo no le _____.
8. (preferir) Ellas _____ Coca-Cola pero nosotros _____ Pepsi.
9. (dormir) Rosa _____ ocho horas pero yo _____ siete.
10. (morir) Ella _____ de rabia (*rage*) pero yo _____ de risa (*laughter*).

──────────────────────────

2. There is a regular spelling change that affects only the preterite **yo**-form of **-ar** verbs whose stems end in **-g**, **-c**, and **-z**.

-gar, -gué	llegar	llegué
	pagar	pagué
	jugar	jugué
-car, -qué	buscar	busqué
	colocar	coloqué
	sacar	saqué
-zar, -cé	comenzar	comencé
	empezar	empecé
	almorzar	almorcé

Empecé a estudiar a las nueve. ¿A qué hora **empezaste** tú?

Hortensia **colocó** sus libros en la mesa; yo los **coloqué** en el suelo.

Yo **practiqué** muchos deportes. Mi hermano sólo **jugó** al fútbol.

Práctica oral ———————————————————

Answer these questions.

MODELO   ¿Dónde colocó usted su bicicleta?
    La coloqué en la calle.

1. ¿Llegaste a clase a tiempo?
2. ¿Buscó usted un apartamento nuevo?
3. ¿Cuándo comenzaste tus estudios?
4. ¿Pagó usted sus libros en la librería?
5. ¿Almorzaste en el restaurante estudiantil?
6. ¿Dónde jugaste al fútbol la semana pasada?
7. ¿Qué nota sacó usted en su examen?
8. ¿Cuándo empezaste a leer la novela?

3. Another regular spelling change affects the **usted/él/ella** and **ustedes/ellos/ellas** forms of the -er and -ir preterites. In Spanish an unaccented **i** becomes **y** between two vowels.

	leer *to read*	**oír** *to hear*	**destruir** *to destroy*
(yo)	leí	oí	destruí
(tú)	leíste	oíste	destruiste[1]
(usted)	**leyó**	**oyó**	**destruyó**
(él/ella)	**leyó**	**oyó**	**destruyó**
(nosotros,-as)	leímos	oímos	destruimos
(vosotros,-as)	leísteis	oísteis	destruisteis
(ustedes)	**leyeron**	**oyeron**	**destruyeron**
(ellos/ellas)	**leyeron**	**oyeron**	**destruyeron**

Yo no **creí** las palabras del político. ¿Las **creyó** usted?

¿Qué **leyeron** ustedes? **Leímos** los periódicos.

Nosotros **oímos** el concierto pero ellos no lo **oyeron**.

Práctica oral ———————————————————

Ejercicio uno. Fill in the correct preterite forms.

MODELO   Yo (oír) _____ el programa.
    Yo **oí** el programa.

[1]Note the use of accents on **leíste** and **oíste** but not on **destruiste**. When **ei** and **oi** are together, Spanish rules of stress require that the **e** and the **o** get the stress (as in **veinte** and **boina**), so in **leíste** and **oíste**, the **i** must have an accent on it because it is stressed. When **ui** are together, the **i** gets stressed naturally. The same reasoning holds for the **nosotros** forms.

1. Nosotros (leer) _____ un artículo muy interesante.
2. ¿(oír) _____ tú cantar a Michael Jackson?
3. Margarita (oír) _____ el teléfono.
4. Nosotros (destruir) _____ las flores del jardín.
5. Mis padres (leer) _____ el anuncio del periódico.
6. El alcohol (destruir) _____ la carrera de Juan.
7. Todos (oír) _____ el mensaje del Presidente.
8. Una mujer (leer) _____ el futuro en mi mano.
9. ¿Vosotros (leer) _____ una historia en clase?
10. Yo (oír) _____ un ruido extraño a medianoche.
11. Yo (destruir) _____ mi coche en el accidente.
12. Nosotros (oír) _____ las campanas de la catedral.

Ejercicio dos. Answer these questions to review the various forms with spelling changes.

MODELO ¿Me explicó usted la regla?
No, no le **expliqué** la regla.

"La jirafa en llamas", 1935. Además de la jirafa, se notan los famosos cajones y las muletas dalinianos, éstas que apoyan a sus dos extraños personajes.

1. ¿Cuántas horas durmió usted?
2. ¿Sacaste el coche del garaje?
3. ¿Cuando corrigió usted la composición?
4. ¿Qué sirvió usted para la comida?
5. ¿A quién pidió usted la llave?
6. ¿Mintió usted al policía?
7. ¿Cuánto pagaste al taxista?
8. ¿Prefirió usted ir al cine y no al teatro?
9. ¿Cuándo empezaste a hacer el ejercicio?
10. ¿Dónde buscaste el libro que pediste?
11. ¿Cuándo leyó usted la lección número uno?
12. ¿Oyó usted la sirena?

---

3. El imperfecto—cuando la acción comienza antes de la escena

The two traditional meanings of the imperfect are *was . . .-ing* and *used to . . .*

A. *Was . . .-ing*: In this use of the imperfect, the action is going on already when the scene (when the sentence) starts. It makes no difference if the imperfect action comes to an end within the sentence, or if it continues long after the sentence is over.

Sometimes the imperfect verb *never* comes to an end. What counts is not when or if the imperfect ends—only that the action be going on at the beginning of the scene.

María **dormía** cuando yo lo llamé por teléfono.

*María **was sleeping** when I phoned her.*

The instant I called her—the beginning of the scene—she was asleep, so it is imperfect. She woke up a second later, though, to answer the phone.

Ellos **estudiaban** anoche cuando los vi.

*They **were studying** last night when I saw them.*

The scene lasts only as long as it took me to see them. Were they studying when I saw them? Yes. When did they stop studying? I don't know.

Los indios **vivían** en México cuando Cortés llegó.	Indians **were living** in Mexico when Cortés arrived.

The scene begins when Cortés set foot in Mexico. Did the Indians ever stop living there? No.

Repaso instantáneo: las formas del imperfecto

Here are the conjugations of the imperfect. The **-er/-ir** groups again share the same set of endings.

Imperfect

	-ar	-er	-ir
	regresar *to return*	aprender *to learn*	abrir *to open*
(yo)	regresaba	aprendía	abría
(tú)	regresabas	aprendías	abrías
(usted)	regresaba	aprendía	abría
(él/ella)	regresaba	aprendía	abría
(nosotros,-as)	regresábamos	aprendíamos	abríamos
(vosotros,-as)	regresabais	aprendíais	abríais
(ustedes)	regresaban	aprendían	abrían
(ellos/ellas)	regresaban	aprendían	abrían

Práctica oral

Say these sentences in the imperfect.

MODELO Yo estoy bien.
  Yo **estaba** bien.

1. Quiero un escritorio nuevo.
2. Vosotros perdéis mucho dinero en la lotería.
3. José y Rosa le deben algunas pesetas a su padre.
4. Mis hermanos compran un regalo para mi madre.
5. Ellos recomiendan ese país para viajar.
6. Nosotros andamos mucho todos los días.
7. El le envía flores a su novia.
8. El gato bebe leche.
9. Tú pasas las vacaciones en Francia.
10. Yo entiendo las explicaciones.

11. Muchas personas creen en la reencarnación.
12. Alberto espera el autobús.
13. ¿No encuentras la calle?
14. Ella esconde sus llaves.
15. Faltan cuatro días para el concierto.
16. Nosotros visitamos muchos países.
17. Trabajáis para una compañía grande.
18. Recibo cartas todos los días.
19. Los niños toman mucha limonada en verano.
20. Descanso los fines de semana.

Was . . .-ing sets a scene. It doesn't say what happened (that's what the preterite does). So this use of the imperfect demands another verb in the sentence, either to say *what happened* or *what else was going on.*

1. The imperfect is used to set up the preterite verb:

Algunas personas **hablaban**, otros no **decían** nada, unos **escribían** los ejercicios o **leían** sus lecciones, cuando el presidente **entró.**

Yo **trabajaba** en la cocina, mi hermano **tocaba** el piano, mi madre **estudiaba** el mapa y mi padre **descansaba** cuando el cartero **llegó** y nos **dio** las buenas noticias.

The imperfect sets the background for what happens, but only the preterite actually *says* what happens.[1]

2. Two (or more) imperfects in the same sentence: It is common to use two (or more) imperfects to state that two actions *were going on* at the same time. This is often done with **mientras** *while*, or **siempre** *always.*

Yo siempre **dormía** cuando mi hermano **estudiaba.**

Ellos **comían** mientras ustedes **esperaban.**

Práctica oral

In the paragraphs below, the only verb that shows "what happened" is the preterite one at the very end. Say the paragraphs, filling in the missing verbs to "set the scene."

1. (hacer) _____ sol, la gente (pasear) _____, los niños (jugar) _____, los pájaros (cantar) _____ y yo (leer) _____ cuando mi amigo llegó del parque.

[1]Of course, imperfect verbs are actions, too, but they don't tell you *what happened.* To understand this concept, all you have to do is read this longwinded sentence with lots of past verbs (all imperfect), but we never find out *what happened:* "So here I *was going* down the street; the sun *was shining,* and these fellows *were working* in the street while traffic *was going* right past them; a large crowd *was gathering* in front of the Post Office. . ."

2. Yo (escribir) _____, mi hermano (escuchar) _____ los deportes, mi padre (ver) _____ la televisión, mi madre (cocinar) _____, el perro (dormir) _____ y mi abuelo (descansar) _____ cuando llamaron a la puerta.

B. Usually when a sentence has an imperfect as its only verb, it means *used to* . . . .

Yo **estudiaba** mucho en la clase de filosofía. // I *used to study* quite a bit in Philosophy class.

Mi hermana **dormía** hasta la diez. // My sister *used to sleep* until ten o'clock.

Marta **veía** mucha televisión los sábados. // Marta *used to watch* lots of television on Saturdays.

We also use *would* as a synonym for *used to* . . . in English.[1]

I *would study* quite a bit in Philosophy class.

My sister *would sleep* until ten o'clock.

She *would watch* television on Saturdays.

Dos a dos

Ask each other what you used to do.

Person A

1. ¿Jugabas mucho al béisbol?
2. ¿Nadabas frecuentemente?
3. ¿Leías muchas novelas?
4. ¿Estudiabas la historia?
5. ¿Trabajabas en un restaurante?
6. ¿Tocabas el piano?
7. ¿Ganabas concursos literarios?
8. ¿Escribías poesías?
9. ¿Asistías a clases de ciencia en la escuela secundaria?
10. ¿Cenabas en restaurantes elegantes?

Person B

1. ¿Veías más deportes en la televisión que ahora?
2. ¿Tocabas el violín?
3. ¿Vivías en otro país?
4. ¿Perdías fácilmente tus cosas?

---

[1]Be careful, because we have more than one "would" in English. One is the imperfect "would," as you see in the examples in the text, and the other is the conditional one: "I *would* go if I had the time."

5. ¿Entendías otra lengua?

6. ¿Mentías mucho?

7. ¿Jugabas al tenis?

8. ¿Esquiabas en la Argentina?

9. ¿Leías libros de filosofía?

10. ¿Aprendías cosas poco útiles?

C. The imperfect is also used for conditions and states of mind. Verbs such as *want, be, know,* and *need* usually are used to express pre-existing conditions or states. When you say that you "need something," don't you need it before you say it? When you state that you "have five dollars," didn't you have them before you said so? So, in Spanish most verbs of this type—when in the past—are almost always used in the imperfect: they represent the ways things were as the sentence began.

Verbs of state or condition are not generally translated *was . . .-ing* or *used to . . .* simply because their meaning in English usually cannot permit it. Most often these are used in their simple form: *wanted, was, knew,* and *needed* (and not *was wanting* and so on).

ser	Usted **era** un amigo excelente. *You **were** a good friend.*
estar	Tú **estabas** en el café cuando te vi. *You **were** in the café when I saw you.*
tener	Ella visitó México cuando **tenía** dieciocho años. *She visited Mexico when she **was** eighteen.*
poder	Jorge **podía** hablar inglés bien. *Jorge **could** speak English well.*
deber	Marta **debía** regresar más temprano. *María **should have** returned earlier.*
necesitar	Yo **necesitaba** tu ayuda. *I **needed** your help.*
querer	Mi amigo **quería** viajar a España. *My friend **wanted** to travel to Spain.*
desear	Horacio **deseaba** tomar otro refresco. *Horacio **wanted** to have another cold drink.*
conocer	Yo **conocía** a muchos argentinos cuando vivía en Buenos Aires. *I **knew** many Argentinians when I lived in Buenos Aires.*
saber	Tú **sabías** los nombres de todos los estados. *You **knew** the names of all the states.*
hay	**Había** mucho trabajo en aquella clase. *There **was** a lot of work in that class.*

Acabar de represents a state and not an action—it is the way things are when the sentence begins—so in the past, invariably you use it in the imperfect.

acabar de	**Acabábamos de** salir cuando sonó el teléfono. *We **had just** left when the phone rang.*

Práctica oral ───────────────────

Say these in the past.

MODELO   Don Quijote conoce a Sancho Panza.
Don Quijote **conocía** a Sancho Panza.

1. Hay mucha comida en la cocina.
2. Tú eres una buena persona.
3. Sé tu dirección y número de teléfono.
4. Ellos están en casa de María.
5. Este médico tiene muchos clientes.
6. Rosa y yo conocemos muchos países.
7. Vosotros podéis estudiar más.
8. Deseo viajar a muchos lugares.
9. Nosotros queremos una computadora.
10. Tú debes asistir a clase.
11. Ustedes necesitan tomar vitaminas.
12. María acaba de comer.

Because the progressive tense tells about actions in progress, the past progressive requires the imperfect of **estar.**

Ella **estaba escuchando** la radio anoche a las nueve.

Nosotros **estábamos cocinando** ayer a mediodía.

Tú no **estabas trabajando** cuando te vi.

¿Qué **estaban** ustedes **haciendo** en el centro el domingo?

Repaso instantáneo

Forms of the Present Participle = **gerundio**

-ar (= -ando)	-er, -ir (= -iendo)
regres**ando**	com**iendo**
busc**ando**	beb**iendo**
almorz**ando**	volv**iendo**

Vowel + **-iendo** = **-yendo**

traer	tra**yendo**
leer	le**yendo**
oír	o**yendo**

-ir vowel-changing verbs

(e–i, e–i∅, o–u∅)

decir (i)	diciendo
repetir (i)	repitendo
seguir (i)	siguiendo
mentir (ie)	mintiendo
dormir (ue)	durmiendo

Práctica oral

Say these using past progressives.

MODELO   El profesor nos explicaba la lección cuando sonó la campana.
El profesor nos **estaba explicando** la lección cuando sonó la campana.

1. Yo hablaba con Rodolfo por teléfono cuando llamaron a la puerta.
2. Los jóvenes veían la televisión cuando su padre llegó.
3. Seguías las instrucciones del mapa cuando te perdiste.
4. Mi padre dormía cuando el teléfono sonó.
5. Vosotros leíais cuando Fernando llegó.
6. Tú volvías a casa cuando encontraste mil pesos.
7. Yo oía música en la radio cuando dieron la noticia.
8. Nosotros comíamos en un restaurante cuando vimos a Maribel.
9. Alberto traía dinero cuando compró el abrigo.
10. Nosotros esperábamos a Rosa cuando llegó el autobús.

D. *The complication the imperfect holds for English speakers.* One reason English-speakers typically have trouble with the imperfect is that we often use a simple verb to carry the meaning of *was . . . -ing* and *used to . . . .* Because our minds work this way, it sometimes makes us believe that the preterite (the simple past) is called for in Spanish instead of the imperfect. Here are examples of a simple verb and its *was . . . -ing* equivalent:

While I *went* (*was going*) to school, I saw their new house.
When I *listened* (*was listening*) to that singer, my heart skipped a beat.
As the car *turned* (*was turning*) over, I got scared.

Here are examples of a simple verb and its *used to . . .* equivalent.

They *saw* (*used to see*) a lot of Saturday matinées when they were kids.
I *went* (*used to go*) to the zoo a lot when I was smaller.
Juan *brushed* (*used to brush*) his teeth three times a day.

What has usually been most troublesome for English-speakers is those situations when the imperfect is called for but *was . . . -ing* or *used to . . .* is not possible in their

English equivalents. The verbs that show conditions and state of mind all work this way. Other verbs (such as **extender** and **hablar** below) also can work this way. The "scene method" works very well in these cases.

They *knew* all the answers.	**Sabían** todas las respuestas.
I *had* a puppy when I was ten years old.	**Tenía** un cachorro cuando tenía diez años.
The roads *extended* in all directions.	Las carreteras se **extendían** en todas las direcciones.
I didn't *speak* Spanish two years ago (i.e., I didn't possess that skill).	No **hablaba** español hace dos años.

Práctica oral

In the paragraph below, figure out which verbs must be in the imperfect in Spanish. There are no *was . . .-ing* or *used to . . .* clues.

When I *was* younger, I *could* learn quickly. I *needed* to understand math and I also *wanted* to learn geography. In those days, I *played* the piano well and I *sang* on key. I *knew* several students from South America who *spoke* no English, and this *gave* me the chance to speak Spanish better. One of these students, Pedro, *painted* all kinds of scenes beautifully, although he didn't *understand* how he did it.

Cuadro del Bosco, en inglés *Bosch*, pintor flamenco del siglo 15. Pintaba plantas y animales muy extraños, es famoso por lo grotesco. Dicen hoy que es un precursor del movimiento surrealista del siglo 20. ¿No se nota la influencia del Bosco en la obra de Dalí?

LECTURA CULTURAL

La juventud de Salvador Dalí en sus propias palabras

Dalí nació el día once de mayo de mil novecientos cuatro en Figueras, cerca de Barcelona, pero él dice que recuerda perfectamente su vida pre-natal dentro de su madre.

Dalí tenía mucha ambición: "Cuando tenía seis años quería ser cocinero y a los siete, Napoleón. Desde entonces mi ambición ha ido aumentando sin parar".[1]

Dalí a los seis años ya mostraba qué tipo de persona era. En una estación de ferrocarril su padre le dijo: " 'Mira, allí venden panecillos; a ver si eres lo bastante listo[2] para comprarme uno. Anda, pero no me vengas con uno de los que tienen una tortilla dentro; quiero sólo el panecillo.' Fui y volví con el panecillo. Mi padre palideció al verlo. '¡Pero había una tortilla dentro!' exclamó muy ofendido. 'Sí, pero usted me dijo que sólo quería el panecillo; por eso tiré la tortilla.' "

Llegó el día en que Dalí tuvo que ir a la escuela. "Cuando yo tenía siete años, mi padre decidió llevarme a la escuela. Tuvo que recurrir a la fuerza; con gran esfuerzo me arrastró todo el camino de la mano, mientras yo chillaba y armaba tal escándalo, que todos los tenderos de las calles por donde pasábamos salían a la puerta para vernos. Mis padres habían logrado enseñarme dos cosas: las letras del alfabeto y escribir mi nombre. Al cabo de un año de escuela descubrieron con estupefacción que había olvidado totalmente estas dos cosas.

"No era de ningún modo culpa mía. Mi maestro había contribuido mucho a la consecución de este resultado—mejor, no había hecho nada, pues venía a la escuela sólo para dormir casi continuamente". Lo bueno de su primer año de escuela fue su habilidad de desarrollar su imaginación: "¿Qué hice durante un año entero en esta miserable escuela? Una sola cosa, y la hice con desesperado ardor: fabricar 'falsos recuerdos'. La diferencia entre los recuerdos falsos y los verdaderos es la misma que para las joyas: son siempre las falsas las que parecen más reales, más brillantes".

A los nueve años, Dalí comenzó a pintar. Durante los veranos, pintaba sin cesar, usando el cuchillo[3] y óleo muy espeso. Y así comenzó la carrera de Dalí como pintor.

Preguntas sobre la lectura

1. ¿En qué estación del año nació Dalí?
2. ¿Es posible creer que Dalí tiene recuerdos pre-natales?
3. ¿En su juventud, era Dalí un cocinero?
4. ¿Por qué Dalí tiró la tortilla?
5. ¿Hizo Dalí lo que quería su padre en la estación de trenes?
6. ¿Qué hay en común entre usted y Dalí en cuanto a su primer día de escuela?
7. ¿Qué le enseñaron a Dalí su padre y su madre antes de los siete años?
8. ¿Era bueno el primer maestro de Dalí? ¿Qué hacía?
9. ¿Qué hizo Dalí en su primer año?
10. ¿En qué año comenzó Dalí a pintar?

[1]*Since then my ambition has been increasing without stopping.*

[2]*Let's see if you're smart enough . . .*

[3]This refers to a *painting* knife that artists use instead of a brush.

Vocabulario de la lectura

arrastrar   *to drag*
aumentar   *to increase*
cocinero   *cook*
consecución   *attainment of desired object*
cuchillo   *knife*
culpa   *guilt*
chillar   *to shriek*
desesperado   *desperate*
esfuerzo   *effort*
espeso   *thick*
fabricar   *to make up*
fuerza   *force*
habilidad   *ability*
joya   *jewel*
juventud   *youth*
listo   *sharp*

lograr   *to succeed in*
mantener   *maintain*
mejor   *rather*
mismo   *same*
mostrar (ue)   *to show*
óleo   *oil paint*
palidecer   *to become pale*
panecillo   *bread roll*
parar   *to stop*
pintar   *to paint*
recuerdo   *memory*
recurrir   *to resort*
resultado   *result*
sólo   *only*
tendero   *shopkeeper*
tirar   *to throw away*
tortilla   *omelette*

Estudio de expresiones

1. **(un año) entero** *a whole (year)*

   ¿Qué hice durante **un año entero**?
   Pasé **una semana entera** en la playa.

2. **armar un escándalo** *make a commotion*

   Dalí **armó un escándalo** al ir a la escuela.
   La gente no debe **armar un escándalo** en el estadio.

3. **al cabo de** *at the end of*

   Al cabo de un año, Dalí ya no sabía nada.
   Ellos volvieron **al cabo de** dos semanas.

4. **desde entonces** *since then*

   Dalí quería ser Napoleón; **desde entonces** su ambición ha aumentado.
   Dalí fue expulsado de la escuela; **desde entonces** nunca volvió a las clases.

5. **sin + infinitive** *without . . .-ing*

   Mi ambición ha aumentado **sin parar**.
   El pintaba **sin cesar**.

6. **todo el camino** *the whole way*

Su padre lo arrastró **todo el camino**.

Mi hermano condujo el coche **todo el camino**.

Práctica de vocabulario

Complete the sentences with a word or expression from the reading. You may have to use the word or expression in a form different from the way it is listed.

1. Cuando el padre de Dalí vio el panecillo, _____.
2. La _____ falsa parece más brillante.
3. Dalí _____ la tortilla.
4. Dalí logró _____ "falsos recuerdos".
5. Durante los veranos, Dalí pintaba _____ cesar.
6. El joven Dalí, cuando pintaba, usaba óleo _____.
7. Mientras Dalí iba a la escuela el primer día, armaba un _____.
8. La ambición de Dalí siempre _____.
9. A los seis años, Dalí quería ser _____.
10. Dalí se olvidó del alfabeto, pero no fue _____ suya.
11. El padre de Dalí tuvo que _____ a su hijo el primer día de escuela.
12. En el _____, había una tortilla.

4. Los tres imperfectos irregulares

The imperfect is the most regular of tenses with only three irregular verbs. **Ver** is only slightly irregular with an unexpected -e-.

Repaso instantáneo: los tres imperfectos irregulares			
	ser *to be*	**ir** *to go*	**ver** *to see*
(yo)	era	iba	veía
(tú)	eras	ibas	veías
(usted)	era	iba	veía
(él/ella)	era	iba	veía
(nosotros,-as)	éramos	íbamos	veíamos
(vosotros,-as)	erais	ibais	veíais
(ustedes)	eran	iban	veían
(ellos/ellas)	eran	iban	veían

Práctica oral

Say these sentences including the right form of **ser**, **ir**, and **ver** in the imperfect.

MODELO　　Rosa (ver) _____ a su madre desde la ventana.
　　　　　　Rosa **veía** a su madre desde la ventana.

1. Mi amiga (ver) _____ mucho la televisión.
2. Juan y Antonio (ir) _____ a clase diariamente.
3. Yo (ser) _____ el mejor futbolista de la clase.
4. Tú (ir) _____ al supermercado los viernes.
5. Nosotros (ser) _____ buenos jugadores.
6. Ellos (ver) _____ el accidente desde el bar.
7. Ustedes (ser) _____ amigos, ¿no?
8. Yo (ir) _____ a correr todos los fines de semana.
9. María (ser) _____ muy buena persona.
10. Ellos (ver) _____ el partido en directo.

5. La hora y el tiempo en el pasado

A. Telling time in the past always requires the imperfect. Here, the "scene method" doesn't work; when you say "It was ten fifteen," it was obviously that time only within the scene (seemingly the exact circumstance for the preterite). Nonetheless, the imperfect is required.[1]

　　¿Qué hora **era**? **Era** la una de la tarde.
　　Era mediodía cuando ella regresó.
　　Eran las ocho de la noche cuando comimos.
　　Eran las diez menos cuarto cuando salí.

B. When you are describing weather, you are usually telling about a pre-existing situation (that is, usually the weather stays the same throughout a scene), so the imperfect is commonly used.

　　Hacía buen tiempo cuando llegué en Madrid.
　　Hacía mucho viento durante el partido.
　　Hacía fresco cuando entramos en casa.
　　Nevaba bastante cuando volví a casa.
　　Llovía cuando mis padres entraron.

---

[1]When you say **Eran las once** you mean *It was 11:00*, but when you say **Fueron las once** it means *It struck 11:00*. The preterite can be used for that specific meaning only.

Of course, sometimes an unusual weather phenomenon may occur in the middle of the sentence's time span, in which case the preterite is called for.

Nevó en Los Angeles en 1948.
Llovió ayer a las tres de la tarde.

Dos a dos _____

Ask each other questions about the weather and time.

Person A

1. ¿Qué tiempo hacía cuando saliste de tu casa hoy?
2. ¿Qué hora era cuando llegaste a clase?
3. ¿Qué hora era cuando te levantaste hoy?
4. ¿Qué tiempo hacía cuando volviste a casa ayer?
5. ¿Eran las siete cuando comenzaste a estudiar?

Person B

1. ¿Qué tiempo hacía cuando fuiste a comer anoche?
2. ¿Llovía cuando entraste en tu casa anoche?
3. ¿Qué hora era cuando sonó el teléfono?
4. ¿Nevaba mucho cuando esquiaste la última vez?
5. ¿Qué hora era cuando terminaste de estudiar?

6. Los pretéritos irregulares

An irregular preterite has a stem different from the infinitive. Since the preterite of **habl-ar** is **habl-é**, it is regular. On the other hand, since the preterite of **ven-ir** is **vin-e**, the stem is different, so it is irregular.

A. A nice thing about irregular preterites is that they all (with the exception of **ir** and **ser**—which share the same forms) have a common set of endings, no matter if they are **-ar**, **-er**, or **-ir** verbs.

venir (vin-)

(yo)	vine	(nosotros)	vin**imos**
(tú)	vin**iste**	(vosotros)	vin**isteis**
(usted)	vino	(ustedes)	vin**ieron**
(él/ella)	vino	(ellos, ellas)	vin**ieron**

venir (vin-)   Yo **vine** a las siete, pero Josefina **vino** un poco tarde.
Sus hermanos **vinieron** a las ocho.

hacer (hic-)	Yo **hice** todo el trabajo ayer. ¿Qué **hiciste** tú? Josefina **hizo**[1] un buen trabajo.
poner (pus-)	¿Dónde **puse** yo mis lápices? Tú **pusiste** tus libros en el suelo. ¿Qué **pusieron** ellos en la mesa?
andar (anduv-)	Yo **anduve** mucho ayer. ¿Adónde **anduviste** tú? Cabeza de Vaca **anduvo** mucho en las Américas del Norte y del Sur.
estar (estuv-)	**Estuve** en México dos semanas. María **estuvo** enferma ocho días. Nosotros **estuvimos** nerviosos durante la película.[2]
saber (sup-)	Ella **supo** la verdad. Ayer **supimos** la fecha de las elecciones. ¿**Supieron** ellos las respuestas correctas?
querer (quis-)	Miguel **quiso** asistir a la reunión. Ellos **quisieron** entrar, pero el banco estaba cerrado. No **quisiste** ver aquella película horrible.
poder (pud-)	Finalmente **pude** tocar esa canción difícil. Tomás **pudo** llegar a tiempo. Ellas no **pudieron** terminar el examen.
tener (tuv-)	Ayer tú **tuviste** tres cartas. Yo **tuve** suerte cuando encontré los cien dólares. Ellos **tuvieron** razón en la elección.

Note: Here are some notes about the preterites of **saber**, **querer**, **poder**, and **tener**.

Normally, these verbs in the preterite are said to "change meaning" from what the infinitive means:

	infinitive	preterite
saber	to know	to find out
poder	to be able	to succeed in
tener	to have	to receive
querer	to want	to try + infinitive
no querer	not to want	to refuse

With your knowledge of how the preterite works, you can see that from the Spanish point of view, it's the meaning of the Spanish preterite tense that forces a different meaning in English.

[1]**Hizo** changes the -**c**- to -**z**- according to regular spelling rules. If the -**c**- were maintained, the word would be pronounced "eeko". **Hico** actually *does* mean something: *hammock suspension device*, which is far from *made*, *did*.

[2]You use **estar** in the preterite when you say (or imply) how long something was somewhere or in a certain state. In this way, the entirety of what you associate with **estar** is within the sentence: **Yo estuve en Madrid tres días** means that the scene is three days long and the preterite is thus required.

saber: When you go from not knowing to knowing in the middle of a scene, you *find out* something. **Saber** can mean *to find out* in all tenses.

poder: When you go from not being able to do something to being able to do it, you *succeed in* doing it.

tener: When you go from not having something to having something, you *receive* it. With the **tener** expressions, you can be lucky in the middle of the scene (**tuve suerte**), or be right (**tuvimos razón**) in the middle of a scene too.

querer: When all of a sudden you actively want to do an action in the middle of a scene, you *try* to do it.

no querer: When all of a sudden you don't want to do an action in the middle of a scene, you *refuse* to do it.

Práctica oral _____

Answer the questions using the formula in the model.

MODELO ¿Está usted enfermo?
No, no **estoy** enfermo pero **estuve** enfermo.

1. ¿Viene José a casa ahora?
2. ¿Andas bien de salud?
3. ¿Quieren ellos vivir en el campo?
4. ¿Puede usted correr cinco millas?
5. ¿Tienes libros de gramática?
6. ¿Pones la radio?
7. ¿Hace frío?
8. ¿Está María en Madrid?

B. Those irregular preterites whose stem ends in a **j** have no **i** in the **ustedes/ellos/ellas** endings.

decir (dij-)

(yo)	dije	(nosotros)	dijimos
(tú)	dijiste	(vosotros)	dijisteis
(usted)	dijo	(ustedes)	dijeron
(él/ella)	dijo	(ellos, ellas)	dijeron

decir (dij-)	¿Qué me **dijiste** tú?
	Ellos no se lo **dijeron**.
	¿No te **dije** mi dirección?
traer (traj-)	Me lo **trajeron** ayer.
	¿Qué nos **trajo** Juan?
	Trajimos mucho papel y lápices.

traducir (traduj-)　　　Tú **tradujiste** bien esta página.
　　　　　　　　　　　　No **tradujimos** los ejercicios 3 y 4.
　　　　　　　　　　　　¿**Tradujeron** ustedes estas oraciones?

C. **Ir** is as irregular in the preterite as it is in the present, and it has its *own* set of endings.

ir (fu-)

(yo)	fui	(nosotros)	**fuimos**
(tú)	**fuiste**	(vosotros)	**fuisteis**
(usted)	fue	(ustedes)	**fueron**
(él, ella)	fue	(ellos, ellas)	**fueron**

¿**Adónde fuiste** anoche? **Fui** al teatro con Miguel.

No **fuimos** a San Sebastián; pero mis padres **fueron** allí.

Práctica oral

Say the sentences with the correct preterite form of the indicated verbs.

MODELO　　(traer) Yo _____ cinco dólares. ¿Cuánto dinero _____ ustedes?
　　　　　　　　Yo **traje** cinco dólares. ¿Cuánto dinero **trajeron** ustedes?

1. (decir) Nosotros _____ que sí. ¿Qué _____ ellos?
2. (traer) Nosotros _____ nuestro coche. ¿_____ ustedes su coche?
3. (ir) Nosotros _____ al cine. ¿Adónde _____ ellos?
4. (traducir) Yo _____ este artículo. ¿Qué artículo _____ tú?

Dos a dos

Person A

1. ¿Fuiste a casa el pasado fin de semana?
2. ¿Dónde pusiste tu bicicleta anoche?
3. ¿Anduviste por la calle anoche?
4. ¿Hiciste lo que debías?
5. ¿Supiste cuál es la fecha del examen final?
6. ¿Dónde estuviste anoche?
7. ¿Vinieron tus amigos de otros países?
8. ¿Quisiste ser médico?
9. ¿Pudiste llegar a tiempo hoy?
10. ¿Tuviste este libro el año pasado?

Person B

1. ¿Quién te dijo que Dalí estaba loco?
2. ¿Qué trajiste de la tienda?

¿Dalí escultor? ¿Por qué no? Se ve aquí la gran cuchara de Dalí en camino al Centro Pompidou de París.

3. ¿Tradujiste una novela?

4. ¿Fuiste al cine anoche?

5. ¿Tuviste suerte en el último examen?

6. ¿Pudiste sacar una A en todas tus clases?

7. ¿Estuviste en el Perú el año pasado?

8. ¿Anduviste a la biblioteca anoche?

9. ¿Viniste tarde a clase hoy?

10. ¿Quisiste comer en un buen restaurante anoche?

LECTURA CULTURAL

Dalí en la Escuela de Bellas Artes

(*Texto íntegro de Dalí*)

Tenía veintidós años. Estudiaba en la Escuela de Bellas Artes de Madrid. El deseo constante de hacer, sistemáticamente, y a cualquier precio, exactamente lo contrario de lo que hacían todos los demás, me empujaba a extravagancias que pronto se hicieron notorias en los círculos artísticos. En la clase de pintura nos hacían pintar una estatua gótica de la Virgen directamente del modelo. Antes de salir, el profesor había insistido repetidamente en que debíamos pintar lo que "veíamos".

Inmediatamente, en una vertiginoso frenesí de mixtificación, me puse a pintar furtivamente, con el más minucioso detalle, una balanza que copié de un catálogo. En esta ocasión creyeron realmente que estaba loco. A fin de semana vino el profesor a corregir y comentar el progreso de nuestra tarea. Se detuvo, en frígido silencio, ante mi pintura de la balanza, mientras todos los estudiantes se agrupaban en torno nuestro. "Acaso vea usted una Virgen como todos los demás," aventuré con voz tímida, "pero yo veo una balanza".

En otra ocasión, se nos asignó la ejecución de una pintura original al óleo, para un concurso premiado,[1] en la clase de pintura. Hice una apuesta que ganaría el premio ejecutando la pintura sin tocar la tela con el pincel. Le ejecuté, en efecto, rociando la tela con pintura lanzada desde un metro de distancia y conseguí hacer una pintura *puntillista*,[2] tan exacta en dibujo y color, que me concedieron el premio.

El año siguiente me presenté al examen en historia de arte. Estaba ansioso de hacer un papel brillante. Estaba muy bien preparado. Subí a la tarima en que se hallaban los tres miembros del tribunal y se sacó al azar el tema de mis tesis oral. Mi buena suerte fue increíble: era precisamente el tema que habría preferido tratar. Pero de pronto se apoderó de mí una indolencia insuperable, y casi sin vacilar, con estupefacción de los profesores y el público que llenaba el aula, me levanté para declarar: "Lo siento, pero soy infinitamente más inteligente que estos tres profesores y por tanto me niego a ser examinado por ellos. Conozco el tema demasiado bien".

A consecuencia de esto fui llevado ante el consejo disciplinario y expulsado de la Escuela. Así terminó mi carrera escolar.

Preguntas sobre la lectura

1. ¿Hay rasgos (*traits*) en común entre usted y Dalí?
2. ¿Todo el mundo, con la excepción de Dalí, pintó a la Virgen?
3. ¿Por qué no pintaban a un modelo vivo?
4. ¿Por qué pintó Dalí una balanza y no otra cosa?
5. Cuando volvió el profesor, ¿los demás vieron a la Virgen?
6. ¿Es posible ganar el premio de pintura sin tocar la tela con el pincel?
7. ¿Sabía de verdad Dalí la historia del arte?
8. ¿Estaba nervioso Dalí al descubrir su tema?
9. ¿Era más inteligente Dalí que el tribunal?
10. ¿Tenían razón en expulsar a Dalí?

[1] a contest with prizes
[2] *Pointillism* is the way some painters such as Seurat painted using dots of different colors.

Vocabulario de la lectura

acaso *perhaps*
agruparse *to gather*
ansioso *anxious*
ante *in front of*
apoderar *to take hold of*
apuesta *bet*
asignar *to assign*
aula f. *classroom*
aventurar *to venture*
balanza *scale*
bellas artes *fine arts*
carrera *career*
conceder *to give, grant*
consejo *council*
detalle m. *detail*
desde *from*
detenerse *to stop*
dibujo *drawing*
ejecución *execution*
empujar *to push*
escolar *pertaining to school*
estatua *statue*
expulsado *expelled*
frenesí m. *frenzy*

ganar *to win*
gótico *Gothic*
indolencia *laziness*
insuperable *insurmountable*
lanzado *flung*
minucioso *minute*
mixtificación *mystification*
negarse (ie) *to refuse*
pincel *artist's brush*
pintura *painting*
precio *price*
premio *prize*
repetidamente *repeatedly*
rociar *to sprinkle*
siguiente *next*
tarima *platform*
tela *canvas*
tocar *to touch*
tratar *to deal with*
tribunal m. *examining board*
vacilar *to hesitate*
vertiginoso *dizzy*
Virgen f. *Mother of Christ*

Estudio de expresiones

1. **al azar** *by chance*

   Se sacó mi tema **al azar**.
   Vi a mi primo **al azar** en el centro.

2. **a consecuencia de** *as a consequence of*

   A consecuencia de sus acciones, fue expulsado.
   Dalí es famoso **a consecuencia de** su inmenso talento.

3. **conseguir + infinitive** *succeed in*

   Conseguí hacer un dibujo tremendo.
   El padre de Dalí **consiguió llevar**lo a la escuela.

4. **lo contrario** *the opposite*

   Dalí hizo **lo contrario** a propósito.
   Mi hija hace **lo contrario** de los demás también.

Un dibujo de Goya,
gran artista español del
siglo 18.

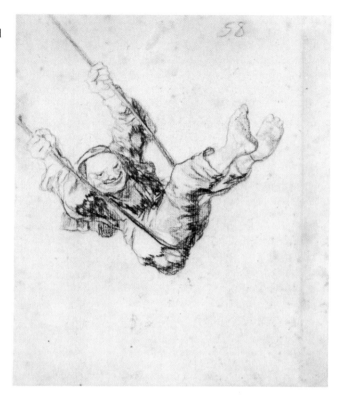

5. **los demás** *the others*

> Dalí no hacía lo que hacían **los demás**.
> El profesor no vio a la Virgen, como **los demás**.

6. **ponerse a** *to set about to (do something)*

> Dalí **se puso a** pintar furtivamente.
> Voy a **ponerme a** estudiar mucho mañana.

7. **de pronto** *suddenly*

> **De pronto** Dalí dijo una cosa muy mala.
> Ellos volvieron **de pronto** inmediatamente después de salir.

8. **en torno (suyo)** *around (him)*

> Los estudiantes llegaron **en torno** suyo.
> Se agruparon **en torno** nuestro.

Práctica de vocabulario

Complete the sentences with a word or expression from the reading. Not all of them will be used in exactly the same form as in the reading.

1. Dalí quería hacer _____ de lo que hacían _____.
2. Los estudiantes debían pintar una _____, pero Dalí pintó una _____.
3. El profesor no vio un retrato de la _____.
4. La pintura de la balanza tiene _____ detalle.
5. Dalí hizo una pintura _____ y ganó la _____.
6. Dalí _____ la tela con pintura lanzada, y no tocó la _____ con su _____.
7. El tribunal sacó _____ el tema perfecto.
8. _____ su proclamación, fue expulsado.

RECAPITULACIÓN

Cuestionario doble

Person A

1. ¿Centaste bien anoche? ¿Qué comiste?
2. ¿Hablaste español ayer? ¿Hablaste otra lengua?
3. ¿Qué tomaste anoche con la cena?
4. ¿Escribiste una carta anoche? ¿Qué (más) hiciste anoche?
5. ¿Viviste en San Francisco? ¿Dónde viviste?
6. ¿Qué estabas haciendo a las cinco y media de la tarde ayer?
7. ¿Veías una película anoche a las nueve?
8. ¿Qué tiempo hacía anoche?
9. ¿Qué querías hacer con tu vida cuando tenías ocho años?
10. ¿Necesitabas diez dólares ayer?

Person B

1. ¿Compraste algo ayer? ¿Cuánto pagaste?
2. ¿Pasaste tiempo en México o España? ¿Dónde pasaste mucho tiempo?
3. ¿Trabajaste mucho anoche? ¿Qué estudiaste?
4. ¿Leíste una lección anoche? ¿Qué (más) hiciste?
5. ¿Viste una película la semana pasada? ¿Cómo era?
6. ¿Qué estabas haciendo a las seis de la mañana hoy?
7. ¿Ibas a la biblioteca anoche a las ocho?
8. ¿Qué hora era cuando volviste a casa anoche?
9. ¿Sabías los nombres de todos los presidentes?
10. ¿Podías correr muy rápidamente?

Escenario

The young Salvador Dalí presents himself to the three professors who are to give him his oral exam in Art History. The theme they choose at random is "La contribución e importancia de Vermeer de Delft a la historia de arte." Act out what happens. The **Escenario** appendix will give some suggestions for the three professors only. Dalí is on his own.

Temas de redacción

1. Vuelva a leer las secciones del mismo Dalí y saque las palabras dalianas (es decir, las palabras extrañas que él usa); después vuelva a escribir un "falso recuerdo" usando lo que sabe y estas palabras.
2. Imagine la conversación entre los varios profesores de Dalí cuando hablan de él. (Ellos no saben que va a ser ni famosísimo ni riquísimo.)

LECCIÓN 3

Novelista por casualidad

ALGO VIEJO Y ALGO NUEVO

1. Repaso de SER y ESTAR

A. You already know that **ser** is irregular in both the present and the imperfect.

	present	imperfect
(yo)	soy	era
(tú)	eres	eras
(usted)	es	era
(él/ella)	es	era
(nosotros,-as)	somos	éramos
(vosotros,-as)	sois	erais
(ustedes)	son	eran
(ellos/ellas)	son	eran

1. **Ser** is the only Spanish form of "to be" possible with a predicate noun.[1] A noun can be a person, place, or thing:

Yo **soy** estudiante.   Nosotros **éramos** mecánicos.

Tú **eras** un buen pintor.   Vosotras **sois** españolas.

Usted **es** médico.   Ellos **eran** economistas famosos.

Note: If you are "mayor for a day" or "acting president," **ser** is still required because both "mayor" and "president" are predicate nouns. In other words, it makes no difference how long you are whatever is expressed by the noun.

---

[1]A **predicate noun** is a noun that equals the subject of the verb *to be*: José **is** (=) *the mayor*; The capital of Peru **is** (=) *Lima*; This **is** (=) *a can opener*.

2. **Ser** is also used with *characteristics*. A characteristic is a trait that invariably comes to mind when you think of a certain person or thing. If Anita is young, when you picture her, you can think of her in no other way than "young," therefore **joven** is an adjective that requires **ser**. Similarly, if someone is intelligent, rich, small, or thin, when you think of that person, those qualities are part of the basic picture. The same is valid from the past point of view, too: if Juanita was wealthy, you would say: "Juanita era rica."[2]

El Gran Cañón **es** grande.	Mi perro **era** estúpido.
Marta **era** joven.	Ellos **son** pobres.
Tu hija **era** pequeña.	El Sr. Fernández **es** viejo.
Miguel **es** guapo.	Nosotros **éramos** estudiosos.

Where someone is from or what something is made of are characteristics that cannot change, so **ser** is again required.

Francisco **es del** Paraguay.	
Ana **es de** Tejas.	
Francisca **es de** España.	
La mesa **es de** madera.	*The table is (made) of wood.*
El anillo **es de** oro.	*The ring is (made) of gold.*
El coche típico **es de** acero y **de** aluminio.	*The typical car is (made) of steel and aluminum.*

3. **Ser** also tells when an event "takes place."

El programa **es** el jueves.

La cena **es** el martes.

¿Dónde **es** la fiesta?

Note: Remember that when you want to say that something takes place on a certain day, you use the definite article before the name of the day to mean *on*: ¿**Cuándo es el partido de fútbol? Es *el* jueves.** *It's on Thursday.* When you are just identifying a day, you don't use the article: ¿**Qué día es hoy? Es jueves.** *It's Thursday.*

Práctica oral

Say the sentences with the right forms of **ser** in an appropriate tense.

1. Einstein _____ brillante.
2. Nosotros _____ de San Francisco.

[1]Of course, everybody knows there is no eternal characteristic. Your wealth can be wiped out, your thin body can grow fat (or vice-versa), your intelligence can be damaged, and what is worst of all (and most inevitable) your youth will vanish. However, if you are rich, you expect to be rich for years, and if you are young, you also expect to be young for years—thus both are **ser**-type adjectives.

3. Tú _____ rico, ¿verdad?
4. Ella _____ joven hace décadas.
5. Josefina y yo _____ buenos amigos el año pasado.
6. Tú _____ un buen amigo ahora.
7. Mi hermano _____ pequeño en 1982.
8. Yo _____ estudiante.
9. El presidente no _____ viejo.
10. Yo _____ un buen jugador de béisbol el año pasado.

B. **Estar** is a bit irregular in the present tense, but is perfectly regular in the imperfect:

	present	imperfect
(yo)	estoy	estaba
(tú)	estás	estabas
(usted)	está	estaba
(él/ella)	está	estaba
(nosotros,-as)	estamos	estábamos
(vosotros,-as)	estáis	estabais
(ustedes)	están	estaban
(ellos/ellas)	están	estaban

1. The first common use of **estar** is for *conditions*. A condition is a something that *can* or *is likely to* change (in a few minutes, in a few days). If someone is furious, on edge, pleased, or sad, that same person may not be so in a few minutes. If someone is tired, drunk, or under the weather, he or she may not be tomorrow, so you'd use **estar** with all of these conditions.

Juana **está** bastante **contenta** con su nota.
Octavio **está resfriado** hoy.
Tú **estabas cansada** cuando te vi.
El **estaba** muy **nervioso** ayer antes de su presentación oral.

2. **Estar** is also used to tell location, no matter how permanent or temporary it night be.

Guanajuato **está** en México.
Margarita **estaba** en la calle, pero ahora no sé dónde **está**.
La Universidad Complutense **está** en Madrid.
La casa de Manuel **estaba** en Filadelfia.
José **estaba** en clase ayer.
Nosotros **estábamos** en Lima el año pasado.

Note: ¿**Cómo es** . . .? asks about someone's characteristics (= what someone is like):

¿**Cómo es** José? Es **inteligente**.

¿**Cómo está** . . .? asks about someone's condition (= health):

¿**Cómo está** José? Está **enfermo**.

Práctica oral

Say these sentences with the right form of **estar** in the correct tense.

1. Yo _____ en clase ayer a las diez.
2. María _____ enferma la semana pasada.
3. Alberto _____ en París ahora.
4. Yo no _____ nervioso durante el examen de ayer.
5. Nosotros _____ contentos después del partido la semana pasada.
6. ¿Cómo _____ tú? ¿Bien?
7. Yo _____ resfriado hoy.
8. Tú _____ en México en 1985.
9. Nosotros _____ aquí ahora.
10. ¿Dónde _____ la universidad?

Dos a dos

Person A

1. ¿Estabas en Buenos Aires hace dos años?
2. ¿Eras futbolista?
3. ¿Eres de Guatemala?
4. ¿Cuándo es el examen?
5. ¿Cómo estás hoy?
6. ¿De qué color es tu casa?
7. ¿Es inteligente tu perro?
8. ¿Está enferma tu madre hoy?
9. ¿Dónde está Guadalajara?
10. ¿Eras un estudiante famoso,-a en el colegio?

Person B

1. ¿Estabas triste la semana pasada?
2. ¿Eras mi amigo,-a hace un año?
3. ¿Eras pobre?
4. ¿Cómo eres? ¿Eres brillante?
5. ¿Es de plástico tu bolígrafo?
6. ¿Está aquí tu gato o tu perro?

Manuel Puig en casa. En su máquina de escribir hay una hoja del guión para la versión italiana de *El beso de la mujer araña.*

7. ¿Estás furioso,-a a veces?
8. ¿Estuviste en Acapulco la semana pasada?
9. ¿Son de Chile tus padres?
10. ¿Cuándo es la fiesta?

LECTURA CULTURAL

La ficción es la realidad, y vice versa

Manuel Puig es uno de los novelistas latinoamericanos más conocidos. Aunque sus personajes son argentinos, su obra es de interés universal—sus novelas han sido traducidas a catorce lenguas, incluso el hebreo, el japonés y el húngaro.

Lo curioso es que cuando era joven, Manuel Puig nunca pensó en ser novelista. Su primera novela, por una extrema casualidad, fue escrita por él sin saber que estaba escribiendo una novela. Usted piensa sin duda que es imposible escribir una novela sin saberlo. Así pensaba Manuel, pero al leer su historia, usted va a saber cómo sucedió.

Nació Manuel Puig en mil novecientos treinta y dos en la pequeña ciudad llamada General Villegas, a unos cuatrocientos kilómetros de Buenos Aires. Cuando tenía edad suficiente para darse cuenta del medio ambiente que lo rodeaba, se decepcionó. Había algo que no era tal como debiera de ser. Le turbaba, por ejemplo, la absoluta llanura del paisaje. Anhelaba Manuel las montañas que nunca había visto. También suspiraba por el mar que tampoco conocía, aunque le era imposible explicar por qué.

La ciudad General Villegas está situada en una región excelente para criar ganado—la tierra es llana y el pasto bueno—pero es inhóspito para el hombre. En aquel ambiente hostil, el hombre mismo tuvo que hacerse hostil para sobrevivir. Lo único que se respetaba en aquella ciudad era el poder. A cualquiera que tuviera poder[1] se le consideraba de importancia. Manuel Puig no

[1]**A. . . poder** *Anyone who had power*

podía aceptar la manera en que se manipulaba el poder. Y puesto que el español era la lengua que usaba la gente para ejercer su poder, su lengua nativa llegó a ser para él la lengua de la crueldad y de la explotación.

El joven Manuel quería huir de su ciudad, de la gente, y de la lengua—pero nadie se escapaba de General Villegas, ni se atrevía a pensar en ello. Se nacía allí, se vivía allí, y se moría allí. Muy poca gente viajaba a la distante capital.

Pero finalmente encontró una manera de huir. Se "escapó" a *la Metro*—a las películas de la MGM. Hacia fines de los años treinta, llegaron de Hollywood películas en colores (y con subtítulos) que trataban de aventuras gloriosas. Lo que se representaba en la pantalla delante de los ojos del joven Manuel era un mundo ideal para él. Sin duda—pensaba Manuel—el mundo fuera de General Villegas tenía que ser el mundo que se representaba en las películas. Buenos Aires, la lejana capital de donde eran mandadas diariamente las películas—Manuel lógicamente calculaba—, tenía que ser una parte de aquel mundo que había llegado a conocer por medio de las películas. Con el paso del tiempo, la realidad de su ciudad se iba transformando en ficción, y la ficción de las películas se transformaba en la realidad para él. Cuando entraba en el cine, dejaba en la calle su lengua nativa, y el inglés llegó a ser su lengua adoptiva para la "realidad"

Preguntas sobre la lectura

1. ¿Es famoso Manuel Puig fuera de la Argentina?
2. ¿Siempre deseaba Puig ser novelista?
3. ¿Es posible escribir una novela sin saberlo?
4. ¿Es montañosa la ciudad de General Villegas?
5. ¿Está muy lejos de la capital la ciudad de Puig?
6. ¿Conocía Puig el mar cuando era joven?
7. ¿Por qué a Puig no le gustaba su ciudad nativa?

8. ¿Por qué no es buena la región de General Villegas para el hombre?

9. Manuel Puig llegó a despreciar el español. ¿Por qué?

10. ¿Cómo se escapó Puig de su medio ambiente? ¿Fue un escape de verdad?

Vocabulario de la lectura

adoptivo *adopted*

al *upon* (+ infinitive)

anhelar *to long for*

atreverse a *to dare*

aunque *although*

casualidad *chance, accident*

criar *to raise*

debiera *should*

decepción *disappointment*

diariamente *daily*

ejercer *to exert, apply*

ello *it*

figurar *to be*

fines m. *end*

fuera de *outside of*

hacerse *to become*

hebreo *Hebrew*

historia *story*

huir *to flee*

húngaro *Hungarian*

inhóspito *harsh*

incluso *including*

lejano *far-away*

llano *flat*

llanura *flatness*

malestar m. *uneasiness*

mar m. *sea, ocean*

medio ambiente m. *environment*

nadie *nobody*

ni *nor*

pantalla *screen*

paso *passage*

pasto *pasture*

pensar en *think about*

personaje *character*

poder m. *power*

puesto que *since*

rodear *to surround*

sobrevivir *to survive*

suceder *to happen*

suspirar por *to yearn for*

tal vez *perhaps*

tampoco *(n)either*

tratar de *to deal with*

turbar *to trouble*

vena *vein*

Estudio de expresiones

1. **al (leer)** *upon (read)ing*

> **Al leer** su biografía, va a saber por qué.
>
> Los estudiantes, **al entrar** en la clase, no hablan.

2. **lo (curioso) (único)** *the (funny) (only) thing*

> **Lo curioso** es que nunca pensó en ser novelista.
>
> **Lo único** que se respetaba era el poder.

3. **edad suficiente** *"old enough"*

> Cuando tenía **edad suficiente** fue a la capital.

4. **llegar a (ser)** *to come to (be)*

> **Llegó a** conocer el mundo por las películas.
> El español **llegó a ser** la lengua de la crueldad.
> El inglés **llegó a ser** la lengua de la realidad.

5. **por medio de** *by means of*

> Llegó a conocer el mundo real **por medio de** las películas.
> Fue a Italia **por medio de** una beca.

6. **sin duda** *without a doubt*

> **Sin duda** es un gran escritor.
> **Sin duda** Buenos Aires era el mundo real.

7. **tener lugar** *to take place*

> Sus novelas **tienen lugar** en la Argentina.
> La película **tiene lugar** en el Brasil.

Práctica de vocabulario

Say these sentences using the proper forms of the expressions above.

1. _____ volver a casa, María vio a sus abuelos.
2. La reunión _____ en la sala de conferencias ayer a las cuarto.
3. Me comunico con mis padres _____ cartas.
4. Me gustan casi todas las comidas, _____ que no me gusta es el "cocido".
5. José no tiene _____ para conducir todavía.
6. _____ Manuel Puig trabajó mucho para convertirse en un buen escritor.
7. Su hermano _____ un buen doctor.
8. Puig podía huir yendo a la *Metro* (= MGM) pero lo _____ es que no fue como él esperaba.

2. SER y la voz pasiva verdadera

A. When you use the <u>active voice</u>, you say what something or someone <u>did</u>. When you use the <u>passive voice</u>, you say what <u>was done</u> to something or someone. You can make any active sentence passive, and any passive sentence active—both represent exactly the same action.

The Spanish passive works in the same way as the English passive does. In Spanish, you use **ser**, the preposition **por**, followed by the "agent" (the doer of the action). When the agent is expressed by a pronoun, the propositional pronouns are used: **mí, ti, él, ella, nosotros, vosotros, ustedes, ellos, ellas.**

Abro la ventana	La ventana **es abierta por mí.** *The window is opened by me.*
Tú pintas la pared.	La pared **es pintada por ti.** *The wall is painted by you.*
María escribe el ejercicio.	El ejercicio **es escrito por María.** *The exercise is written by María.*

As you know, when you use **ser**, what comes after the verb agrees with, in number and gender, what comes before it.

Mis amig**os** son simpátic**os.**
Ell**as** son español**as.**

In the passive, the past participle agrees in the same way:

José canta las canciones.	**Las canciones** son cant**adas** por José.
Anita come los tamales.	**Los tamales** son comid**os** por Anita.
Octavio lee las novelas.	**Las novelas** son leí**das** por Octavio.

In an active sentence, if the direct object is a person, the personal **a** is necessary, but in the passive it disappears—because the direct object has become the subject of **ser** (and no personal **a** is possible with a subject).

Todo el mundo conoce **a** Bruce Springsteen.
　Bruce Springsteen es conocido por todo el mundo.
El profesor ayuda **a** los estudiantes.
　Los estudiantes son ayudados por el profesor.
Oímos **a** nuestro padre.
　Nuestro padre es oído por nosotros.

Note: Much of the time in Spanish, as you know, no subject pronoun is used in an active sentence—the verb itself contains that information. But in a passive sentence, you need to reflect that pronoun after **por**.

Escribo las cartas. (You know that **yo** is the subject.)	Las cartas son escritas **por mí.**
Cierras la puerta. (You know that **tú** is the subject.)	La puerta es cerrada **por ti.**
María es la presidenta. Toma las decisiones. (You know that **ella** is the subject of **toma.**	María es la presidenta. Las decisiones son tomadas **por ella.**

Una escena de *Viridiana,* una película de Luis Buñuel. Representa la Cena (*The Last Supper*).

Repaso instantáneo: los participios pasados

Formación del participio pasado regular

-ar hablar	+ -ado	= hablado *spoken*
-er comer	+ -ido	= comido *eaten*
-ir vivir		vivido *lived*[1]

Los participios pasados irregulares

abrir	to open	abierto	opened
cubrir	to cover	cubierto	covered
decir	to say	dicho	said
escribir	to write	escrito	written
hacer	to make	hecho	made
poner	to put	puesto	put
romper	to break	roto	broken
ver	to see	visto	seen
volver	to return	vuelto	returned

Verbs of similar makeup have similar past participles: **disolver—disuelto** *dissolved,* **devolver—devuelto** *returned,* **envolver—envuelto** *wrapped up*; **satisfacer—satisfecho** *satisfied,* **deshacer—deshecho** *broken.*

[1]Some regular past participles have written accents: **oír—oído, traer-traído, leer—leído, caer—caído.** **Ser** and **ir** have regular past participles: **sido** and **ido.**

Práctica oral ————————————————————————————

Ejercicio uno. Make these sentences passive.

MODELO   Los mexicanos hablan español.
El español **es hablado por** los mexicanos.

1. El profesor enseña la lección.
2. Nosotros escribimos las cartas.
3. El librero vende los libros.
4. Ellos abren las puertas.
5. El artista pinta los cuadros.
6. Usted come la manzana.
7. Tú traes las limonadas.
8. Vemos las fotografías.
9. El profesor repite la lección.
10. Ellos cantan la canción.

Ejercicio dos. Make these sentences passive if active, and vice versa. Make sure to add an "agent pronoun" in the passive when there is none in the active.

MODELO   Describes el paisaje.
El paisaje **es descrito por ti**.

1. Estudias la canción.
2. El partido es ganado por nosotros.
3. Las oraciones son escritas por ti.
4. La puerta es cerrada por Juan.
5. Cerráis la puerta.
6. Cantas la canción.
7. Las películas son vistas por ustedes.
8. Juan es visto por mí.
9. María es oída por ellos.
10. El bandido es buscado por la policía.

B. The tense of **ser** in a passive sentence is the same as the tense of the verb in the active version. When you say what happened in the past, you use the preterite, so most past passives require the preterite of **ser**.

You already know the preterite of **ser**—it is exactly the same as that of **ir**:

Preterite of **ser**

(yo)	**fui**	(nosotros)	**fuimos**
(tú)	**fuiste**	(vosotros)	**fuisteis**
(usted)	**fue**	(ustedes)	**fueron**
(él/ella)	**fue**	(ellos, ellas)	**fueron**

In the past passive, the only forms of **ser** that you will normally need are **fue** and **fueron**. Compare the past active sentences with their past passive equivalents.

Yo **hice** el trabajo.	El trabajo **fue hecho** por mí.
Tú **pintaste** la pared.	La pared **fue pintada** por ti.
Ganamos el partido.	El partido **fue ganado** por nosotros.
Ellos **vieron** la película.	La película **fue vista** por ellos.

Note: The preterite of **ser** is not limited to past passives. It can also be used for something that happened "within the scene" (as reviewed in Lección 2).

La última vez que lo vi **fue** hace nueve años.	*The last time I saw him **was** nine years ago.*
¡Qué consuelo **fue** recibir su carta de contestación!	*What a comfort it **was** to receive your reply!*

Práctica oral

Ejercicio uno. Make these sentences passive.

MODELO   Ella trajo los refrescos.
          Los refrescos **fueron traídos por** ella.

1. Cervantes escribió la mejor novela.
2. Ellos cantaron la canción.
3. Mi amigo recibió los paquetes.
4. El profesor corrigió mis errores.
5. El mesero trajo tu café.
6. Yo vi a mi hermano.

Una escena de *La historia oficial*, película argentina.

7. Tú aprendiste la lección.
8. María dijo la verdad.
9. Llevé a Margarita al cine.
10. Mis padres construyeron la casa grande.

Ejercicio dos. This exercise includes a bit of everything. Make passive if active, and vice versa. Be careful of tenses and missing agents.

MODELO   Comiste todo el pan.
                Todo el pan **fue comido por ti**.

1. Ellas hacen los ejercicios.
2. Los platos fueron puestos en la mesa por nosotros.
3. Los capítulos son leídos por Marta.
4. Ayudaron a Juan.
5. El trabajo fue terminado por ustedes.
6. María fue vista por mí.
7. Mi padre pagó la cuenta.
8. Joaquín abrió la ventana.
9. Tú tocaste las canciones.
10. Comimos las manzanas.

Dos a dos _____

Here is a short trivia quiz you can participate in. The answers are given so you can help your partner.

Person A

1. *Cien años de soledad* fue escrito por ¿quién?
   Gabriel García Márquez
2. La famosa *Mona Lisa* fue pintada por ¿quién?
   Leonardo da Vinci
3. La canción *Yesterday* fue escrita por ¿quién?
   Paul McCartney
4. Abraham Lincoln fue matado por ¿quién?
   John Wilkes Booth
5. El himno nacional americano fue compuesto por ¿quién?
   Francis Scott Key

Person B

1. México fue conquistado por ¿quién?
   Hernán Cortés

2. A *Tale of Two Cities* fue escrito por ¿quién?
   Charles Dickens
3. "Guernica" fue pintado por ¿quién?
   Picasso
4. Este libro fue publicado por ¿quién?
   John Wiley
5. La canción *Joy to the World* fue escrita por ¿quién?
   Hoyt Axton

C. A common substitute for the true passive uses **se**. In this construction, the subject almost always follows the verb, so the verb agrees with what follows:

Se abren las puertas a las seis de la mañana.	(literally: The doors open themselves at 6:00 A.M.) *The doors are opened at 6:00 A.M.*
Se enseña la química aquí.	(literally: Chemistry teaches itself here.) *Chemistry is taught here.*

You use this "false passive" when you simply do not know who does an action and cannot assign a subject of any kind (who *does* open the doors at 6:00 A.M.?). You also use the false passive when the action is more important than who does it (Chemistry *will be* offered, but the assignment of instructors is not yet final).

If you need a passive sentence, and you also have to specify the agent, the true passive is necessary:

Las puertas son abiertas a las seis por la policía universitaria.
La química es enseñada por el profesor Echeverría.

Práctica oral

Make these false passive sentences into real passives by incorporating the agent.

MODELO   Se oyen las voces. (¿Quién las oye? Es José.)
              Las voces son oídas por José.

1. Se hizo un ruido. (¿Quién lo hizo? Fue el futbolista.)
2. Se hablan dos lenguas aquí. (¿Quiénes las hablan? Somos nosotros.)
3. Se anunció el nombre. (¿Quién lo anunció? Fue Marta.)
4. Se ven muchos programas. (¿Quién los ve? Eres tú.)
5. Se pintó una pared. (¿Quién la pintó? Fue usted.)
6. Se entienden varios problemas. (¿Quién los entiende? Eres tú.)
7. Se compró mucho vino. (¿Quién lo compró? Fue Juana.)
8. Se prepara una lista. (¿Quiénes la preparan? Somos nosotros.)

3. El uso de LO con SER, ESTAR y PARECER

A. **Lo** can substitute for any *adjective* that goes with **ser**, **estar**, and **parecer**. It makes no difference if the adjective is masculine, feminine, singular or plural—**lo** is the only form possible. It has no translation in English.

Federico está **enfermo** pero no **lo** parece.	*Federico is sick, but he doesn't seem to be.*
Los hijos de Anita eran **inteligentes** porque ella **lo** era también.	*Anita's children were smart because she was too.*
Blancanieves era **bonita** pero la bruja no **lo** era.	*Snow White was pretty but the witch wasn't.*
Aquel muchacho parece **tonto** pero no **lo** es.	*That boy seems stupid, but he's not.*

B. Following verbs of knowledge, understanding, and the like, **lo** + an adjective + **que** means *how*. As in the case above, the adjective can be masculine, feminine, singular, or plural, but **lo** is invariable.

Usted no se da cuenta de **lo difíciles** que son aquellas lenguas.	*You don't realize **how difficult** those languages are.*
¡Imagínese **lo bonita** que es la capital en la primavera.	*Imagine **how beautiful** the capital is in spring.*
Finalmente supe **lo aburrida** que era la clase de cálculo.	*I finally found out **how boring** calculus class was.*
El profesor Vives nunca entendía **lo cansados** que estábamos.	*Professor Vives never understood **how tired** we were.*

Práctica oral

Follow the model to complete the sentences using **lo** instead of the adjective. Keep the same verb in the second half that is in the first half.

MODELO   Juan es fuerte pero Pedro...
          Juan es fuerto pero Pedro **no lo es.**

1. Rosa es un poco gorda pero Marta...
2. Mis padres parecen viejos pero los tuyos...
3. Nosotros estamos bien pero vosotros...
4. Yo soy estudiosa pero tú...
5. Tú estás de vacaciones pero yo...
6. María parece inteligente pero Antonio...
7. Mi amiga es española pero yo...
8. Vosotros estáis contentas pero nosotros...

9. Federico parece muy interesado en el curso, pero los otros...
10. Tú eres alto pero ella...

LECTURA CULTURAL

Novelista por casualidad

Cuando Puig fue a Buenos Aires para ingresar en la universidad, sufrió una gran decepción—la capital no era tal como *la Metro* le había presentado el "mundo real".

En la universidad, llegó a tal nivel en italiano que ganó una beca para estudiar literatura italiana en Roma. Una vez allí, en vez de estudiar literatura, se matriculó en el famoso Centro Experimental Cinematográfico.

En mil novecientos cincuenta y ocho comenzó a escribir guiones, y esto lo puso extremadamente contento. Ahora podía hacer lo que a él le gustaba más que nada—participar en el cine. Pero ¿en qué lengua escribió el joven autor sus guiones? ¡En inglés, naturalmente! ¿Qué otra lengua se podía hablar en una película? Y en vez de escribir para una estrella del año cincuenta y ocho, escribió un guión hecho expresamente para Irene Dunne, la actriz norteamericana a quien él tanto admiró hacía[1] veinte años. ¡No se puede imaginar lo contento que estaba Manuel al recrear los guiones que había conocido de muy joven.[2] Pero su primer guión era malísimo por tres razones—trataba de un asunto que él desconocía, fué escrito para un público que había desaparecido hacía décadas, y estaba escrito en una lengua que él manejaba poco bien.

Uno de los amigos de Puig, al ver su guión desastroso, sugirió que no debía escribir en inglés, sino en su lengua nativa, y que debía escribir sobre asuntos que él conocía, en lugar de las cosas que ignoraba. Estos consejos provocaron una gran crisis en Manuel Puig. Había venido a Roma específicamente para escaparse de su lengua nativa y de su país. Ahora, si quería tener éxito, resultaba que tenía que usar las dos cosas de las que había querido huir—su lengua y su pasado.

Aceptó finalmente los consejos de su amigo y comenzó a escribir un guión en español. A medida que se desarrollaba el guión, el autor dejó que sus personajes hablaran por sí mismos y que trataran de solucionar sus propios problemas. Cuando iban en camino de equivocarse, Puig los dejó equivocarse. Aunque Manuel no se dio cuenta en aquel momento, estaba escribiendo una novela, y no un guión. ¡Se había hecho novelista por accidente!

Después de escribir algunas novelas, Puig volvió a escribir guiones—y esta vez eran mucho mejores que el primero. No hace mucho tiempo, Puig escribió el guión para una versión italiana de su novela, *El beso de la mujer-araña*.[3]

Esta carrera de gran éxito comenzó con la reacción de un muchacho contra la sociedad de su ciudad nativa. ¿Qué habría ocurrido si Manuel Puig hubiera crecido[4] en una ciudad con ambiente agradable, justicia e igualdad?

[1]**Hacía** means *earlier* here, the past of **hace** *ago.*

[2]**de muy joven** = *as a very young person.*

[3]In 1985, the American-Brazilian version of the movie starring William Hurt, Raúl Juliá, and Sonia Braga, *Kiss of the Spider Woman*, was released in the United States. Puig didn't write this screenplay. The film was nominated for Best Motion Picture, and William Hurt won the Oscar for Best Actor. The film deals, among other things, with escaping to motion pictures from a dreadful situation.

[4]*What would have happened if Manuel Puig had grown up...*

La genta sale del cine habiendo visto la versión subtitulada de *El beso de la mujer araña*. Ya había ganado dos *óscares*.

Preguntas sobre la lectura

1. ¿Qué le gustaba estudiar a Puig en Buenos Aires?
2. ¿Buenos Aires era como el mundo de la MGM?
3. ¿Cómo pudo ir a Roma?
4. ¿Qué iba a estudiar en Roma?
5. ¿Se enseña la literatura en el Centro Experimental?
6. ¿Por qué escribió Puig guiones en inglés?
7. ¿Estaba Puig contento con su guión malo? ¿Por qué? ¿Cuáles fueron los defectos de aquel guión?
8. Los consejos de su amigo ¿fueron buenos?
9. Al escribir su primera novela, ¿qué pensaba que estaba escribiendo?
10. ¿Qué lenguas se hablan en las películas de la *mujer-araña*?

Vocabulario de la lectura

araña	*spider*	igualdad f.	*equality*
asunto	*matter*	**interés** m.	*interest*
beca	*scholarship*	malísimo	*very bad*
beso	*kiss*	**manejar**	*to wield*
casualidad, por	*by accident*	**matricularse**	*to enroll*
década	*decade*	**mayor**	*great*
decepción	*disappointment*	nivel m.	*level*
dejar	*to allow*	**propio**	*one's own*
desaparecer	*to disappear*	**por casualidad**	*by accident*
desarrollar	*to develop*	**razón** f.	*reason*
desastroso	*disastrous*	recrear	*to recreate*
desconocer	*not to know*	resultar	*to turn out*
estrella	*star*	**sino**	*but rather*
gran	*great*	solucionar	*to solve*
guión m.	*movie script*	sufrir	*to undergo*
huir	*to flee*	**tal**	*such a*
ignorar	*not to know*	**tanto**	*so much*
ingresar	*to enroll*	**vez, una**	*once*

Estudio de expresiones

1. **a medida que** *at the same time that*

> **A medida que** desarrollaba su guión, Puig dejó que sus personajes hablaran por sí mismos.
>
> José hizo una lista de preguntas **a medida que** leía el capítulo.

2. **en lugar de**
   en vez de *instead of*

> **En vez de** escribir para una estrella de los años cincuenta, escribió para Irene Dunne.
>
> Su amigo le dijo que debía escribir sobre lo que sabía **en lugar de** lo que no sabía.

3. **más que nada** *more than anything*

> Manuél Puig hizo finalmente lo que le gustaba **más que nada**.
>
> **Más que nada**, deseo ir a España.

4. **ponerlo (contento)** *to make someone (happy)*[1]

> El escribir guiones **lo puso contento**.
>
> Este examen **me pone nervioso**.

5. **tener éxito** *to be successful*

> Después de años, finalmente **tuvo éxito**.
>
> Si quería **tener éxito** tenía que escribir sobre lo que sabía.

6. **tratar de** *to deal with*

> Su primer guión **trataba de** un asunto que él desconocía.
>
> La novela **trata de** la vida argentina.

Práctica de vocabulario

Say these sentences using proper forms of the vocabulary or expressions.

1. Aprendía a escribir mejor, _____ que escribía más.
2. _____ que conseguiría una beca porque hablaba muy bien el italiano.
3. Debía escribir en español _____ en inglés.
4. A Eduardo _____ muy contento el regalo de su madre.

---

[1]Almost any of the **estar** adjectives (**contento, triste, furioso, nervioso**) can be used with **poner** in this same meaning.

5. Ella siempre _____ cosas que conocía.

6. Puig _____ lo difícil que era escribir en inglés.

7. Su guión no era bueno, _____, un amigo suyo se lo dijo.

8. Más que nada, quería _____ en el mundo del cine.

4. Más usos de ESTAR

A. Facts and sensations: When you talk about the factual characteristics of something that you know or have heard about, you use **ser**.

Los tacos **son** sabrosos.	*Tacos are delicious.* (Everyone knows that Mexican tacos taste good.)
El hielo **es** frío.	*Ice is cold.* (It's an undeniable fact—ice is naturally that way.)
La Torre Latinoamericana **es** alta.	*The Latin-American Tower is tall.* (Lots of people know that it's a very tall building in Mexico City.)
La música de Enrique Granados **es** exquisita.	*The music of Enrique Granados is exquisite.* (All textbooks of music attest to this fact.)

Un teatro
ultra-moderno en
Caracas, Venezuela.

But when *you* are actually *experiencing* something through any of your five senses, you report your sensations using **estar**. It is one thing *to know* as a fact that tacos are good (as many who have never eaten them seem to know), but it is quite another thing to savor one yourself. When you are eating the taco, you use **estar** to report your *sensations*. In the examples below, the person is experiencing the same four items from the above examples with his *senses*.

¡Este taco **está** sabroso!

This taco is delicious. (Is this one I'm eating ever delicious!)

¡El hielo **está** frío!

(This is what you say when your hand is pressed against a piece of ice after a few seconds.)

¡Qué alta **está** la Torre Latinoamericana!

(You knew it was tall, but standing in the observation area at the top you really sense its height.)

¡Esta composición de Granados **está** exquisita.

(While you are listening to Granados's music you are likely to make a comment like this.)

Práctica oral

Say these sentences with forms of **ser** or **estar**.

1. Sé que normalmente las hojas de los árboles _____ verdes, pero ahora, ¡mire usted! _____ rojas.

2. ¿Qué bueno _____ este helado! Ahora entiendo por que dicen que _____ bueno.

3. ¡Qué rico _____ tú, hombre, con tu billete de cincuenta dólares! (En efecto, sé que mi amigo no _____ rico.)

4. Este vestido _____ blanco, pero en esta luz _____ azul, o así me parece.

5. Yo siempre sabía que el invierno de Moorhead, Minnesota, _____ frío, pero ya que estoy aquí en Moorhead en invierno, afirmo que _____ frío.

6. Los "perritos calientes" no _____ fríos (todos lo saben), pero éste que estoy comiendo _____ frío.

7. Yo sé que las manzanas _____ dulces, pero ésta _____ agria.

8. ¡Allí está Rachel Ward en la calle! ¡Qué bonita _____.

9. Se dice que el profesor Albañil-Gómez _____ agradable, pero ahora _____ muy desagradable, ¿no?

10. José—El perfume Arpège _____ muy oloroso, ¿no es verdad? María—Pues yo tengo Arpège—¿qué te parece? José—¡_____ muy oloroso!

B. The result of an action

Everybody knows that after you paint a wall, the wall is *painted*, and after you close a door, the door is *closed*. That is, after the action is finished, what often remains is a *state*.

In Spanish, the state that remains after the action is finished is expressed with **estar** + the *past participle*. You have known this structure since early in your experience with the language.

Las puertas **están abiertas.**

El libro **está cerrado.**

The resultative—that's what the **estar** + past participle construction is called—derives from a *past passive* sentence—once the wall *was painted by Anita* the wall *is* now *painted*. Study the development of the resultative from the past passive below, and you'll see that it makes sense.

El ejercicio **fue escrito** *por Juan.*   *The exercise **was written** by Juan.*

and as a result

El ejercicio **está escrito.**   *The exercise **is written**.*

Notice that the agent of the passive (**Juan**) is not present in the resultative—he has gone away and left the result of the action. Compare these examples:

Los tamales **fueron comidos** por María.   Los tamales **están comidos.** (i.e., *They're all eaten up.*)

El trabajo **fue hecho** por mí.   El trabajo **está hecho.** (i.e., *The work is now finished.*)

Práctica oral _____

Ejercicio uno. Make these past passives into resultatives.

MODELO   El trabajo fue escrito por la Sra. Jiménez.
El trabajo **está escrito.**

1. El ejercicio fue terminado por José.
2. Mi casa fue construida por los hermanos Gómez.
3. Las puertas fueron cerradas por Octavio.
4. Las cartas fueron leídas por Ana.
5. Los paquetes fueron mandados por Elena.

Ejercicio dos. Make these past "reflexive passives" into resultatives.

MODELO   Se construyó el edificio.
El edificio **está construido**.

1. Se escribieron las instrucciones.
2. Se hizo la tarea.
3. Se tocaron todas las canciones.
4. Se bebió la cerveza.
5. Se empezó el proyecto.

Ejercicio tres. This is a linguistic game. Start with the present tense active sentence, make it into a past passive, then into a resultative, and follow the difference in meaning.

MODELO   Termino el proyecto.
El proyecto fue terminado por mí.
El proyecto está terminado.

1. El bibliotecario cierra la biblioteca.
2. Carlos bebe el vino.
3. Hago el modelo del ferrocarril.
4. Rompo la cámara.
5. Ellos juegan el partido.

C. Estar is used to express whether someone is living or dead, married or divorced.

Después de la explosión, había muchos que **estaban vivos**.	*After the explosion, there were many who **were alive**.*
Miguel de Cervantes **está muerto**; murió en 1616.	*Miguel de Cervantes **is dead**; he died in 1616.*
Ellos **están casados**.[1]	*They **are married**.*
Julio **está divorciado**.	*Julio **is divorced**.*

English-speakers may find it difficult to figure out why **estar** is used here. Actually, the use is related to the *resultative* explained above: they *are* married (**están casados**) because they *were* married (**fueron casados**).

Práctica oral ————————————————————————————

Say these sentences with the right verb—**ser** or **estar**.

1. Mis amigos Juan y Rosa ——————— jóvenes pero ya ———————— casados.
2. El perro ——————— muy enfermo pero todavía ——————— vivo.
3. ¿——————— divorciado? Tu mujer ——————— muy agradable.

[1]**Casado,-a** can also be a <u>noun</u>, *a married man/woman*, in which case **ser** is called for: "Ella **es** casada" *She's a married woman.*

4. Esta planta no _____ verde; _____ muerta.

5. Unamuno _____ un buen escritor, pero ya _____ muerto.

6. Josefina _____ mi amiga y _____ casada con Rofolfo.

7. ¡Esto _____ un milagro! _____ vivo después del accidente.

8. Nosotros _____ divorciados pero todavía _____ buenos amigos.

5. Repaso de los tiempos perfectos

Perfect tenses[1] are formed using **haber**—which is the *to have* used with tense formation—plus a past participle.

Haber *to have*

(yo)	he (hecho)	(nosotros)	**hemos** (leído)
(tú)	has (venido)	(vosotros)	**habéis** (visto)
(usted)	ha (aprendido)	(ustedes)	**han** (estado)
(él/ella)	ha (vuelto)	(ellos/ellas)	**han** (llegado)

A. The present perfect works as it does in English ("I have been," "You have seen"). Whereas the preterite places an action entirely in the past, the present perfect starts in the past and brings the action to the present (and even paves the way for future actions, too). Many times it is used when the past adverb of time of the sentence includes the present moment.[2]

> **He sido** un buen estudiante este año.
>
> Ellos no **han vuelto** hoy.
>
> **Hemos estudiado** mucho este semestre.
>
> Mis padres **han ido** a España.
>
> Tú **has visitado** el museo varias veces.
>
> Manuel Puig **ha escrito** siete novelas hasta hoy.

Práctica oral

Answer these questions following the model.

MODELO ¿Por qué no come usted?
No como porque ya he comido.

---

[1]*Perfect* doesn't mean *perfect* here. It comes from the Latin word *perfectus* which means *completed*.

[2]That is, something might have happened in the past *today, this week,* or *this year*. All three of these adverbial expressions include the present moment, so it seems logical to use a tense that has a bit of the past (the *past* participle) and a bit of the present (the *present* tense of **haber**).

1. ¿Por qué no vas a ver la película?
2. ¿Por qué no les escribes a tus padres?
3. ¿Por qué no van ellos a España de vacaciones?
4. ¿Por qué no lee usted este libro? Es muy interesante.
5. ¿Por qué no estudian ustedes la lección?
6. ¿Por qué no cocina Pedro?
7. ¿Por qué no duerme ella la siesta?
8. ¿Por qué no la llamas para comunicarle la noticia?
9. ¿Por qué no compras un abrigo de pieles?
10. ¿Por qué no tomas este examen?

B. The past perfect is also like its counterpart in English ("They had returned," "We had spoken"). It is formed with the imperfect of **haber** (which is perfectly regular) + the past participle. The past perfect tense is really the past tense from the point of view of the past.

Margarita me **dijo** ayer que **había estado** en el Perú el año pasado.

Francisco **había vuelto** a las nueve, pero no lo **vi** hasta las diez.

Yo **había estudiado** mucho, y cuando **llegué** al examen sabía todas las respuestas.

El jefe **vio** que **habíamos aprendido** las instrucciones.

Finalmente **fuimos** a España el verano pasado porque **habíamos querido** ir allí por mucho tiempo.

Práctica oral —————————————————————

Say these sentences with the second verb in the past perfect.

MODELO   Ella me dijo que Eduardo estaba enfermo.
　　　　　Ella me dijo que Eduardo **había estado** enfermo.

1. Dijeron que volvieron a las nueve.
2. El actor se dio cuenta de que actuaba muy bien.
3. Nosotros sabíamos que jugábamos bien al baloncesto.
4. Nos explicó que lo encontró en la calle.
5. Yo pensaba que él se acordaba de mí.
6. Ellos sabían que tú la conocías de antes.
7. ¿Quién te dijo que yo ayudé a Federico?
8. Mi madre pensaba que ustedes me llevaron al cine.
9. Nosotros sabíamos que usted perdió todo su dinero.
10. ¡Te dije que nos oyó tu amigo!

El Teatro Colón de Buenos Aires, el teatro de ópera más grande del mundo, con acústica estupenda.

C. You already know where to place object pronouns in relation to these new tenses—they go before the conjugated form of **haber** (and can go nowhere else).

> **Te has** divertido mucho en la fiesta, ¿verdad?
>
> No **se lo he** dado hoy.
>
> Ellas **me lo habían** dicho ayer.
>
> No **nos hemos** olvidado del profesor Vives.
>
> Ustedes **se han** dado cuenta de la ausencia de Josefina.

Práctica oral

Say these sentences, but turn the italicized words into pronouns.

MODELO   He hecho *el trabajo*.
              Lo he hecho.

1. El ha traído *las flores*.
2. Nosotros hemos recogido *a nuestra hermana*.
3. Ellos han comprado *el televisor nuevo* para su madre.
4. Yo he escrito *esta canción* para ti.
5. Tú habías invitado *a Rosa*, ¿no?
6. El profesor le ha dado *el examen más difícil* a Margarita.
7. Ustedes habían esperado mucho *a sus amigos*.
8. Ellos habían pagado *la cuenta* cuando se fueron.
9. Muchas personas han leído *Cien años de soledad*.
10. El había construido *el edificio que está en la esquina*.
11. He visitado *estos monumentos* antes.
12. He llevado *a mis hermanos* a pasear.

SELECCIÓN LITERARIA

What follows is the beginning of Manuel Puig's second novel, Boquitas pintadas
*(1969) Painted Little Mouths[1]—the title was taken from the lyric of a popular
Argentinian tango. Puig doesn't call his book a* **novela** *but rather* **folletín** *(which is
a newspaper serial story). It is largely a collection of letters, announcements, and
documents, yet a story is clearly present, as you will see in the first three sections of
the book (a death announcement and two letters).*

*The obituary below is filled with uncommon words and structures, typical of the
writing found in this type of piece. To make it easier to read, we have glossed and
footnoted these items. Don't get the impression that Manuel Puig is a bad
writer—it's his fictional journalist who is bad!*

Boquitas pintadas

NOTA APARECIDA EN EL NUMERO CORRESPONDIENTE
A ABRIL DE 1947 DE LA REVISTA MENSUAL *NUESTRA VECINDAD,*
PUBLICADA EN LA LOCALIDAD DE CORONEL VALLEJOS,
PROVINCIA DE BUENOS AIRES.

death/death
(which) happened
tras... *after enduring*
city/dead person
mournful
suffered
death

"Fallecimiento° lamentado. La desaparición° del señor Juan Carlos Etchepare,
acaecida° el 18 de abril último, a la temprana edad de veintinueve años, tras
soportar° las alternativas de una larga enfermedad, ha producido en esta
población°, de la que el extinto° era querido hijo, general sentimiento de
apesadumbrada° sorpresa, no obstante conocer mucho allegados[2] la seria afección
de que padecía°.

"Con este deceso° desaparece de nuestro medio un elemento que, por las
excelencias de su espíritu y carácter, destacóse[3] como ponderable valor, poseedor

---

[1]The novel is called *Heartbreak Tango* in its English version.

[2]**no obstante... allegados** *in spite of the fact that many of his close friends knew.*

[3]In "literary" style pronouns sometimes are attached to conjugated verbs.

heap/abilities
human beings/wealth/
   winning for himself/
   friends/strangers
remains/buried/
   cemetery
acongojado... *bereft*
   procession

de un cúmulo° de atributos o dones°—su simpatía—, lo cual distingue o diferencia a los seres° poseedores de ese inestimable caudal°, granjeándose° la admiración de propios° o extraños°.

"Los restos° de Juan Carlos Etchepare fueron inhumados° en la necrópolis° local, lugar hasta donde fueron acompañados por numeroso y acongojado cortejo°."

✣   ✣   ✣

Buenos Aires, 12 de mayo de 1947

Estimada Doña Leonor,

Me he enterado[1] de la triste noticia por la revista *Nuestra vecindad* y después de muchas dudas me atrevo a mandarle mi más sentido pésame[2] por la muerte de su hijo.

Yo soy Nélida Fernández de Massa, me decían Nené, ¿se acuerda de mí? Ya hace bastantes años que vivo en Buenos Aires, poco tiempo después de casarme nos vinimos para acá con mi marido,[3] pero esta noticia tan mala me hizo decidirme a escribirle algunas líneas, a pesar de que ya antes de mi casamiento usted y su hija Celina me habían quitado el saludo. Pese a todo él siempre me siguió saludando, pobrecito Juan Carlos ¡que en paz descanse! La última vez que lo vi fue hace como nueve años.

Yo señora no sé si usted todavía me tendrá rencor, yo de todos modos le deseo que[4] Nuestro Señor la ayude, debe ser muy difícil resignarse a una pérdida así, la de un hijo ya hombre.

Pese a los cuatrocientos setenta y cinco kilómetros que separan Buenos Aires de Coronel Vallejos, en este momento estoy a su lado. Aunque no me quiera déjame rezar junto a usted.

Nélida Fernández de Massa

✣   ✣   ✣

Buenos Aires, 24 de mayo de 1947

Querida Doña Leonor,

¡Qué consuelo fue recibir su carta de contestación! La verdad es que no me la esperaba, creía que Usted no me iba a perdonar nunca. Su hija Celina en cambio

---

[1]Section 6 of this lesson discusses the reflexives found in this reading. If you have questions about these verbs, you should look at that section while you are reading this.

[2]**Mi más sentido pésame** is a common expression meaning the same as our *My deepest condolences.*

[3]What Nené means is: "Mi marido y yo vinimos aquí." Typical of most people's letter-writing style, hers is very poor.

[4]**Le deseo que**... *I want for you that*...

veo que me sigue despreciando, y como Usted me lo pide le escribiré a la Casilla de Correo, así no tiene discusiones con ella. ¿Sabe hasta lo que pensé cuando vi su sobre? Pensé que adentro estaría mi carta sin abrir.

Señora. . . yo estoy tan triste, no debiera decírselo a Usted justamente, en vez de tratar de consolarla. Pero no sé cómo explicarle, con nadie puedo hablar de Juan Carlos, y estoy todo el día pensando en que un muchacho tan joven y buen mozo haya tenido la desgracia de contraer esa enfermedad. A la noche me despierto muchas veces y sin querer me pongo a pensar en Juan Carlos.

Yo sabía que él estaba enfermo, que había ido de nuevo a las sierras de Córdoba[1] para cuidarse, pero no sé por qué. . . no me daba lástima, o debe ser que yo no pensaba que él se estaba por morir. Ahora no hago más que pensar en una cosa ya que él no iba nunca a la iglesia, ¿se confesó antes de morir? Ojalá que sí, es una tranquilidad más para los que quedamos vivos, ¿no le parece? Yo hacía un tiempo que[2] no rezaba, desde hace tres años cuando mi nene más chico estuvo delicado, pero ahora he vuelto a rezar. Lo que también me da miedo es que haya hecho cumplir lo que quería. ¿Usted se enteró alguna vez? ¡Ojalá que no! Ve, señora, eso también me viene a la cabeza cuando me despierto de noche: resulta que Juan Carlos me dijo más de una vez que a él cuando se muriese quería que lo cremaran. Yo creo que está mal visto por la religión católica, porque el catecismo dice que después del juicio final vendrá la resurrección del cuerpo y del alma. Yo como no voy a confesarme desde hace años ahora he perdido la costumbre de ir, pero voy a preguntarle a algún Padre Cura sobre eso. Sí, señora, seguro[3] que Juan Carlos está descansando, si es que no está ya en la gloria del Cielo. Ay, sí, de eso tenemos que estar seguras, porque Juan Carlos nunca le hizo mal a nadie. Bueno, espero su carta con muchos deseos. La abraza,

Nélida

Preguntas sobre la lectura

1. ¿Cuál es el significado del nombre de la ciudad Coronel Vallejos?
2. ¿En qué año nació Juan Carlos? ¿En qué año lo vio Nélida por la última vez? ¿Cuántos años tiene Nélida, más o menos?
3. El "cúmulo de atributos o dones" en referencia a Juan Carlos en realidad simplemente significan que Juan Carlos era ¿cómo?
4. ¿Cómo podemos demostrar que Nélida escribe bien o mal? ¿Cuál es su probable nivel de educación?
5. ¿Cómo son las relaciones entre Leonor y su hija? ¿Cómo lo sabe usted?
6. ¿Nélida no sospecha que Juan Carlos iba a morir. ¿Lo sospechaban sus amigos?

[1]Córdoba is a province northwest of Buenos Aires. The mountain ranges leading toward the Andes start about there.

[2]*for a time*

[3]i.e., **es** seguro.

El tango argentino
tiene gran importancia
en *Boquitas pintadas*.

7. Nélida firma su primera carta con su nombre entero. ¿Cómo va a firmar su *tercera* carta? ¿Por qué?

8. ¿Fue realmente cremado el cuerpo de Juan Carlos? ¿Cómo lo sabe usted?

9. ¿Qué pasó entre Nélida, Juan Carlos y Celina? Puede usar libremente su imaginación.

Vocabulario de la lectura

abrazar *to embrace*
acá *to here*
acaecer *to happen*
acongojado *bereft*
afección *chronic disease*
alma *soul*
alternativas *ups and downs*
allegado *friend*
aparecido *appearing*
apesadumbrado *mournful*
así *thus*
cambio, en — *on the other hand*
casilla *post-office box*
caudal *wealth*

catecismo *catechism*
confesarse (ie) *to confess one's sins*
consuelo *comfort*
contestación *response*
contraer *to contract (a disease)*
cortejo *funeral procession*
costumbre f. *custom*
cremar *to cremate*
cuidarse *to take care of oneself*
cumplir *to fulfill*
cúmulo *heap*
cura m. *priest*
deceso *death*
de golpe *suddenly*

desaparecer *to disappear*
despreciar *to despise*
destacarse *to be outstanding*
don m. *ability*
en cambio *on the other hand*
enterarse *to find out*
extinto *dead person*
extraño *stranger*
fallecimiento *death*
gloria *heaven*
golpe, de — *suddenly*
granjear *to win*
inhumar *to bury*
juicio final *Judgment Day*
junto a *next to*
justamente *exactly*
lástima *grief*
medio *surroundings*
mensual *monthly*
modo, de todos —s *in any case*
mozo *young man*
muerte f. *death*
necrópolis f. *cemetery*
nene m. *baby*
nuevo, de — *again*
obstante, no — *however*
padecer *to suffer*
pensar en *to think about*

pérdida *loss*
pésame m. *condolence*
pesar, a — de *in spite of*
pese a *in spite of*
población *town*
ponderable *highly praised*
poseedor *possessing*
propios *friends*
quitar *to take away;* **— el**
  saludo *to stop talking* (to
  someone)
rencor m. *animosity*
restos *remains*
resultar *to turn out*
rezar *to pray*
saludo *greeting*
seguro *certain*
sentido *heartfelt*
ser m. *human being*
serio *serious*
sierra *mountain range*
simpatía *friendliness*
soportar *to endure*
sorpresa *surprise*
tras *after*
vecindad *neighborhood*
vivo *alive*

Estudio de expresiones ───────────────

1. **decirle a uno** *to call someone*

   Me decían Nené.
   Puedes **decirme** *tú*.

2. **hace** *ago*

   Hace bastantes años. . .   Quite a few years ago. . .
   Hace como nueve años. . .   About nine years ago. . .
   Hace un tiempo. . .   Some time ago. . .

   Note: The past of **hace** *ago* is **hacía** *earlier, before*: **La admiró hacía veinte años** *He admired her twenty years earlier.*

3. desde hace *for*

   Desde hace (hacía) tres años. . .   *For three years. . .*

Note: A verb used with **desde hace (hacía)** takes on the English meaning *have (had) been*
. . .-ing for. . .: **Vivo aquí desde hace dos meses** *I have been living here for two months.*
Estudiaban en México desde hacía un año *They had been studying in Mexico for a year.*

4. **¡Qué. . .!** *What a . . .!*

   ¡Qué consuelo fue recibir su carta de contestación!

5. **estar por** *to be about to*

   Yo no pensaba que **estaba por** morir.
   Ellos **están por** salir.

6. **no. . . más que** *only, just*

   No hago **más que** pensar en una cosa.
   No hacen **más que** estudiar.

7. **volver a + infinitive** *to . . . again*

   He vuelto a rezar.
   No desean **volver a** hacerlo.

8. **me da (miedo)** *it makes me scared*

   Me da miedo esa película.

Note: **Dar** can be used with any of the "**tener** expression" words (**hambre, sed, razón, calor,
frío, sueño, miedo**) in the English meaning of *make + adjective.*

   El trabajo nos **da sueño.**   Esta prueba te **da razón.**

Práctica de vocabulario

Ejercicio uno. Fill in the blanks with the proper form of the expressions above.

   1. Tú estudias español _____ dos años.
   2. Yo siempre _____ **usted** a mi abuelo.
   3. Fuimos a Venezuela _____ cinco años.
   4. Si no entienden las instrucciones deben _____ leerlas.
   5. No sé exactamente cuando fue—creo que los españoles llegaron a Florida
      _____ quinientos años.
   6. ¡_____ tonta era!
   7. En "Burger Prince" no preparan _____ hamburguesas.

8. Mi padre no desea entrar en un avión porque _____.

9. No puedo hablar con ellos; yo _____ comer ahora.

10. Cuando estoy en un restaurante francés, la comida _____.

Ejercicio dos. Rewrite Juan Carlos's obituary notice using common words in place of the unusual ones, eliminating everything that is not essential (and there's quite a bit)—your result should be about half as long as the original announcement.

6. Una pequeña lección sobre los reflexivos

All Spanish speakers use reflexive verbs extremely frequently. Nené provides a good example in her two letters above. When there is a choice between a reflexive verb and a nonreflexive equivalent, Spanish-speakers will invariably choose the reflexive, even when the reflexive version requires a preposition. Here are common reflexives taken from Nené's letters.

1. All of these require a preposition when an object—whatever the verb acts on—follows:

enterarse (de)—*to find out* (synonyms: **aprender, saber**)

Ella **se enteró de** las intenciones de Juan Carlos.

acordarse (de) (ue)—*to remember* (synonym: **recordar**)

Doña Leonor **se acuerda de** Nené.

atreverse (a)—*to dare* (synonym: **osar**)

Nené finalmente **se atrevió a** enviarle una carta.

casarse (con)—*to get married to* (synonym: **contraer matrimonio**)

Nélida **se casó con** Donato Massa.

decidirse (a)—*to decide to* (synonym: **decidir**)

Nené **se decidió a** escribir la carta.

resignarse (a)—*to resign oneself to*

Doña Leonor no puede **resignarse** fácilmente **a** la muerte de su hijo.

ponerse (a)—*to start to* (always with infinitive) (synonyms: **empezar, comenzar**)

Nené **se puso a** pensar en su amigo.

Note: The preposition after the reflexive eliminates the need for a "personal **a**": Me acordé **de** tu hermana (recordé **a** tu hermana).

2. Almost any verb can be made reflexive for emphasis, as these three examples by Nené show:

estar(se) por—*to be about to* (always with infinitive)

Nélida no sabía que Juan Carlos **se estaba por** morir.

esperar(se)—*to expect*

Ella no **se esperaba** recibir la carta.

morir(se) (ue)—*to die*

Juan Carlos **se murió** en abril.

Dos a dos

These questions (and answers) use the reflexive expressions from above.

Person A

1. ¿Te enteraste de la fecha del último día de clase?
2. ¿Te estás por casar con una persona de otro país?
3. ¿Te has puesto a pensar en tu futuro?
4. ¿Te has decidido a ir a otra universidad o te quedas aquí?
5. ¿Cuándo se murió John Kennedy?

Person B

1. ¿Cuándo te casas?
2. ¿Te acuerdas de Jim Morrison?
3. ¿Te esperas recibir buenas notas?
4. ¿Te resignaste a pasar dos o tres años más en la universidad?
5. ¿Te atreves a hablar con las personas famosas?

RECAPITULACIÓN

Cuestionario doble

Person A

1. ¿Cómo estás? ¿Cómo está tu padre?
2. ¿Cómo es tu hermano o hermana? ¿Es inteligente?
3. ¿Dónde tiene lugar *Boquitas pintadas*? ¿En qué ciudad es?
4. ¿Es buena la comida mexicana? ¿Qué prefieres comer de aquella comida?

5. ¿Es una buena idea estar casado,-a?

6. ¿Has leído las novelas clásicas? ¿Qué has leído?

7. ¿A qué hora te pones a trabajar por la noche?

8. ¿Te acuerdas del presidente Carter? ¿Cómo fue?

Person B

1. ¿Estás cansado,-a? ¿Qué día no estás cansado,-a?

2. ¿Cómo es tu padre? ¿Es pequeño?

3. ¿Dónde deseas estar en vez de aquí?

4. ¿Es grande nuestra biblioteca? ¿Cuántos libros hay?

5. ¿Has ido a México? ¿Qué país has visitado?

6. ¿Has visto al presidente en la calle? ¿A quién has visto?

7. ¿Cuándo vas a casarte?

8. ¿Te enteraste de un buen secreto recientemente? ¿Puedes decírmelo?

Escenario

It's José's birthday and he wants to go to the movies. María would normally go with him to the movies, but she wants to go to the beach.

Temas de redacción

1. Pensando en los detalles de las dos cartas de Nené, escriba usted la contestación de Doña Leonor a la carta de Nené fechada 12 de mayo.

2. La conversación entre Puig y un psicólogo. Puig le explica que para él el cine representa el mundo real y el mundo real es para él la ficción.

LECCIÓN 4

*Alicia Alonso:
desde la incapacidad
hasta el arte*

ALGO VIEJO Y ALGO NUEVO

1. Teoría y formas del subjuntivo

It doesn't take much imagination to see that there is a big difference between what *is* going on and what is *not* going on but should be. You treat each situation in a completely different way.

You use the *indicative* to report what is going on: "**Aquí viene el empleado; mi hermano lava mi coche; el profesor trae los exámenes.**" *Indicative* comes from "indicate"—when you "indicate," you point out what's happening.

You use the *subjunctive* to say what is *not* going on (but should be): if the salesperson is *not* attending you, you might think to yourself "**Quiero que el empleado venga aquí**"; if your brother is lying in a hammock instead of washing your car as promised, you would probably say "**Deseo que mi hermano lave mi coche**"; if you are eager to learn the results of the test, it would be reasonable to state "**Quiero que el profesor traiga los exámenes.**"

That is, when you want an action to take place, you can express your desire politely by putting it in the subjunctive—which is related to the commands.[1]

Here are some more examples which show the difference in meaning.

Ellos **entran** en el edificio. (I see them coming in.)
Queremos que ellos **entren** en el edificio. (They are standing around outside—if they don't come in quickly, they'll be late for our meeting.)

---

[1]The modern command forms actually derive from the subjunctive formation, so it is no surprise they are used for the same thing as well—to get something done. When you want to get something done, it would be better to use the subjunctive ("Quiero que venga aquí") rather than the command ("¡Venga aquí!") because the subjunctive is much more courteous and is certainly just as easy to use.

Mi padre **termina** de comer. (Now we can go to the movies.)

Quiero que mi padre **termine** de comer. (I have run out of time; Dad eats too slowly. We'll never make it to the movies.)

El portero **abre** la ventana. (That's good because it's hot in here.)

Necesitamos que el portero **abra** la ventana. (We'll die of the heat if he doesn't open it soon.)

Ella **lee** dos capítulos. (That's what good students do.)

El profesor desea que ella **lea** dos capítulos. (The instructor knows that she's getting behind.)

Juan **vuelve** a las cinco. (He said he's taking the 4:00 train).

María desea que Juan **vuelva** ahora. (She has an extremely important message for him that cannot wait.)

El gobierno no **pide** más dinero. (That's good news!)

Queremos que el gobierno no **pida** más dinero. (We can't pay any more in taxes!)

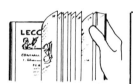

Repaso instantáneo: las formas del presente de subjuntivo

The *present subjunctive* is easy to form; it is based on the **yo**-form of the present tense. If the form ends in **-o**, remove it and replace it with the "opposite vowel" (for **-ar** verbs, add **-e**, and for **-er/-ir** verbs add **-a**); this basic form serves for **yo** and **usted/él/ella**, but you need to add the regular endings (**-s, -mos, -is, -n**) for **tú**, **nosotros**, **vosotros**, and **ustedes/ellos/ellas**. Notice that the **usted** and **ustedes** forms are the same as the command forms.

cantar (**canto**)

(que yo)	cante	(que nosotros)	cantemos
(que tú)	cantes	(que vosotros)	cantéis
(que usted)	cante	(que ustedes)	canten
(que él/ella)	cante	(que ellos/ellas)	canten

conocer (**conozco**)

(que yo)	conozca	(que nosotros)	conozcamos
(que tú)	conozcas	(que vosotros)	conozcáis
(que usted)	conozca	(que ustedes)	conozcan
(que él/ella)	conozca	(que ellos/ellas)	conozcan

salir (**salgo**)

(que yo)	salga	(que nosotros)	salgamos
(que tú)	salgas	(que vosotros)	salgáis
(que usted)	salga	(que ustedes)	salgan
(que él/ella)	salga	(que ellos/ellas)	salgan

Note: The regular spelling changes that affect the **yo**-form in the preterite of certain **-ar** verbs also affect their subjunctives. These are the verbs that end in **-gar**, **-car**, and **-zar**: **llegar—que llegue, buscar—que busque, almorzar—que almuerce.**

1. If the **yo**-form does *not* end in -o (and there are only *six* of them in the whole language), the subjunctive form is irregular. There is no need to give full conjugations since all you do is add the usual endings (**-s, -mos, -is, -n**) to the basic form.

ir (**voy**)	= (que yo) **vaya**, (que nosotros) **vayamos**
ser (**soy**)	= (que yo) **sea**, (que nosotros) **seamos**
saber (**sé**)	= (que yo) **sepa**, (que nosotros) **sepamos**
haber (**he**)	= (que) **haya**, (que nosotros) **hayamos**
dar (**doy**)	= (que yo) **dé**, (que nosotros) **demos**
estar (**estoy**)	= (que yo) **esté**, (que nosotros) **estemos**

Notes: 1) **Dar** and **estar** are irregular only in their accent pattern; **dar** has an accent only on **dé**, to avoid confusion with the preposition **de**. There is no accent on **deis** because it is a one-syllable word. In **estar**, **esté**, **estés**, **estéis**, and **estén** have accents.

2) **Haya** is also the subjunctive of **hay**.

2. Vowel-changing verbs in the **-ar** and **-er** groups have no complications in the subjunctive—they make the same changes in the same places as the indicative conjugation you already know. Compare these sets.

(yo)	cierro	(que yo)	cierre
(tú)	cierras	(que tú)	cierres
(usted)	cierra	(que usted)	cierre
(él/ella)	cierra	(que él/ella)	cierre
(nosotros)	cerramos	(que nosotros)	cerremos
(vosotros)	cerráis	(que vosotros)	cerréis
(ustedes)	cierran	(que ustedes)	cierren
(ellos/ellas)	cierran	(que ellos/ellas)	cierren
(yo)	vuelvo	(que yo)	vuelva
(tú)	vuelves	(que tú)	vuelvas
(usted)	vuelve	(que usted)	vuelva
(él/ella)	vuelve	(que él/ella)	vuelva
(nosotros)	volvemos	(que nosotros)	volvamos
(vosotros)	volvéis	(que vosotros)	volváis
(ustedes)	vuelven	(que ustedes)	vuelvan
(ellos/ellas)	vuelven	(que ellos/ellas)	vuelvan

Vowel-changing **-ir** verbs work in the same way they do in the indicative, but they have an *additional*, predictable change in the **nosotros** and **vosotros** forms: **e** to **i** and **e** to **ie** verbs change the **e** to **i** in those forms, and **o** to **ue** verbs change the **o** to **u**. Compare the **nosotros** and **vosotros** forms in these sets.

Indicative		*Subjunctive*	
		servir (i) *to serve*	
(nosotros)	servimos	(que nosotros)	sirvamos
(vosotros)	servís	(que vosotros)	sirváis

mentir (ie) *to lie*

| (nosotros) | mentimos | (que nosotros) | mintamos |
| (vosotros) | mentís | (que vosotros) | mintáis |

dormir (ue) *to sleep*

| (nosotros) | dormimos | (que nosotros) | durmamos |
| (vosotros) | dormís | (que vosotros) | durmáis |

Práctica oral _____

Ejercicio uno. Say these sentences using the correct subjunctive form. Think about *why* the subjunctive is called for.

MODELO   Quiero que me lo (traer) _____ usted.
            Quiero que me lo **traiga** usted.

1. Su madre quiere que María (comer) _____ más.
2. Mi amigo quiere que yo (atrevesar) _____ el estado andando.
3. Ellos necesitan que sus padres les (dar) _____ más dinero.
4. José quiere que ella le (contar) _____ la verdad.
5. Nuestro padre prefiere que nosotros (estudiar) _____ todos los días.
6. Yo quiero que me (devolver) _____ tú mi libro.
7. Mis amigos desean que yo (conseguir) _____ el premio del concurso.
8. Tú deseas que tu hermana (llegar) _____ hoy, ¿no?
9. ¿Es posible que tú me (explicar) _____ esto mejor?
10. El dueño del apartamento quiere que nosotros (pagar) _____ el alquiler.
11. ¡No puedo permitir que vosotros (entrar) _____ aquí sin zapatos.
12. Rosita quiere que tú (tener) _____ razón.
13. Mis padres prefieren que yo (ser) _____ médico.
14. Es necesario que ustedes (repetir) _____ esto.
15. Deseo que tú (saber) _____ más idiomas.
16. Mi madre quiere que usted (ir) _____ a nuestra casa.
17. Los padres esperan que los hijos (sacar) _____ buenas notas.
18. ¡Necesito que vosotros me (escuchar) _____!
19. Los médicos quieren que la gente (dormir) _____ ocho horas al menos.
20. Tu hermana quiere que ellos la (visitar) _____.

Ejercicio dos. Say these sentences to include the subjunctive and put the object pronoun in the right place.

Bailadores del Ballet
Moderno de Caracas.

MODELO   Deseamos que (usted traerlo)
          Deseamos que usted **lo traiga**.

1. Quiero que (ellos quedarse)
2. Tú deseas que (ella llevarla)
3. Ella prefiere que (yo recogerte)
4. Deseamos que (tú comprárnoslo)
5. Quieren que (nosotros escucharlos)
6. Deseamos que (usted recibirnos)
7. Es necesario que (vosotros recordarme)
8. Mi madre quiere que (nosotros leerlo)
9. Desean que (yo cerrarla)
10. Prefieren que (usted dársela)

---

2. El subjuntivo de presente y su uso con verbos de deseo

The present subjunctive is used following a verb in the present system. This includes the *present* tense, the *present perfect* tense (it uses the present tense of **haber**), and the *future* tense (its endings are the present tense of **haber**).

A. A common use of the subjunctive is after verbs or expressions that somehow show desire. Anytime you say you want (*propose, suggest, permit, arrange for, approve, prohibit*) an action, you need to express that action in the subjunctive.

Ordinary verbs that show desire, etc.

querer *to want*	**Quiero** que vengan todos a mi fiesta.
	Queremos que no vayan al cine hoy.
desear *to desire*	**Deseas** que te cocinemos una comida excelente.
	Ellos **desean** que haga buen tiempo mañana.
necesitar *to need*	**Necesito** que me ayudes con mi cálculo.
	Necesitamos que el profesor explique bien la lección.
insistir en *to insist*[1]	**He insistido en** que me escriban todas las semanas.
	Juanita **insiste en** que su hermana vuelva temprano.
preferir (ie) *to prefer*	¿**Prefieres** que te corte yo el pelo?
	Preferimos que compren discos clásicos.
recomendar (ie) *to recommend*	Les **recomendaremos** que no tomen el autobús hoy.
	Recomiendo que lo escriban con buena letra.
sugerir (ie) *to suggest*	Les **sugiero** que no lo hagan ahora.
	Te **sugerimos** que nos lo digas pronto.
prohibir *to prohibit*	**Prohibo** que entren ahora.
	Han prohibido que fumemos en clase.
impedir (i) *to prevent*	¿**Impedirás** que tu hermano vea la televisión?
	Hemos impedido que los estudiantes malos copien de nuestros papeles.

Impersonal expressions (= *It is...*)

es mejor *it's better*	**Es mejor** que entiendas el problema.
	Es mejor que no vayas al hospital hoy.
es importante *it's important*	**Es importante** que lo preparen bien.
	Es importante que mi padre lo haga.
importa *it's important*	**Importa** que estudies mucho antes de ir a México.
	Importa que tengamos cuidado durante el viaje.
es conveniente *it's useful, fitting, proper*	**Es conveniente** que lo sepas.
	Es conveniente que lleguen un poco antes.
conviene *it's useful, fitting, proper*	**Conviene** que todo el mundo hable español.
	Conviene que lean la lección cinco para mañana.
es necesario *it's necessary*	**Es necesario** que me lo expliques.
	Es necesario que veas la nueva película conmigo.

---

[1]**Insistir** always requires **en** before **que**. **En** has no translation.

es preciso *it's* *necessary*	**Es preciso** que camines a la universidad. **Es preciso** que pongan los libros en el suelo.

Práctica oral

Put these halves together to make a new sentence. Follow the model for position of the subject of the subjunctive verb.

MODELO   Quieren... nosotros lo hacemos
   Quieren que lo hagamos nosotros.

1. Es mejor... vosotros os vais
2. Impediré... tú sales de casa
3. Necesitan... ustedes les pagan
4. Es preciso... yo termino el curso
5. Tú deseas... él te compra un regalo
6. Es necesario... todos asisten a la reunión
7. Preferimos... ellos almuerzan en casa
8. Conviene... la gente visita al médico
9. Ellos recomiendan... nosotros sabemos matemáticas
10. Es importante... tú entiendes las explicaciones
11. ¿Sugieres... ellos sirven pollo?
12. Es conveniente... tú estás aquí a las ocho
13. Prohiben... la gente entra aquí
14. Es importante... yo saco una A
15. Ellos impiden... las obras siguen
16. Importa... nosotros corregimos los ejercicios
17. El quiere... nosotros jugamos la próxima semana

Dos a dos

Partners ask each other's opinion and advice.

Person A

1. ¿Quieres que haya más horas de clase?
2. ¿Deseas que cocinen mejor en el restaurante estudiantil?
3. ¿Importa que nuestro gobierno ayude a otros países?
4. ¿Es necesario que todo el mundo estudie otra lengua?
5. ¿Es importante que los estudiantes conozcan otros países?
6. ¿Recomiendas que todo el mundo se acueste a las diez de la noche?
7. ¿Es importante que todos los estudiantes aprendan a escribir bien?
8. ¿Conviene que los estudiantes entiendan la filosofía?

9. ¿Es conveniente que los estudiantes no duerman en clase?
10. ¿Es necesario que traigamos lápices o bolígrafos a clase?

Person B

1. ¿Quieres que las clases sean más difíciles?
2. ¿Es necesario que nosotros escuchemos bien en clase?
3. ¿Es preciso que vayamos al laboratorio de lenguas?
4. ¿Conviene que todo el mundo sepa hablar español?
5. ¿Prohiben que bebamos vino en el restaurante estudiantil?
6. ¿Recomiendas que salgamos ahora?
7. ¿Es importante que los estudiantes practiquen un deporte?
8. ¿Conviene que la universidad construya más edificios?
9. ¿Es importante que leamos la literatura clásica?
10. ¿Es mejor que comprendamos dos o tres lenguas?

B. To say "Have Juan do it!" or "Let Juan do it" in Spanish requires neither "have" nor "let." All you need to do is say a subjunctive sentence, but *without the verb of desire.*

¡Que lo haga Juan!   *Let Juan do it!*
¡Que lleguen a tiempo!   *Have them arrive on time!*
¡Que entren ahora!   *Let them come in now!*
¡Que pongan sus libros en el suelo!   *Have them put their books on the floor!*

Alicia Alonso hoy en Cubanacán (Cuba). Ella toma clases todos los días en la escuela del Ballet Nacional de Cuba.

Práctica oral ─────────────────────────────────

Follow the model to complete the idea.

MODELO   ¡No quiero hacerlo! (ellos)
          ¡Que lo hagan ellos!

1. No quiero ir contigo. . . (Rosa)
2. No quiero decirlo. . . (ellos)
3. No quiero visitarlo. . . (mis hermanos)
4. No quiero tocar el piano. . . (ella)
5. No queremos pintar la pared. . . (ellos)
6. No queremos cantar esa canción. . . (Juan)
7. No quiero oírla. . . (sus amigos)

LECTURA CULTURAL ─────────────────────────

Alicia Alonso: *Prima ballerina assoluta*[1]

Alicia Martínez nació en una familia cubana de la clase media. Desde muy joven, para ella la música era el movimiento, y al oír música tenía que ponerse de pie y bailar. Claro está, no sabía los varios estilos de bailar, lo único que sabía era que tenía que moverse al ritmo de la música.

A los siete años, ella comenzó a estudiar el ballet[2] clásico, y desde su primera lección, se sentía totalmente feliz. Ella dice hoy: "A lo mejor la palabra 'feliz' no es suficientemente fuerte para explicar mi sentimiento. No hay ninguna palabra sola que describa mis sentimientos interiores, pero 'la felicidad' es la única palabra que yo conozco que puede describir lo que a mí me pasó. Para mí, la felicidad es la riqueza de la vida que uno tiene por dentro. Para mí, el baile es la alegría de la vida".

Por eso, no tuvo más remedio que dedicar su vida al baile, y más específicamente, al ballet clásico. Pero a la joven Alicia le iba a ser difícil hacer lo que quería, porque en Cuba, cuando ella era joven, los padres querían que sus hijas se prepararan para casarse bien, y nada más. Sí, era posible estudiar ballet y drama, pero el actuar en la escena les estaba prohibido. ¿Por qué? Escuche usted las palabras de Alicia: "Todas las muchachas correctas en aquel entonces debían tener como meta el casarse. Las lecciones de ballet y de drama servían simplemente para enseñarle a una a moverse y hablar bien; se estudiaba la música para poder tocar el piano y para cantar. Todo servía para crear una mujer refinada, lo que significaba una buena vida de casada, y ¿qué más se podría pedir? Naturalmente, cuando yo era pequeña, obedecía a mi madre y creía lo que ella creía. Cuando ella me dio la oportunidad de estudiar teatro y baile, ella nunca sospechaba que yo iba a ser profesional".

A los diez años, ella fue a tomar lecciones de ballet en el Pro Arte Musical en La Habana. La

───────────────────────────────

[1]**Prima ballerina assoluta** is an Italian term that means *absolute first ballerina*. **Ballerina** is already a high rank; **prima ballerina** means that person is the star of the company; the few **assolutas** are the stars of the stars.

[2]**Ballet** is pronounced as in English, as are **ballerina** and **Giselle**.

persona que dirigía el Pro Arte era Laura Rayneri de Alonso, de una familia de la clase alta. Su hijo Fernando, al ver bailar a la pequeña Alicia, decidió también aprender ballet para conocer mejor a Alicia.

A los trece años, Alicia Martínez desempeñó el papel principal en *Coppélia*. El papel de la heroína traviesa era muy natural para Alicia, porque no solamente requería ligereza, agilidad y velocidad, sino también una considerable habilidad teatral (que ella poseía).

Pero Alicia se dió cuenta de que lo que había aprendido en el Pro Arte no era suficiente, y ella decidió que tenía que estudiar en Nueva York. Cuando tenía quince años, ella y Fernando se fueron allí, donde se casaron inmediatamente. Para el norteamericano típico, el casarse a los quince años parece muy temprano, pero desde el punto de vista latino en aquella época, ella estaba preparada para casarse.

"En Nueva York, fui a estudiar con Enrico Zanfretta, un hombre de setenta y cinco años, en el sótano de una iglesia. El pedía sólo cincuenta centavos por lección. Allí adquirí la habilidad de mover los pies con gran rapidez. También estudiaba con Alexandra Fedorova, cuyo honorario de un dólar no siempre podía costear. Pero Michel Fokín, cuñado de Alexandra, quedaba fuera de mi alcance porque él pedía cinco dólares por lección. Con el tiempo, mis problemas financieros se resolvieron cuando me concedieron una beca para estudiar en la escuela del American Ballet.

"En el año cuarenta, cuando tenía dieciocho años, asistí por primera vez a una representación de *Giselle*, bailada por Alicia Markova. Me quedé atónita—el estilo de Markova, tan distinto del que solía ver y bailar, me mostró nuevas dimensiones del arte del ballet. Resolví entonces buscar una compañía donde yo pudiera bailar en

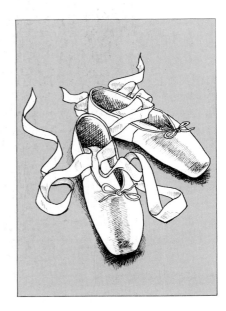

representaciones de *Giselle*. Me aceptaron en el Ballet Theatre, y en pocas semanas estaba ensayando *Giselle*—no el papel principal, sino como solista".

Por una extraña casualidad, Markova también vino al Ballet Theatre y allí bailaba siempre el papel de Giselle. Un día, Markova tuvo que ser operada de emergencia. Pero ¿quién iba a bailar el papel principal en *Giselle*? No era por coincidencia que Alicia Alonso sabía perfectamente bien el papel principal—como se explicará en la segunda lectura—y se lo dieron a Alicia. Ella no tenía más que[1] cinco días para perfeccionarlo—estaba bailando en las funciones de *matinée* y por la noche también, de modo que no le quedaba mucho tiempo para ensayar. El auditorio iba a ser el de Nueva York, con sus críticos, y por eso estaba muy nerviosa. Cuando llegó la noche de su estreno, Alicia Alonso bailó perfectamente, les gustó a los críticos, y así comenzó su carrera de *prima ballerina*.

---

[1]**No más que** with a number means *only*.

En el centro, el gran bailarín Fernando Bujones en una producción del American Ballet Theater de *La Sylphide*.

Preguntas sobre la lectura

1. ¿Era rica la familia de Alicia?
2. ¿Cuándo comenzó Alicia a bailar?
3. Para usted ¿cuál es la alegría de la vida?
4. ¿Por qué no podían ser bailarinas las jóvenes cubanas? ¿Cuál era la meta de las jóvenes?
5. ¿Cómo conoció Fernando a Alicia? (todas las circunstancias)
6. ¿Por qué fue Alicia a Nueva York? ¿Qué hizo allí al llegar? ¿Por qué no estudió con Fokín?
7. ¿Cuál fue la revelación artística más importante en la vida de la joven Alicia? ¿Qué hizo ella después?
8. ¿Cómo llegó Alicia a bailar Giselle por primera vez? ¿Lo hizo bien? ¿Qué problemas tuvo mientras se preparaba?

Vocabulario de la lectura

alcance m.   *reach*
alegría   *joy*
atónito   *astonished*
aun   *even*
bailarina   *dancer*
bailar   *to dance*
baile m.   *dance*

conceder   *to give*
correcto   *proper, well brought-up*
costear   *to afford*
cuñado   *brother-in-law*
cuyo   *whose*
desde   *since, from*
dirigir   *to direct*

durante   *during*
elevado   *high*
ensayar   *to rehearse*
entre   *among*
escena   *stage*
estilo   *way*
extraño   *strange*
financiero   *financial*
fuera   *outside*
fuerte   *strong*
función   *performance*
hasta   *to*
heroína   *heroine*
honorario   *fee*
iglesia   *church*
junto   *together*
ligereza   *lightness*
meta   *goal*

nacer   *to be born*
obedecer   *to obey*
padres   *parents*
papel m.   *role*
poseer   *to possess*
punto   *point*
riqueza   *richness*
ritmo   *rhythm*
sentimiento   *feeling*
sino   *but rather*
soler   *to be accustomed*
solo   *alone*
sospechar   *to suspect*
sótano   *basement*
travieso   *mischievous*
velocidad f.   *speed*
vista   *view*

Estudio de expresiones

1. **a lo mejor** *perhaps*

   A lo mejor la palabra *feliz* no era suficientemente fuerte.
   A lo mejor quieren nadar ahora.

2. **desempeñar un papel** *play a role*

   Finalmente Alicia **desempeñó el papel** de Giselle.
   Quiero **desempeñar el papel** de Albrecht.

El Ballet Folklórico de
México.

3. **en aquel entonces** *at that time*

   En aquel entonces todas las muchachas debían casarse.
   Mi padre era muy pobre **en aquel entonces**.

4. **nada más** *nothing else*

   Se prepararon para casarse y **nada más**.
   Quiero dos kilos de harina y **nada más**.

5. **no tener más remedio que** *to have no alternative but*

   No tuvo más remedio que dedicar su vida al ballet.
   No tengo más remedio que estudiar mucho.

6. **no... más que** *exactly, only*

   Ella **no** tenía **más que** cinco días para prepararse.
   No hay **más que** veinte en nuestra clase.

7. **no solamente... sino también** *not only... but also*

   No solamente requería ligereza **sino también** una habilidad teatral.
   Ella **no solamente** estudió su papel **sino** los otros papeles **también**.

8. **ponerse de pie** *to stand up*

   Ella **se puso de pie** y bailó.
   Al oír el himno nacional **nos ponemos de pie**.

Práctica de vocabulario

Find the right word from the vocabulary or expressions for these sentences.

MODELO   La bailarina necesita _____.   empleo ritmo función
         La bailarina necesita **ritmo**.

1. Deseo veinte litros de gasolina y _____.

                                         más que nada más ligereza

2. Alicia quería _____ el papel de Giselle.

                                     desempeñar costear sospechar

3. Nosotros guardamos las cosas viejas en el _____ de la casa.

                                            sótano papel estilo

4. No se puede conducir un coche con demasiada _____ en una ciudad.

                                         vista alegría velocidad

5. El _____ de los padres es importante.

papel ritmo estilo

6. Cuando entra el Presidente, la gente _____.

baila no tiene más remedio se pone de pie

7. Ella _____ el día trece de abril.

nació poseyó sospechó

8. A mi amigo le _____ el primer premio nacional de fotografía.

experimentaron concedieron obedecían

9. Los hijos deben _____ a los padres.

obedecer quebrar sospechar

10. No sabemos adónde ir de vacaciones: _____ vamos a Florida.

a lo mejor tal como en aquel entonces

11. Quiero cinco kilos de azúcar, _____.

al día nada más a lo mejor

12. Ellos vivían en España; _____ eran pequeños.

tal como en aquel entonces se pusieron de pie

---

3. El pasado de subjuntivo

A. You have no new concepts to learn in order to implement the past subjunctive. It is as simple as this: you use the present subjunctive after verbs in the present system, and you use the past subjunctive after verbs in the past system (this includes the *preterite* and *imperfect* tenses, and the *conditional*).

You already know how the subjunctive works through what has preceded, now all you really need to learn are the past subjunctive forms.

Here are the same examples that began the lesson with their past equivalents.

Present subjunctive	Past subjunctive
Quiero que el empleado **venga** aquí.	Quería que el empleado **viniera** aquí.
Deseo que mi hermano **lave** mi coche.	Deseaba que mi hermano **lavara** mi coche.
Quiero que el profesor **traiga** los exámenes.	Quería que el profesor **trajera** los exámenes.

Before giving more examples, it might be good to review the complete formation of the past subjunctive.

The **past subjunctive** is the easiest of all tenses to form (provided you know the preterite well). You just replace the **-on** of any **ustedes** preterite with **-a** and add the usual endings (**-s, -mos, -is, -n**).[1] Notice that the **nosotros** form always has an accent on the vowel before the ending.

[1]There is *another* form of the past subjunctive. In this variation you use **-se-** instead of **-ra-** (plus the usual endings), so **pidiera** becomes **pidiese**, **durmiéramos** becomes **durmiésemos**. You are likely to hear the **-se** form in Spain.

dormir—**durmier**on

(que yo)	durmiera
(que tú)	durmieras
(que usted)	durmiera
(que él/ella)	durmiera
(que nosotros)	durmié**ramos**
(que vosotros)	durmierais
(que ustedes)	durmieran
(que ellos/ellas)	durmieran

ir—**fuer**on

(que yo)	fuera
(que tú)	fueras
(que usted)	fuera
(que él/ella)	fuera
(que nosotros)	fué**ramos**
(que vosotros)	fuerais
(que ustedes)	fueran
(que ellos/ellas)	fueran

Repaso instantáneo: el pretérito y el pasado de subjuntivo

Here is a condensed review of what you need to know.

Regular verbs (including **-ar** and **-er** vowel-changing verbs)

Infinitive	*Preterite*	*Past subjunctive*
encont**rar**	encont**raron**	encont**rara**
vi**vir**	vi**vieron**	vi**viera**
vol**ver**	vol**vieron**	vol**viera**
dar	dieron	diera

-ir vowel-changing verbs (e ⟶ i, o ⟶ u)

ser**vir (i)**	sir**vieron**	sir**viera**
men**tir (i̶e̶)**	min**tieron**	min**tiera**
dor**mir (u̶e̶)**	dur**mieron**	dur**miera**

"Regular" irregular verbs (preterite stem different from infinitive)

andar	**anduvi**eron	**anduvi**era
estar	**estuvi**eron	**estuvi**era
hacer	**hici**eron	**hici**era
poder	**pudi**eron	**pudi**era
poner	**pusi**eron	**pusi**era
querer	**quisi**eron	**quisi**era
saber	**supi**eron	**supi**era
tener	**tuvi**eron	**tuvi**era
venir	**vini**eron	**vini**era
decir	**dij**eron	**dij**era
traer	**traj**eron	**traj**era

Remember that preterite stems which end in **-j** (as the last two) lose the **-i-** of **-ieron**, and this naturally carries into all forms of the past subjunctive.

> ***Ser** and **ir***
>
> ser
> ir   fueron   fuera
>
> These examples with the past subjunctive parallel what you have already
> learned about the subjunctive in the present tense.
>
> **Queríamos** que ellos **entraran** en el edificio.
> **Necesitábamos** que el portero **abriera** la ventana.
> María **deseaba** que Juan **volviera** entonces.
> Juanita **insistía en** que su hermana **volviera** temprano.
> **Recomendábamos** que no **tomaran** el autobús ayer.
> **Era mejor** que **entendieras** el problema.
> **Importaba** que **estudiaras** mucho antes de ir a México.
> **Convenía** que todo el mundo **hablara** español en aquella fiesta.

Práctica oral ──────────────────────────────

Say these sentences with the right form of the past subjunctive.

MODELO   Ellos necesitaban que se lo (explicar) **explicara** el mecánico.

1. Nosotros queríamos que el profesor nos (dar) _____ las notas.
2. Era necesario que yo (mentir) _____ aunque no me gustó.
3. Tus padres preferían que tú (ser) _____ abogado.
4. Ellos deseaban que nosotros (ir) _____ a su casa.
5. Era necesario que ellos lo (hacer) _____.
6. Era importante que todos (estar) _____ allí.
7. Tú necesitabas que alguien te (decir) _____ la verdad.
8. Era preciso que la película (comenzar) _____ antes.
9. Era conveniente que tú (hablar) _____ con el psicólogo.
10. Nosotros queríamos que ustedes nos (ayudar) _____.
11. Era mejor que tú (pedir) _____ disculpas.
12. Recomendaban que se (cerrar) _____ las puertas y ventanas.
13. Deseaban que vosotros les (escribir) _____ más cartas.

C. The past subjunctive forms **¿pudiera?**, **¿debiera?**, and **¿quisiera?** can be used as
extremely courteous forms of **poder**, **deber**, and **querer** (in any person). In this use,
these forms are used as the main verb of the sentence.

¿**Pudiera** usted decirme qué hora es?

¿**Debieran** ustedes hablar durante la clase?

¿**Quisieras** acompañarme a la heladería después de las clases?

Práctica oral

Change these commands into extremely polite requests using either **pudiera**, **debiera**, or **quisiera**.

MODELO ¡Ven conmigo al cine!

¿**Pudieras venir** conmigo al cine?

1. ¡Camina con tu hermana hasta la universidad!
2. ¡Come todo!
3. ¡Devuélveme mi libro!
4. ¡Piensa antes de contestar!

5. ¡Vuelve a casa a las siete!
6. ¡Escucha un poco más!
7. ¡Págame ahora!
8. ¡Aprende la lección!
9. ¡Cómprame un libro!

4. POR and PARA

Por and **para** both mean *for*, among other things, and may seem confusing at first to students; but, like **ser** and **estar** as well as the preterite and imperfect, the two are clearly differentiated, and most of the time it is clear which one to select correctly. In general terms, **por** focuses on where something came from and **para** focuses on where it is going.

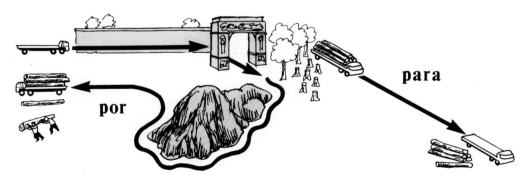

A. **Por** means basically *for*—in different meanings—, as well as *through*, *along*, and *by*.

1. **Por** = *for* (duration of time)

Ellos estuvieron en Guadalajara **por tres años**.

Salimos de la ciudad **por ocho días**.

Ramón no comió **por tres días**.

2. **Por** = *for (in exchange for)*

> Me dieron ciento cincuenta pesetas **por** un dólar.
> Compré el coche **por** cinco mil dólares.
> Nos pagan cinco dólares **por** hora.

3. **Por** = *for (in substitution for, in behalf of)*

> La profesora está enferma hoy; probablemente un sustituto viene **por** ella.
> Su secretaria escribe muchas cartas **por** él.
> El Vice-Presidente vino **por** el Presidente.

4. **Por** = *for* (when you fetch something—with **ir, venir, mandar,** and **volver**)[1]

> Los estudiantes **vinieron por** sus notas.
> Nos **mandaron por** el médico.
> **Fueron** al aeropuerto **por** sus amigos.

5. **Por** = *for* (opinion, estimation)

> Lo estiman **por** inteligente.
> Mi amigo pasaba **por** italiano.

6. **Por** = *by*

> *Boquitas pintadas* fue escrito **por** Manuel Puig.
> El correo fue traído **por** el cartero.
> La casa fue pintada **por** ellos.

7. **por** = *through, along*

> Vine **por** la plaza.
> Salieron **por** el túnel.
> Caminaron **por** la acera.

8. There are a number of expressions with **por**.

Gracias por los regalos.	*thanks for*
Mi maletín está **por aquí** o **por allí.**	*around here/there*
Se habla español **por todas partes.**	*everywhere*
Considere esto **por ejemplo.**	*for example*
No me dieron el empleo **por falta de** experiencia.	*for lack of*

---

[1]There is a picturesque expression: "Fui **por** lana y volví trasquilado" *I went for wool and came back shorn.*

Mandé la carta **por avión**.	*by air mail*
El veinte **por ciento** de los habitantes de los Estados Unidos hablan español.	*per cent*
No puedo salir **por ahora**.	*for the time being*
Llevé cinco dólares más, **por si acaso**.	*just in case*
Tomaron la ciudad **por la fuerza**.	*by force*
Por poco te pegué.	*almost*

B. **Para** also means *for*, but in the sense of moving toward a destination or goal. It can often be translated *destined for, towards,* or just plain *for*.

With an infinitive, **para** means *(in order) to*.

Tengo dinero **para** el billete.

He estudiado mucho **para** este examen.

¿Hay algo **para** mí en el correo?

El autobús va **para** Guadalajara.

Aprendemos español **para** hablarlo bien.

Deseamos ir a.España **para** ver las ruinas romanas.

When Spanish speakers mean **para ser**, they often just say **para**: "Mi hijo estudia para **médico**."

C. Both **estar para** and **estar por** can be followed by infinitives.

1. **Estar para** means *to be about to*.

Están para salir.	*They are about to leave.*
Estoy para irme.	*I am about to go away.*
La película **está para terminar**.	*The movie is about to end.*

2. **Estar por** means *to be inclined to* (when people are the subject), and that the action has yet to be done (when things are the subject).

Estoy por dar una vuelta.	*I am inclined to take a walk.*
Estamos por decir que no estamos de acuerdo.	*We are inclined to say we don't agree.*
Todo el trabajo **está por hacer**.	*All the work remains to be done.*
El libro **está por terminar**.	*The book is still to be finished.*

Práctica oral

Ejercicio uno. Fill in **por** or **para**.

MODELO   Te esperé **por** dos horas.

1. Voy a la tienda _____ comprarme un abrigo.
2. Me pagaron doscientos dólares _____ mi coche viejo.
3. *Tom Sawyer* fue escrito _____ Mark Twain.
4. No puedo hablar contigo ahora; estoy _____ ir de compras.
5. Fui a la reunión _____ mi padre.
6. Tengo que estudiar _____ mis exámenes.
7. Mi padre trabaja _____ la compañía.
8. El perro caminó _____ la puerta abierta.
9. Sus amigos siempre tienen buenos consejos _____ él.
10. Me tomaron _____ tonta, pero se equivocaron.

Ejercicio dos. What is the best **por** expression to complete each of these sentences?

MODELO   Tuvo que acompañar al criminal **por la fuerza**.

1. La biblioteca universitaria, creo, está _____.
2. No está lloviendo ahora pero llevaré el paraguas _____.
3. No vamos a conducir a Florida; vamos a ir _____.
4. Cuando fuimos a la habitación de los niños había juguetes _____.
5. No pienso comprarme una computadora _____.
6. No pudimos viajar a Europa este verano _____ dinero.
7. El banco paga un interés de diez _____.
8. Tuvieron un accidente y _____ se mataron.
9. Me gustan algunos escritores hispanos: García Márquez, _____.
10. Cuando vi al profesor, le di las _____ la ayuda especial que me había dado.

Alicia Alonso en el papel de Giselle, y su pareja Igor Youskevitch en el papel de Albrecht.

LECTURA CULTURAL

A los diecinueve años—¿fin de carrera?

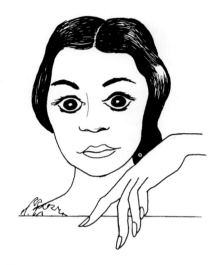

Durante sus primeros años en Nueva York, Alicia comenzaba a tropezar con los muebles en su apartamento, y en su actuación teatral tenía dificultad en girar bien, en hacer sus balancés, y en medir distancias. Estaba perdiendo rápidamente la vista. Tenía diecinueve años.

Una noche del año cuarenta y uno, bailaba, como solista, en *Giselle.* Ella dice: "Aquella actuación bien podría haber sido mi última para siempre. Mi visión me preocupaba y me dijeron que necesitaba operarme de una separación de retina.

"Después de la intervención quirúrgica y tres meses de descanso, pudo acompañar un grupo del Ballet Theatre que había sido invitado a bailar en una gira por Sudamérica. Yo ya había comenzado a ensayar *El murciélago* (*Die Fledermaus*) de Balanchín cuando sufrí un relapso y tuvieron que volver a operarme; luego, volví a Cuba donde me recuperé. Poco tiempo después de volver a bailar, me lastimé en un accidente de coche y necesité otra operación. Esta vez el médico me mandó que me quedara postrada en la cama, sin mover la cabeza y con los ojos vendados.

"Para no volverme loca, continué bailando en mi mente, y uno de los ballets en que yo bailaba era *Giselle.* Puesto que yo era la jefe del reparto de papeles, naturalmente no me puse en el papel de solista, sino en el de la misma Giselle. Descubrí que no solamente me acordaba perfectamente de todos los pasos tales como los había visto bailados por las otras bailarinas, sino que también podía recrear las actuaciones de todos los otros personajes, incluso las de Albrecht.[1] Mi baile mental se hizo tan real que podía mirar mis propias actuaciones y podía criticarlas severamente. A veces bailé particularmente bien; otras veces cometí errores—por los cuales, en la tradición de todas las ballerinas, culpé a mi pareja. Esta temporada postrada en la cama duró un año".

Ni los médicos ni su familia creían que ella jamás podría volver a bailar; sólo ella creía que podría volver a bailar.

---

[1]Albrecht is the male lead in *Giselle.*

Cuando le quitaron las vendas, podía ver un poco, pero no pudo mantenerse de pie sin ayuda. Le costó algún trabajo aprender a andar. Después, comenzó a hacer ejercicios físicos, pero con mucho cuidado. Sin pedir permiso a nadie, tomó clases en el Pro Arte, y muy lentamente llegó a su antigua condición física. Hacía coreografía, bailaba, y (con el grupo del Pro Arte) hizo el célebre y dificilísimo *pas de deux*[1] de *La bella durmiente*. Su inspiración durante esta temporada fue Beethoven, que escribió sus mejores obras siendo sordo.

Al volver a Nueva York, Alicia ya no veía bien, y se iba empeorando su visión a causa de las cataratas que le iban cubriendo los ojos hasta que quedó casi totalmente ciega. ¿Cómo podía bailar si no veía? Para ella, no era una imposibilidad, sino sólo un obstáculo a superar. Todas las mañanas tomaba una clase con Fernando. Por las tardes trabajaba sola, ensayando combinaciones de pasos. No eran ejercicios físicos automáticos sino ejercicios mentales para grabar los pasos en su mente. Si iba a ser ciega, tenía que saber exactamente lo que hacía.

Cuando perdió el sentido del espacio, y ya no podía ver lo que pasaba en la escena, contaba con su imagen interior del baile—exactamente lo que hizo mientras se recuperaba cuando tenía diecinueve años. Una parte de ella era la que actuaba, y otra parte era observadora. Con una voluntad fenomenal, cambió lo que era una incapacidad física en un poder artístico.

Cuando bailaba en un teatro nuevo, tenía que llegar muy de antemano para estudiar la escena para saber donde estaba en todo momento. Para evitar equivocaciones tales como bailar de espaldas al auditorio, le ponían tres focos muy fuertes en la escena—en el centro, a la derecha y a la izquierda—que ella podía distinguir un poco.

Lo extraño, y lo maravilloso era que cuando ella bailaba, nadie sospechaba que era ciega. Y lo más increíble es que la ceguera la hizo una mejor ballerina que antes, porque tuvo que trabajar aún más que las otras, tuvo que estar aún más segura de sí misma.

A los cincuenta y un años, después de más de diez años de ceguera casi total, tuvo una cuarta operación, esta vez en España, y recobró la vista parcialmente en un ojo, pero del otro quedó permanentemente ciega. Dijo: "De nuevo veo un mundo lleno de colores. Es una maravilla volver a ver ensaladas verdes. Ahora estoy lista para comenzar mi vida de nuevo".

Preguntas sobre la lectura

1. ¿Estaba Alicia ciega cuando llegó a Nueva York?

2. ¿Se resolvieron todos sus problemas visuales con la primera operación? ¿Cuántas operaciones necesitaba Alicia en aquel año?

3. ¿Después de la segunda operación, ¿a dónde fue para recuperarse? Después de la tercera operación ¿cuánto tiempo pasó con los ojos vendados?

4. Durante su recuperación postrada en la cama, ¿cuál fue su actividad más agradable? ¿Era una actividad útil? ¿Cómo lo sabe usted?

5. ¿Quiénes pensaban que ella volvería a bailar?

6. ¿Qué hizo el sordo Beethoven?

7. Al volver a Nueva York, ¿tenía vista perfecta? ¿Qué le pasaba?

8. ¿Perdió ella la esperanza mientras perdía la vista? ¿Era imposible ser una ballerina ciega?

The *pas de deux* is the major duet done by the male and female leads in a ballet.

Bailes tradicionales
peruanos.

9. ¿Sabía el auditorio que ella era casi ciega?
10. ¿Adónde fue ella para su cuarta operación? ¿Tenía visión perfecta después?

Vocabulario de la lectura

actuación *performance*		**mente** *mind*	
antiguo *former*		**misma** *herself*	
balancé m. *balancing in dancing*		murciélago *bat*	
bastar *be sufficient*		operarse *to have an operation*	
ceguera *blindness*		pareja *partner*	
célebre *famous*		paso *step*	
ciego *blind*		postrado *bedridden*	
cierto *certain*		**quebrar** *to break*	
cuidado *care*		**quedar** *to become*	
culpar *to blame*		**quedarse** *to remain*	
dañar *to damage*		quirúrgico *surgical*	
descanso *rest*		recobrar *to recover*	
empeorar *to worsen*		recrear *to re-create*	
espalda *back*		reparto de papeles *casting*	
estudio *studio*		representante *performer*	
familiar *of the family*		**sangre** f. *blood*	
foco *spotlight*		**sentido** *sense*	
girar *to turn*		**suelo** *ground*	
gira *tour*		**sufrir** *to suffer, undergo*	
grabar *to engrave*		**superar** *overcome*	
imagen *image*		**tampoco** *either*	
jamás *ever*		tropezar *to stumble*	
jefe m. f. *head*		**último** *last*	
lastimarse *to get hurt*		vendado *bandaged*	
mantenerse *to maintain oneself*		**vista** *vision*	
medir (i) *to measure*		**voluntad** f. *will*	

Estudio de expresiones

1. **a causa de** *because of*

> No podía ver **a causa de** cataratas.
> Yo no pude llegar a tiempo **a causa de** mi coche malo.

2. **aún más** *even more*

> Ella tuvo que estár **aún más** segura de sí.
> Yo quería ir **aún más** a México cuando ella me contó su viaje allí.

3. **contar con** *to count on*

> Alicia **contaba con** sus parejas.
> El futbolista **cuenta con** sus amigos.

4. **hacerse** *to become* (with words that go with **ser**)

> Alicia Alonso **se hizo** prima ballerina.
> Su baile **se hizo** muy real en su mente.

5. **para siempre** *forever*

> Ella pensaba que su actuación iba a ser la última **para siempre**.

6. **puesto que** *since*

> **Puesto que** ella era la jefe de repartos, ella se dio el papel principal.
> Josefina no viene hoy **puesto que** está enferma.

7. **volver a** + **infintive** *to . . . again*

> Alicia finalmente **volvió a bailar**.
> **Volví a ver** mi película favorita.

8. **volverse loco** *to go crazy*

> Ella no **se volvió loca** porque podía hacer bailes mentales.
> Van Gogh **se volvió loco**.

Práctica oral

Ejercicio uno. Use each expression below in a sentence you'll make up.

1. volví a jugar
2. para siempre
3. a causa de
4. aún más
5. se hizo
6. se volvió loco
7. contábamos con

Ejercicio dos. Say these sentences including the correct word or expression from the three that follow each one.

1. El _____ de los Estados Unidos es muy grande.

                             poder estudio descanso

2. García Márquez es un autor muy _____.

                             cierto célebre vendado

3. Mi hermana se _____ en casa todo el fin de semana.

                             saltó enfadó quedó

4. La _____ es muy mala porque no se ve nada.

                             ceguera mente vista

5. Todas las personas necesitan _____ de vez en cuando.

                         una gira un descanso un estudio

6. Alicia _____ su incapacidad.

                             echó superó volvió

7. A María no le queda el helado _____.

                           también tampoco último

RECAPITULACIÓN

Cuestionario doble

Person A

1. ¿Quieres que haya más o menos exámenes? ¿Difíciles o fáciles?
2. ¿Es importante que asistan los estudiantes a la clase de español? ¿Deben asistir a las otras clases?
3. ¿Conviene que un estudiante nuevo tome veinte créditos? ¿Cuántos créditos recomiendas?
4. ¿Recomiendas que un estudiante que no entiende una clase salga permanentemente de la clase?
5. ¿Conviene que los estudiantes estudien un poco todos los días? ¿O es mejor que estudien sólo antes del examen?
6. ¿Quieres que la tienda estudiantil venda a un precio más favorable? ¿Son buenos los precios de la tienda?
7. ¿Es mejor que todos los estudiantes tengan un coche en la universidad? ¿Es mejor que todos tengan una bicicleta?
8. ¿Conviene que tengamos que estudiar matemáticas? ¿Conviene que tengamos que estudiar inglés?

Person B

1. ¿Es necesario que estudiemos lenguas? ¿Qué sugieres que estudiemos en vez de lenguas?

2. ¿Prefieres que haya más o menos clases por la noche? ¿Debemos asistir a clases nocturnas?

3. ¿Es importante que los estudiantes sepan historia y música? ¿Qué es importante saber?

4. ¿Es conveniente que los estudiantes vean mucha televisión? ¿Es conveniente que los estudiantes vayan mucho a la biblioteca?

5. ¿Importa que el estudiante norteamericano sepa hablar varias lenguas? ¿Qué lenguas?

6. ¿Prefieres que haya más clases por la mañana o por la tarde?

7. ¿Sugieres que todos los estudiantes vean los partidos de fútbol? ¿Qué más sugieres que hagan?

8. ¿Es mejor que estudiemos o trabajemos durante el verano?

Escenario

Today is the tryout for the theatrical version of Tarzan. One or more students play the people who are judging the session. There are two who have come to try out for the lead, a young lady and a young man.

Temas de redacción

1. Cuente la historia de otra persona que superó una incapacidad para llegar a ser importante en su profesión o arte.

2. Vuelva a contar la historia de Alicia Alonso, usando la información de las dos lecturas (de modo que sus lectores van a saber inmediatamente que ella estaba ciega).

LECCIÓN 5

*El "realismo luminoso"
de Joaquín Sorolla*

ALGO VIEJO Y ALGO NUEVO

1. El concepto del complemento directo e indirecto

The concept of "direct" and "indirect" objects is not complicated. The direct object is simply whatever "gets verbed." No matter how complicated a sentence appears, just ask "what 'gets verbed' in this sentence?" and you'll know what the direct object is. If there is no answer to the question, the sentence has no direct object.

In "I paint the door," the *door* "gets verbed" (that is, it gets *painted*). In "We explained the questions to them before class," the *questions* "got verbed" (that is, they got *explained*). In "They gave her it," *it* "got verbed" (got *given*). In other words, the action of the verb works directly on the direct object.

Persons as well as things can be direct objects because you can see, punch, lift, hear, and know both persons and things.

The indirect object is different. It doesn't receive the action of a verb, it receives a *thing*—the direct object. In "I wrote the letter to Juanita," *the letter* "gets verbed" (*written*); and what does Juanita get? She gets *the letter*. In "We give the professor our homework," *the homework* gets given, and *the professor* gets the homework.[1]

Whereas direct objects can be both people and things, indirect objects tend only to be people. The reason for this is that you mostly give, send, write, offer, and serve things *to people*.

---

[1]There are some things you must not let trick you. Sometimes a *phrase* is the direct object. In "I told her when the party was," the direct object is the phrase "when the party was." What "got verbed"—what got *told*—was when the party was. Sometimes the direct object is left out, but the test still works. In "I asked her yesterday," what gets verbed (what gets *asked*)? It is obviously a question. *Ask* is a type of verb which implies a direct object without having to state it, but the indirect object ("her" in this case) is still needed.

2. El complemento directo y sus usos: COSAS

Direct-object pronouns obviously substitute for the established direct object: "I see *the tree*; I see *it*."

When these pronouns stand for things, they work in one way, and when they stand for people, they work in another. It is good to begin with *things* because we only have to deal with the equivalents of "*it*" and "*them*."

Thing-pronouns substitute for the established direct object with no complications. In Spanish, "it" is masculine or feminine singular, and "them" is masculine or feminine plural.

	masculino		*femenino*	
singular	**lo**	*it*	**la**	*it*
plural	**los**	*them*	**las**	*them*

A. Direct object pronouns are placed *before* a conjugated verb in the indicative or the subjunctive. Notice that the pronouns always precede forms of **haber**.

> Tengo **un disco nuevo**. **Lo** escucho a menudo.
> **Esta guitarra**, ¿**la** tocas bien?
> **Las lecciones** son complicadas. Deseo que mi amiga **las** explique bien.
> **Los ejercicios** eran difíciles, pero **los** hemos escrito.

They are placed *after* an infinitive, and connected to it in writing.

> Yo nunca visité **aquel país**, pero voy a visitar**lo** este verano.
> Tú no leíste **la lección**, pero debes aprender**la** hoy.
> ¿Puedes hablar **alemán y ruso**? No, no puedo hablar**los**.
> ¿Quiere usted abrir **las ventanas**? Sí, quiero abrir**las**.

Of course, following the first rule, the pronoun can go before the conjugated verb, too.

> Yo nunca visité **aquel país**, pero **lo** voy a visitar este verano.
> Tú no leíste **la lección**, pero **la** debes aprender hoy.
> ¿Quiere usted abrir **las ventanas**? Sí, **las** quiero abrir.

They go after the **-ndo**-form as well. There is always an accent mark on the vowel before **-ndo** when any pronoun is attached.

> Allí está **la puerta**; están cerrándo**la** ahora.
> Tengo **una novela nueva**, pero no estoy leyéndo**la**.
> Puedo tocar **los tambores** pero no estoy tocándo**los** ahora.

Object pronouns are attached to positive commands but precede negative ones.

Positive	*Negative*
¡Abra**lo** usted!	¡No **lo** abra usted!
¡Cóman**los** ustedes!	¡No **los** coman ustedes!
¡Escónde**la**!	¡No **la** escondas!
¡Corríge**los**!	¡No **los** corrijas!

Práctica oral

Say these sentences using a pronoun instead of the real direct object.

MODELO   Ella perdió el dinero.
          Ella **lo** perdió.

1. José compró el periódico.
2. Nosotros vamos a recoger los bolígrafos.
3. Ellos están visitando el monumento.
4. ¿Ves los partidos de fútbol en la televisión?
5. Ustedes van a necesitar este libro amarillo.
6. ¡No rompas ese plato!
7. El profesor está explicando la lección.
8. Mis amigos hicieron la tarea ayer.
9. Rosa escribe muchas cartas.
10. ¡Abre la puerta!

B. Once you have established what the direct object is, it is always a good idea to use a pronoun when referring to it again.

Aquí está **mi bicicleta de carrera**. **La** traje commigo porque no quiero poner**la** en la calle. ¿Dónde puedo colocar**la**?

Yo pedí **la camisa azul** y **la** compré. **La** encontré en la tienda estudiantil.

Estudiamos **las lecciones difíciles** pero no **las** estendemos. Debemos volver a estudiar**las**.

Yo oí **el disco nuevo** y puedo recomendar**lo**. Si no **lo** has visto, debes ir a ver**lo** también.

In answering a question, use a pronoun for the question's direct object as well.

¿Recogieron ustedes **los comestibles**?
    Sí, **los** recogimos.

¿Viste **las películas nuevas**?
    No, no **las** vi, pero José **las** vio. Deseo ver**las**.

¿Has comido **la enchilada**?
No, no **la** he comido.

"All of it" is **lo... todo/la... toda.**

Leíste **toda la novela.**
Sí, ya **la** leí **toda.**
¿Hiciste **todo el ejercicio**?
No, no **lo** hice **todo.**

It is easy to see where this comes from—**la novela** becomes **la** and **toda** goes after the verb, much like English: "Did you read *all the lesson*? Yes, I read *it all.*"

Práctica oral

Add the words in parentheses to the first phrase, changing it and adding a pronoun to make a good sentence.

MODELO   Tengo dos coches (yo meter en el garaje)
Tengo dos coches **y los meto** en el garaje.

1. Hay una televisión en casa (yo ver por la noche)
2. Escribo una carta (yo enviar por avión)
3. Roberto ganó mucho dinero (él gastar rápidamente)
4. Escuchamos las explicaciones del médico (nosotros entender)
5. Mis amigos compraron un disco (ellos escuchar todos los días)
6. Querían comer tacos (yo preparar para ellos)
7. Sacamos libros de la biblioteca (nosotros tener que devolver pronto)
8. Ella estudia español (ella hablar con sus amigos hispanos)
9. Escribo buenas composiciones (yo mostrar a mis padres)
10. Voy a recibir revistas en español (yo ir a leer)

Dos a dos

Make sure your partner answers naturally, with object pronouns.

Person A

1. ¿Leíste el artículo?
2. ¿Trajiste todas las cosas?
3. ¿Vas a tomar el tren para ir a Nueva York?
4. ¿Escuchas las noticias todos los días?
5. ¿Quieres ver los cuadros de Picasso?
6. ¿Encontraste la calle en el mápa?

Autorretrato de Joaquín
Sorolla (para su mujer).

7. ¿Puedes entender las comedias de Shakespeare?
8. ¿Vendiste tu coche viejo finalmente?
9. ¿Sabes la dirección de Juan?
10. ¿Hiciste los ejercicios?

Person B

1. ¿Tienes mis libros?
2. ¿Tocaste el piano ayer?
3. ¿Oíste el concierto anoche?
4. ¿Estudiaste la lección número cuatro bien?
5. ¿Perdiste tus exámenes viejos?
6. ¿Trajiste tus lápices contigo hoy?
7. ¿Leíste la novela nueva de García Márquez?
8. ¿Hiciste la cena anoche?
9. ¿Aprendiste bien las lecciones de español?
10. ¿Viste el Museo Metropolitano de Nueva York?

3. El complemento directo y sus usos: PERSONAS

A. Person-pronouns are different from thing-pronouns in two important ways. First, there are forms for all persons ("me," "you," "her," "him," "us," and "them"), and second, they allow an additional phrase to clarify or emphasize them. Notice that the pronouns for "you" have masculine and feminine forms, and are, in fact, exactly like the "it" and "them" forms.

Person-pronouns

singular		*plural*	
me	*me*	**nos**	*us*
te (= tú)	*you*	**os** (= vosotros)	*you*
lo, la (= usted)	*you*	**los, las** (= ustedes)	*you*
lo[1]	*him*	**los**	*them* (masc.)
la	*her*	**las**	*them* (fem.)

Yo voy a menudo a clase. Joaquín **me** conoce bien.

Tú eres aficionado al fútbol; **te** veo mucho en los partidos.

¿Viste **al Profesor Gómez**? No, no **lo** vi.

¿No es **usted** la amiga de Federico? **La** vi con él una vez.

¿Oyeron ustedes **al presidente**? Sí, **lo** oímos.

Joaquín y yo somos tus amigos; **nos** ves frecuentemente.

¿Buscaste tú **a tus amigos**? Sí, **los** busqué.

¿Entiende usted **a sus hermanas**? No, no **las** entiendo.

Note: The personal **a** that precedes real direct objects disappears when they are made into pronouns, as the examples above show.

Práctica oral

Change the person direct objects for object pronouns.

MODELO   Ellos vieron al presidente.
              Ellos **lo** vieron.

1. Josefina visitó a sus abuelos.
2. Debemos escuchar a las personas cuando hablan.
3. Leo a Shakespeare en mi clase de inglés.
4. El Sr. González envió a su hijo a Londres para ver la ciudad.
5. El público estaba mirando a la actriz.
6. Los artistas pintan a las personas famosas.
7. ¡No puedo entender a los franceses.
8. Mi hermana ve mucho a su novio.
9. Van a aceptar a José para aquel trabajo.
10. Encontré a María en la biblioteca.

---

[1]Many speakers use **le** as a direct object pronoun meaning 'him', 'her', and 'you', but reserving **lo** and **la** for '*it*'. The speakers who make this distinction do so unconsciously, as do those who use **lo/la** for both. Since you have to pick a system to stick by, we suggest you use the one in the book so as not to confuse the direct object **lo/la** with the indirect object **le**.

Dos a dos ———————————————————

Person A

1. ¿Me conocías el año pasado?
2. ¿Viste al profesor en la calle anoche?
3. ¿Vas a llamar a tu hermano por teléfono?
4. ¿Quiere Margarita mucho a sus padres?
5. ¿Entiendes al estudiante nuevo?
6. ¿Llevaste a tu padre al aeropuerto?
7. ¿Estás esperando a tu amiga?
8. ¿Viste a Cantinflas en la televisión ayer?
9. ¿Estás buscando a tu hermana?
10. ¿Visitaste a tus tíos las Navidades pasadas?

Person B

1. ¿Prefieres a los actores italianos?
2. ¿Conoces personalmente a Emilio Estévez?
3. ¿Oíste a José Feliciano?
4. ¿Entiendes al profesor?
5. ¿Viste a Bianca Jagger anoche?
6. ¿Recuerdas a Fernando Bujones?
7. ¿Encontraste a tu amigo en la biblioteca?
8. ¿Lees mucho a los autores ingleses?
9. ¿Comprendes a los soviéticos?
10. ¿Escuchas a tus hermanos?

B. Person-pronouns sometimes need clarification. For example, since **lo** stands for both *you* and *him*, there are circumstances in which the person you are talking to won't be able to understand which one is referred to. In these cases, a supplementary pronoun is used.

Supplementary pronouns

singular			plural		
me. . . **a mí**	*me*		nos. . . **a nosotros,-as**	*us*	
te. . . **a ti**	*you*		os. . . **a vosotros,-as**	*you*	
lo. . . **a usted**	*you*		los. . . **a ustedes**	*you*	
la. . . **a usted**	*you*		las. . . **a ustedes**	*you*	
lo. . . **a él**	*him*		los. . . **a ellos**	*them* (masc.)	
la. . . **a ella**	*her*		las. . . **a ellas**	*them* (fem.)	

¡No **lo** vimos **a él, lo** vimos **a usted**!

Las llevamos **a ustedes**, pero no podemos llevar**las a ellas**.

Los escogieron **a ustedes**—no **los** escogieron **a ellos**.

Note: The clarification cannot stand on its own without a person-pronoun. If you want to use **usted** or **ustedes** as a direct object (as in "I see you"), you have to use the **lo(s)/la(s)** pronoun, too.

We see you.	**Los** vemos **a ustedes.**
I know you.	**La** conozco **a usted.**
They need you.	**Las** necesitan **a ustedes.**

Práctica oral ⎯⎯⎯⎯⎯⎯⎯⎯⎯⎯⎯⎯⎯⎯⎯⎯⎯⎯

Clarify Spanish models by saying them using the information in the English sentence beneath them.

MODELO   No la vi; la vi.   *I didn't see her; I saw you.*
   No la vi a ella; la vi a usted.

1. No los conocí; los conocí.   *I didn't meet them: I met you.*
2. No lo escuché; lo escuché.   *I didn't listen to him; I listened to you.*
3. No la miraba; la miraba.   *I wasn't looking at her; I was looking at you.*
4. No las eligieron; las eligieron.   *They didn't choose them; they chose you.*
5. No los visité; los visité.   *I didn't visit you; I visited them.*

"Una escena de cocina," obra de Velázquez, uno de los maestros del arte mundial.

Supplementary pronouns are also used to *emphasize* the person who is the direct object. In English, it is easy to stress object pronouns just by saying them louder (You don't know **me**?). But in Spanish, those pronouns *cannot* be stressed in that way. Instead, supplementary pronouns—which *can* be stressed—are added for emphasis. When your instructor reads these models, you will hear that the pronoun is quite unstressed, but that the clarification *is* stressed.

¿Usted no me entiende **a mí**? ¡Pero yo hablo muy bien!

No te conozco bien **a ti**, pero conozco bien a tu hermano.

Ustedes no nos oyeron **a nosotros** en la calle. Estábamos en casa.

Práctica oral

Say these examples, filling in the correct indirect object pronoun (using the cue in parentheses).

MODELO Rosa nunca **me** escucha. (a mí)

1. Ellos _____ conocen mucho. (a ti)
2. Tus padres _____ invitaron a la fiesta. (a nosotros)
3. Su jefe _____ trata muy bien. (a ella)
4. Mi padre _____ considera muy inteligente. (a mí)
5. El avión _____ lleva a España. (a nosotros)
6. Josefina _____ ayudó mucho cuando tenías problemas. (a ti)
7. Todos sus amigos _____ saludaron. (a ellos)
8. Muchas personas _____ llamaron por teléfono. (a él)
9. Tú no _____ quieres. (a mí)
10. Nosotros no _____ esperamos. (a ti)

C. In Spanish, it is quite common to put a personal direct object before the verb. When you do this, you need to use the direct object pronoun as well, even though it seems to be (and is) redundant. The pronoun is impossible to translate in English.

When the direct object precedes the verb, the subject (if present), goes after the verb.

Yo recomendé a José para un trabajo importante.

A José lo recomendé yo para un trabajo importante.

Tú trajiste a tu hermana contigo hoy.

A tu hermana no **la** trajiste contigo hoy.

It is also common to put the supplementary pronouns before the verb. Doing this emphasizes them even more than does placing them at the end.

¿**A mí** no me viste en la biblioteca? ¡Yo te esperaba allí a la puerta!

A ti no te conozco bien, pero conozco bien a tu hermano.

A nosotros nos buscaron pero no nos encontraron.

Práctica oral

Rearrange these sentences to put the direct object at the beginning of the sentence. Follow the model.

MODELO   Yo invité a María a la función.
                A María la invité a la función.

1. Llamé al director.
2. Traje a mi hermana una vez aquí.
3. Consideran a Sorolla un buen pintor.
4. Ellos ayudaron a tus amigos.
5. Nosotros tratamos bien a las personas educadas.
6. Yo vi a Robert Redford.
7. Buscamos a los otros.
8. Tú encontraste un nuevo trabajador.
9. Encontraron al actor en el teatro.
10. Eduardo conoció a su mujer en el Uruguay.

El estudio de Sorolla en la Casa-Museo Sorolla. A la izquierda, una reproducción de un cuadro de El Greco. El resto es de Sorolla. Se nota (encima de la cabeza del fraile) treinta y seis apuntes.

LECTURA CULTURAL

Joaquín Sorolla Bastida

(por Aureliano de Beruete[1])

Nació Joaquín Sorolla en Valencia el veintisiete de febrero de 1863. Sus padres fueron víctimas de la invasión de cólera en aquella ciudad, en 1865, cuando tenía Sorolla dos años. Fue recogido, con su hermana, por sus tíos Don José Piqueles y Doña Isabel Bastida, esposa de éste[2] y hermana de la madre de Sorolla. A tan noble acto de caridad debemos la salvación de una vida preciosa para el arte.

Asistió en su infancia a la Escuela Normal de Valencia, en la cual no demostró grandes aptitudes como alumno de primeras letras. En cambio, se inició su vocación para las artes de modo tan manifiesto, que uno de sus maestros, al ver que el niño, en vez de aplicarse al estudio de gramática, se entretenía incesantemente en borrajear cuantas hojas de papel le venían a la mano, le regaló lápices y colores, y aun hizo la vista gorda respecto a la desatención del chico hacia el estudio. Libre de toda represión, no se ocupó desde entonces de otra cosa que de dibujar a su capricho y copiar cuantas estampas le facilitaban sus compañeros.

En vista de que el muchacho no sacaba fruto de la enseñanza de la escuela, resolvió su tío dueño a la sazón de un taller de cerrajero, meterlo a aprendiz de este oficio, en el cual, ayudando a los oficiales en las faenas de la fragua, en lucha con las durezas del hierro, fue templando su cuerpo para otras faenas más duras aún que en la vida le aguardaban.

Tuvo también su tío el buen acuerdo de ayudar la vocación del muchacho, haciéndole que asistiera, las horas libres de la noche, a las clases de dibujo de la Escuela de Artesanos. En ésta, se aplicó Sorolla de tal suerte, que obtuvo en el primer año todos los premios.

A la edad de quince años entró en la Escuela de Bellas Artes de San Carlos, abandonando definitivamente el taller de cerrajería, y dedicándose en cuerpo y alma, día y noche, al estudio del dibujo del natural y perspectiva.

[1]This author uses the inverted verb-subject more than most. Be prepared to see phrases such as "Hizo Sorolla a Madrid tres viajes" (that is, **Sorolla hizo tres viajes a Madrid**).

[2]**Este** refers to the last named masculine thing or person, that is, José Piqueles.

Por aquellos días conoció a Don Antonio García, el cual adivinó bien pronto las dotes del joven y le dispensó desde entonces abierta protección y amistad, concediéndole una pensión anual, que disfrutó el pintor hasta el día en que, habiendo logrado satisfacer la exigencias de la vida con el fruto de su trabajo, y asegurado en lo posible su independencia de artista, se casó con la hija de su protector, Doña Clotilde García.

Durante los años de su educación artística en la Escuela de San Carlos de Valencia, hizo Sorolla a Madrid tres viajes: el primero, en 1881, realizado tan sólo para ver y estudiar la Exposición de Bellas Artes, en la cual presentó tres cuadros de la marina, que pasaron inadvertidos,[1] y que él borró más tarde. Al año siguiente volvió para hacer estudios en el Mueso del Prado, dedicándose a copiar exclusivamente varias cabezas de los cuadros de Velázquez y Ribera.[2] El último[3] lo efectuó en la primavera de 1884 para presentar en la Exposición su cuadro "El dos de mayo,"[4] que acababa de pintar en Valencia, con el cual hizo su brillante aparición en el mundo del arte.

Pintado con el brío y la fogosidad de los veinte años; lleno de vida, de movimiento, de luz y color; inspirado en un hecho que conmovió las fibras del artista enamorado de lo épico y legendario, reveló por completo esta obra las cualidades raras de su autor, haciendo presentir lo que de él podía esperarse en adelante.

Para realizarlo utilizó Sorolla como taller los corrales de la Plaza de Toros de Valencia, en donde, a fuerza de quemar pólvora y de envolver en humo a los modelos, quiso resucitar ante su vista la escena real, para trasladarla al lienzo tal y como su imaginación se la había representado. El cuadro, premiado con medalla de segunda clase en la Exposición de 1884, fue adquirido por el Estado.

Regresó Sorolla a Valencia después de su primer triunfo, y no tardó en obtener otro, pues aquel mismo año de 1884 le fue ortogada una beca para ir a Roma.

En 1887, regresó finalmente a Valencia para casarse. Su joven esposa, dotada de claro entendimiento y de virtudes, le auxilió en todos los momentos difíciles tan frecuentes en la vida de un artista.

Durante los años 1889 a 1892 pintó, ya en Valencia, ya en Madrid, varios cuadros de costumbres valencianas y multitud de acuarelas. También dibujó composiciones diversas para los diarios y revistas ilustradas.

El lienzo más importante de aquellos años es el famoso "Otra Margarita". Para dar a la composición gran verdad, empleó idéntico procedimiento a los usados por él años atrás al pintar "El dos de mayo", es decir: reconstruir la escena real con modelos y accesorios para reproducirla fielmente. A este fin instaló su lienzo en un vagón de tercera clase de la estación de ferrocarriles, y dispuso la escena de esta manera: en primer término,[5] es decir, en uno de los bancos del vagón, la madre infanticida con esposas en las manos, caída la cabeza,[6] revelando el rostro remordimiento y pena. Sentados detrás de ella, los guardias civiles que custodian a la desventurada.

Meditó mucho y vaciló bastante hasta hallar la composición del cuadro; lograda ésta,[7] el pintarlo fue obra de pocos días, durante los cuales, merced

---

[1]**que... inadvertidos** *which went unnoticed*

[2]Diego de Velázquez (1460–1524?) Spain's greatest painter; José Ribera (c. 1590–1652), Spanish painter who worked mostly in Naples, then a Spanish possession.

[3]That is, **el último** *viaje.*

[4]The second of May, to any Spaniard, means that date in 1808, when Napoleon was kidnapping the Spanish king, Fernando VII, and imposing his brother José onto the Spanish crown. Spaniards rebelled, and were mercilessly shot down. The most famous painting on this subject is Goya's, hanging in the Prado in Madrid.

[5]**primer término** *the foreground*

[6]**caída la cabeza** *her head bowed*

[7]**lograda ésta** *this, having been attained*

a un trabajo febril, mantuvo viva la inspiración del primer momento.

Del éxito feliz del cuadro son testimonio los aplausos que le fueron tributados en la Exposición international de Madrid de 1892 y la medalla de primera clase que se le concedió como premio. Triunfo análogo obtuvo en la Exposición de Chicago, en la cual, además de premiado, fue adquirido para el Museo de San Luis.[1]

Pero "El dos de mayo" y "Otra Margarita"—que eran más bien artificiales porque él trató de reconstruir la acción del cuadro—representaban tendencias opuestas a su gusto primario, que era de representar la naturaleza. Finalmente, convencido que para él no había más maestro que la naturaleza, se entregó al estudio directo de la naturaleza y a interpretarla tal como la veía, sin afeites ni composturas. Desde entonces fue tema para sus cuadros cuanto a su paso le impresionaba. Su simpatía por las clases pobres le llevó a pintar no pocos cuadros inspirados en escenas de la vida y costumbres de aquéllas,[2] con tal que en esas escenas viera él por cima de todo la nota pictórica. No se detuvo ante dificultad alguna.[3] El movimiento y vida de la variedad de gentes que pululan en las playas levantinas, vestidas con trajes de mil colores que brillan al sol, destacando del azul del mar; las barcas pescadoras navegando con sus velas latinas, o en la playa arrastradas por

parejas de robustos bueyes; los paisajes de la costa de Jávea, de color exhuberante y vigorosos contrastes, todo fue interpretado por el artista de una manera pronta, fácil, enérgica, violenta a veces, en consonancia siempre con el asunto representado.

Sorolla vio pronto y con gran sagacidad lo que hay de bueno y de verdadero en el impresionismo, y lo asimiló inmediatamente. Así vemos eliminados de su paleta para los cuadros pintados al aire libre, los colores pardos y negros, poco transparentes, que fueron los preferidos por los pintores para las sombras. Ofrecen, en cambio, sus lienzos[4] una gran variedad de tintas azules y violetas, contrapuestas a las amarillas y rojas, con las cuales y con el uso discreto del blanco, obtiene acordes felicísimos y efectos de color muy brillantes y atrevidos.

Preguntas sobre la lectura

1. ¿Recordaba Sorolla a sus padres cuando era adulto?
2. ¿Se interesaba Sorolla en las clases académicas? ¿Por qué podía dibujar Sorolla todo el día en la escuela primaria?
3. ¿Sabían los maestros de la Escuela de Artesanos que Sorolla iba a ser un buen artista? ¿Cómo lo sabe usted?

[1]The St. Louis Museum of Art actually never had this painting, although they *did* have an exposition of his work in 1911. The painting hangs in nearby Washington University.

[2]i.e., the lower classes

[3]**no. . . alguna** When **ninguno,-a** *follow* the noun, they become **alguno,-a.**

[4]That is, **sus lienzos ofrecen, en cambio**

4. ¿En qué años fue Sorolla a la Escuela de Bellas Artes de San Carlos? ¿Era un estudiante serio de arte? ¿Cómo lo sabe usted?

5. Antonio García le dio a Sorolla una pensión y ¿qué más?

6. ¿Qué ganaron los primeros cuadros que Sorolla presentó en la Exposición de Madrid?

7. ¿Cuántos años tenía Sorolla cuando se casó? ¿Fue un buen casamiento?

8. En su opinión, ¿cuántos días pasó Sorolla en planear "Otra Margarita" y cuántos días pasó en pintarlo? ¿En qué país está este cuadro hoy?

9. ¿Por qué nunca pintó más cuadros como "Otra Margarita" y "El dos de mayo"?

10. En su opinión, ¿dónde pintaba Sorolla la mayoría de sus cuadros?

11. Encuentre todos los verbos de la lectura que significan "dar" y escriba oraciones originales con ellos.

Vocabulario de la lectura

acorde m. *harmony of colors*
acuarela *water-color painting*
acuerdo *resolution*
adivinar *to guess*
adquirir *to acquire*
afeite m. *adornment*
aguardar *to wait*
amistad f. *friendship*
aparición *appearance*
ante *before*
aprendiz m. *apprentice*
arrastrar *to drag behind*
atrevido *daring*
aun *even*
aún *still*
auxiliar *to help*
banco *bench*
barca *boat*
borrajear *to scribble*
borrar *to erase*
brío *vigor*
buey m. *ox*
capricho *fancy*
caridad f. *charity*
cerrajero *locksmith*
cerrajería *locksmith shop*
citado *already mentioned*
compostura *repair*
contrapuesto *contrasting*

cuanto *as much as*
custodiar *to hold in custody*
cuyo *whose*
desatención *inattention*
desventurado *unfortunate*
detenerse *to stop*
diario *daily newspaper*
dibujar *to draw*
dibujo *drawing*
disfrutar *to enjoy*
disponer *to dispose*
dotado *endowed*
dote f. *talent*
dureza *hardness*
efectuar *to do*
enamorado *in love*
enseñanza *instruction*
entendimiento *understanding*
entretenerse *to entertain oneself*
envolver *to envelop*
esposa *wife*
esposas *handcuffs*
estampa *print*
estudio *study*
exigencia *need*
facilitar *to supply*
faena *task*
febril *feverish*
ferrocarril m. *railroad*

fogosidad *enthusiasm*
fragua *forge*
gramática *grammar*
gran *great*
guiar *to guide*
hacia *towards*
hierro *iron*
hoja *sheet*
huérfano *orphan*
humo *smoke*
iniciar *to begin*
infanticida *child murderess*
libre *free*
lucha *struggle*
lleno *filled*
maestro *teacher*
mantener *to maintain*
marina *shore*
naturaleza *nature*
obtener *to obtain*
oficio *trade*
opuesto *opposed*
otorgar *to give*
paisaje m. *landscape*
pardo *dark color*
pareja *pair*
pena *grief*
pensión *annual income*
pescador *fishing*

pólvora *(gun)powder*
premiado *awarded*
premio *prize*
primer(o) *first*
procedimiento *process*
pulular *to swarm*
recogido *taken in*
regalar *to give*
remordimiento *remorse*
reprensión *reprimand*
resucitar *to make come to life*
rostro *face*
sagacidad f. *wisdom*
satisfacer *to satisfy*
sazón f. *time*
serio *serious*
suerte f. *sort, way*
taller *artist's studio*
tan sólo *only*
templar *to harden*
tíos *aunt and uncle*
trasladar *to transfer*
tributar *to pay homage*
vagón m. *railroad car*
vela *sail*
verdad f. *truth*
verdadero *true*
vista *sight*

Estudio de expresiones

1. **a este fin** *to this end*

   Quería pintar lo real; **a este fin** instaló su caballete en un vagón.
   Hay un examen el lunes; **a este fin**, vamos a repasar la lección.

2. **a fuerza de** *by means of*

   A fuerza de quemar pólvora, hizo el efecto deseado.
   Ella tuvo éxito, **a fuerza de** su gran voluntad.

3. **al año siguiente** *the following year*

   Al año siguiente hizo grandes estudios.
   Ellos se casaron **al año siguiente**.

4. años atrás *years before*

> Usó la misma técnica que había usado **años atrás**.
> **Años atrás**, solíamos ir mucho al parque para pescar.

5. casarse con *to get married to*

> Sorolla **se casó con** Clotilde.
> Ella desea **casarse con** su amigo.

6. con tal que *provided that*

> Sorolla pintaba de todo, **con tal que** viera un elemento pictórico.
> Yo te ayudaré con la química, **con tal que** me ayudes con el cálculo.

7. día y noche *night and day*[1]

> Pasó **día y noche** pintando.
> Antes del examen, estudié **día y noche**.

8. en vez de *instead of*

> Sorolla, **en vez de** estudiar gramática, pasó sus días dibujando.
> **En vez de** pasar todo el año en Roma, fue a París.

9. en vista de *since*

> **En vista de** que el muchacho no aprendía nada, fue a trabajar en una fragua.

10. hacer la vista gorda *to pretend not to notice*

> El maestro **hizo la vista gorda** en respecto a la desatención de Sorolla a sus estudios.

11. más bien *rather*

> "El dos de mayo" era **más bien** artificial.
> Aquel drama era **más bien** serio.

12. merced a *thanks to*

> Terminó su trabajo **merced a** un trabajo febril.
> Conseguí ir a España, **merced a** una beca.

---

[1]There are a number of expressions that are reversed between Spanish and English, such as **día y noche** *night and day*: **perros y gatos** *cats and dogs*, **blanco y negro** *black and white*.

13. **por cima de todo** *above all*

> **Por cima de todo**, Sorolla buscaba lo pictórico para pintar.
> **Por cima de todo**, es importante ser justo.

14. **respecto a** *as regards*

> El maestro hizo la vista gorda **respecto a** sus estudios.
> **Respecto a** su petición, sí, se lo podemos conceder.

15. **sacar fruto de** *to derive benefit from*

> Sorolla no **sacó fruto de** la escuela primaria.
> Sorolla **sacó fruto de** su trabajo en la fragua, respecto a su desarrollo físico.

Práctica de vocabulario

Ejercicio uno. Say these sentences, substituting the opposite word from the italicized ones, chosen from the vocabulary list above.

MODELO   Ella muestra *una gran atención* en sus clases.
Ella muestra **desatención** en sus clases.

1. Siempre éramos los *últimos* en llegar.
2. Esta botella de vino está *vacía*.
3. José era un actor *mediocre*.
4. *Se aburrieron* en el cine.
5. Este libro esta *sin mencionar* en tu trabajo.
6. Todo eso le dio una gran *alegría*.
7. Al llegar a la calle mi padre *continuó*.
8. Finalmente, *no compré* el cuadro de Sorolla.
9. Aquella relación terminó en una total *enemistad*.
10. Me sorprendió la *desaparición* del dinero.

Ejercicio dos. Say the entire sentence in Spanish, including a rendering of the English phrase.

MODELO   Consiguió mucho dinero (*by means of*) trabajar mucho.
Consiguió mucho dinero **a fuerza de** trabajar mucho.

1. Quiero hablar contigo (*as regards*) tus estudios.
2. No va a (*derive benefit from*) ese negocio.
3. Sorollo busca lo pictórico (*above all*).
4. Juan quiere (*to get married to*) Ana.
5. Ella ve la televisión (*instead of*) estudiar.

Un fresco de Diego Rivera, pintor mexicano (murió en 1957) que pintaba los problemas sociales de su país.

6. Federico vio a su amigo copiando pero (*pretended not to notice*).
7. Ese jugador es (*rather*) bajo.
8. Conseguí una A (*thanks to*) tu ayuda.
9. (*Since*) no quieres el helado, lo comeré yo.
10. Estuvo con su madre en el hospital (*night and day*).

4. Pronombres de complemento indirecto

A. You know that the direct object receives the action of the verb and that the indirect object receives the direct object. Here is a chart of indirect object pronouns.

Indirect Object Pronouns

singular		plural	
me	*to me*	nos	*to us*
te (= tú)	*to you*	os (= vosotros)	*to you*
le (= usted)	*to you*	les (= ustedes)	*to you*
le	*to him/her*	les	*to them*

El agente **me** dio la lista de hoteles.

Te mencioné que tu idea fue brillante.

Profesor, puedo dar**le** mi tarea mañana, si me permite.

Cuando veo a mi amiga **le** digo "Buenos días"

El profesor Vives desea explicar**nos** la verdad.

Podemos mandar**les** el paquete.

Práctica oral _____

Say these sentences using indirect object pronouns instead of the words in parentheses.

MODELO   Dije (a mi amigo) lo que pasó.
    Le dije lo que pasó.

1. Mandamos regalos (a nuestros amigos).
2. Mencioné las actividades (al jefe).
3. El mesero sirvió la cerveza (al grupo).
4. El director va a llamar (a Pepe y a mí) por teléfono.
5. Deben muchos favores (a los vecinos).
6. Voy a vender la televisión (a Margarita).
7. El profesor está explicando este ejercicio (a los estudiantes).
8. Escribí una carta (a mi amiga).
9. Queremos mostrar el vídeo (a nuestra familia).
10. Ella trajo los papeles (a su padre).

Repaso instantáneo: algunos verbos que usan el complemento indirecto

You know many, if not all, of these verbs already. They are listed here so you can see them in context with indirect objects.

ayudar *to help*	María nos **ayuda** con las tareas. Tú no puedes **ayudar**me con mi cálculo.
contar (ue) *to relate*	Ella me **cuenta** la historia de Quevedo. Les **contamos** que todo está bien.
dar *to give*	Le **damos** los papeles al profesor. ¿Tu amiga te **da** muchos regalos?
deber *to owe*	Mi hermana me **debe** veinte dólares. Ellos nos **deben** dos litros de leche.
decir *to say, tell*	Le **digo** las oraciones a mi padre. Ellos me **dicen** los números de los ejercicios.
enseñar *to teach*	El profesor Vives no me **enseña** filosofía. Les **enseñamos** los verbos a ellos.
escribir *to write*	Mi madre no me **escribe** mucho. ¿Te **escriben** tus amigas?
llamar *to call*	Les **llamo** por teléfono a ellas. Mi novio me **llama** a menudo.

mandar *to send*	Le voy a **mandar** una carta desde México.
	Les **mandan** tarjetas postales desde Guaymas.
mostrar (ue) *to show*	El vendedor me **muestra** el coche.
	Los estudiantes le **muestran** su trabajo al profesor.
ofrecer (-zco) *to offer, give*	Le **ofrecen** un regalo a mi amigo.
	Ellas me **ofrecen** mucho dinero por mi coche.
pagar *to pay*	En el restaurante, le **pagamos** al mesero.
	Cuando trabajas, te **pagan** bastante bien.
presentar *to introduce*	Mario, te **presento** a mi amigo Jorge.[1]
	Deseamos **presentar**te a nuestro hermano.
servir (i) *to serve*	El mesero nos **sirve** la comida.
	Les **servimos** unos refrescos a nuestros amigos.
vender *to sell*	La tienda estudiantil me **vende** libros a un buen precio.
	Marta quiere **vender**me su coche viejo.

B. Whereas the direct object pronoun substitutes for the real direct object (Vimos **la película/La** vimos), the indirect object pronoun works in an entirely different way. It can be used in *every* sentence where any indirect object is called for, *even if the real indirect object is present in the sentence.* When both the real indirect object and the pronoun are in the sentence, the pronoun has no translation in English.

Le dije **al profesor** que no podía ir a clase hoy.	*I told **the professor** that I couldn't go to class today.*
Les mencionamos **a nuestros amigos** la fecha del examen.	*We mentioned **to our friends** the date of the exam.*

The reason it is important to be aware of this common feature of Spanish, is that once you figure out that **le** (as in the first example above) must mean *him*, you might otherwise be confused when **al profesor** shows up.

The indirect object pronoun is not a true *substitute for* the real indirect object, but rather is a license that allows any kind of indirect object to be in the sentence.

Práctica oral

These sentences are not very Hispanic because they have a real indirect object but do not have the pronoun. Say them correctly, including the indicated pronoun.

---

[1]This is a confusing verb for English speakers because it seems to mean the opposite of what it does. **María, te presento a Juan** means that you are introducing Juan (with personal **a**) to María, and not the other way around.

MODELO   Mandé una carta a mis padres.
           Les mandé una carta a mis padres.

1. Ella sirvió vino a los invitados.
2. Yo leo un cuento a mi hermanita por las noches.
3. Debo a Alberto el dinero del periódico.
4. Contaron a los oyentes una historia fantástica.
5. José va a llamar a su novia para ir a la fiesta.
6. Dieron el premio a los ganadores.
7. Mandamos la tarjeta a Marta.
8. Ofrecí mi ayuda al director.
9. Estamos escribiendo una carta a las enfermeras del hospital.
10. Adela mostró su traje nuevo a su amiga.

C. As with the direct object, the indirect object frequently needs to be clarified or emphasized. For these purposes, supplementary pronouns are again used. They are the same as the set used for the direct objects.

Indirect Pronouns with Supplementary Pronouns

singular			plural		
me... **a mí**	*to me*		nos... **a nosotros,-as**	*to us*	
te... **a ti**	*to you*		os... **a vosotros,-as**	*to you*	
le... **a usted**	*to you*		les... **a ustedes**	*to you*	
le... **a él/ella**	*to him/her*		les... **a ellos/ellas**	*to them*	

Since **le** can refer to **a usted, a ella, a él,** and **les** to **a ustedes, a ellas, a ellos,** you often have to *clarify* which one you are talking to or about by using the supplementary pronoun.

Le mandé el regalo a usted; no **le** mandé el regalo **a ella.**
Le dije las reglas **a él** y no **a ella.**
Les escribimos las cartas **a ellos,** y no **a ustedes.**

You cannot *emphasize* the indirect object pronoun unless you use the supplementary pronouns.

¡Mi amigo no **me** da regalos **a mí**!
Yo nunca **le** dije una mentira **a él.**
No **nos** enseñó muchas lecciones **a nosotros.**

Práctica oral

Say these sentences and fill in the missing pronoun.

MODELO   El profesor nunca **nos** devolvió la tarea a nosotros.

1. _____ dije las palabras a ti.
2. _____ vendió el bolígrafo a ella.
3. _____ dieron el premio a vosotros.
4. _____ regalamos muchas cosas a ellos.
5. Su madre _____ repitió su promesa a él.
6. El jefe _____ dio el trabajo a ellos.
7. Mis amigas _____ mintieron.
8. Siempre _____ están diciendo las mismas cosas a él.
9. _____ di los cinco dólares a ellos.
10. _____ escribo todos los días a ella.

Dos a dos

Person A

1. ¿Le escribiste a Claudio Arrau?
2. ¿Me diste dos dólares?
3. ¿Le contaste lo que pasó al profesor?
4. ¿Me llamaste anoche por teléfono?
5. ¿Le ofreciste unas flores a tu madre?
6. ¿Le serviste café a tu amigo o a tu amiga?
7. ¿Le ayudaste a tu hermana?
8. ¿Me mandaste una carta desde México?

Person B

1. ¿Le enseñaste el español a tu hermano menor?
2. ¿Me diste cinco centavos?
3. ¿Te escribí yo varias cartas?
4. ¿Me mostraste tus exámenes viejos?
5. ¿Te dije las noticias de hoy?
6. ¿Le mandaste un regalo al profesor?
7. ¿Qué te vendió la tienda universitaria?
8. ¿Te ofrecí unos discos?

5. Dos pronombres juntos

A. In Spanish, as in English, we use both object pronouns together. In answering "Did you give the assignment to the professor?" we answer quite naturally with two pronouns, "Yes, I gave *it to him*." In Spanish, when the two pronouns are together, the indirect always goes first and the direct second. The second one always begins with **l-**.

La familia, una escultura-pintura de Marisol Escobar, artista venezolana.

¿El regalo? Sí, **me lo** dieron ya.

¿Los refrescos? Sí, **nos los** sirvió el mesero hace un rato.

¿La explicación? Sí, **te la** digo.

¿Las sandalias? No, no **nos las** devuelve el zapatero hasta mañana.

Práctica oral

Answer these questions, making sure to put the direct object into a pronoun as is normal. Use the familiar **te** instead of **le** when called for.

MODELO ¿Les dio el cocinero la mejor comida a ustedes?
Sí, nos la dio.

1. ¿Le ofrecieron un trabajo nuevo a usted?
2. ¿Les dieron una sorpresa agradable a ustedes?
3. ¿Me presentaron a todos sus amigos?
4. ¿Les exigieron el carnet de conducir (*driver's license*) a ustedes?
5. ¿Me puedes decir la respuesta?
6. ¿Te pagaron el interés?
7. ¿Me enviaste los zapatos?
8. ¿Nos van a mandar las notas a casa?
9. ¿Les trajeron la computadora a ustedes?
10. ¿Te prestó María su libro de español?

D. When you need to put together two pronouns that both begin with **l**-, the first one (which can only be **le** or **les**) always becomes **se**.[1]

le + lo
      = **se lo**
les + lo

le + los
      = **se los**
les + los

le + la
      = **se la**
les + la

le + las
      = **se las**
les + las

Les mostramos *las respuestas correctas.*
    Se (= les) **las** mostramos.
Le escribo *la carta.*
    Se (= le) **la** escribo.
Les enseñamos *las historias.*
    Se las enseñamos.
Le sirvo *el taco.*
    Se lo sirvo.

Práctica oral

Ejercicio uno. Replace the direct objects again, being careful of the ones that change to **se**.

MODELO   Martín le dice su opinión.
              Martín **se la** dice.

1. Juan le estaba enviando los chocolates a su amiga.
2. Le concedieron el perdón al ladrón.
3. Voy a decirle la verdad a Rosalía.
4. Me rompí la pierna.
5. José va a regalarles el caballo a sus hijos.
6. Tu madre no te dio el almuerzo esta mañana.
7. Les escribieron las cartas a sus amigas.
8. Me van a pagar los cien dólares.
9. Le dieron los billetes al conductor.
10. Me sirvieron el café sin azúcar.

Ejercicio dos. Put these ideas together to make ordinary sentences, making *all* objects into pronouns.

MODELO   Juan   escribir a mí la información
              Juan me la escribe.

---

[1]This **se** is in no way related to any other **se** in Spanish. It is just a peculiar phonetic evolution of **le(s)**.

1.	Margarita	decir	a ellos	las explicaciones
2.	Tomás	mandar	a mí	los discos
3.	Luisa	vender	a ti	su coche viejo
4.	Yo	mostrar	a ellas	la ciudad
5.	Ellos	dar	a nosotras	su televisión
6.	Jorge	pagar	al mesero	la cuenta
7.	Mis amigos	deber	a ellas	el dinero
8.	Ustedes	devolver	a él	el regalo
9.	Tú	ver	a ella	su suéter nuevo
10.	Alguien	traer	a vosotros	las sillas

C. Because **se** can refer to such a number of people (**a usted, a él, a ella, a ustedes, a ellos, a ellas**) you very frequently have to add supplementary pronouns to clarify whom **se** refers to:

> **Les** dijimos *las respuestas correctas* (a ustedes).
>   **Se las** dijimos a ustedes.
> **Le** mandé *la carta* (a ella).
>   **Se la** mandé a ella.
> **Les** explicamos *las preguntas* (a ellas).
>   **Se las** explicamos a ellas.
> **Le** mostré *el coche* (a él).
>   **Se lo** mostré a él.

Práctica oral

Add the intended emphasis shown by the words in parentheses.

MODELO   Se lo enseñamos. (él)
       Se lo enseñamos **a él**.

1. Se las vendemos. (ella)
2. Se lo deben. (usted)
3. Se los servimos. (ustedes)
4. Se las presentamos. (ellos)
5. Se lo trajeron. (ella)
6. Se la ofrecí. (él)

D. The two object pronouns can never be separated. That is, in examples such as the ones below, you cannot put one pronoun before the conjugated verb, and the second one after the infinitive. Both must go either before one or after the other. When both are attached to an infinitive, there is always an accent mark on the vowel of the infinitive's stressed vowel.

> **Me la** van a decir.
> Van a decír**mela**.

El profesor **te la** va a enseñar.

El profesor va a enseñár**tela**.

El mesero **se los** va a servir.

El mesero va a servír**selos**.

Práctica oral

Put the words in parentheses into pronouns. You can put them before the conjugated verb or after the infinitive.

MODELO Deseo escribir (la tarjeta a mi hermana)
Deseo **escribírsela**.

1. Vamos a enviar (los regalos a nuestro amigo)
2. Quiero decir (las explicaciones a mis padres)
3. Pensamos mandar (un paquete a Federico)
4. Mi padre está trayendo (la maleta a mí)
5. Mis amigos van a mostrar (su casa a ti)
6. El gobierno va a conceder (la beca principal a mi amiga)
7. Las personas estaban explicando (los sucesos al policía)
8. El profesor está enseñando (la gramática a sus estudiantes)
9. El mesero debe traer (la sopa a mí)
10. No pienso prestar (mi coche a ustedes)

Retrato del Rey Alfonso XIII de España presentado a Sorolla. "A Don Joaquín Sorolla, suponiendo que le guste el contraste de luz." Aun el rey se daba cuenta de lo característico de la obra de Sorolla.

6. Expresiones que usan el complemento indirecto

A. In English, something "makes you hungry." In Spanish, something "gives you hunger." You must use **dar** with the words governed by the **tener** expressions when something "makes you hungry, thirsty, hot, cold," etc.

> Normalmente no **tengo hambre** a las tres da la tarde, pero cuando pienso en la comida mexicana, **me da hambre**.
>
> ¿Qué **te da hambre** a ti? Un día de trabajo duro **me da mucha hambre**.
>
> Si mi amigo no **tiene sed** y me ve con un refresco, **le da sed**.
>
> ¿**Les da sed** cuando hace mucho calor? Sí, **nos da mucha sed**.
>
> Cuando no puedo dormir, leo una novela de George Sand que siempre **me da sueño**.
>
> ¿Qué libro **les da sueño**? Nuestro libro de cálculo **nos da mucho sueño**.

B. When you want to use **tener ganas de** but have no infinitive to put after **de**, you can use **darle la gana a uno**.

Somos buenos trabajadores cuando **nos da la gana**.	*We are good workers when we feel like it.*
¡Escribe la composición! No **me da la gana**.	*Write the composition! I don't feel like it.*

Práctica oral _.

Answer the questions following the model.

MODELO   ¿Tienes sed? (cuando hace calor)
No, no tengo sed; sólo me da sed cuando hace calor.

1. ¿Tienes sueño? (después de comer mucho)
2. ¿Tienes hambre? (después de bañarme)
3. ¿Tienes miedo? (cuando estoy solo)
4. ¿Tienes frío? (cuando no tengo un abrigo)
5. ¿Tienes calor? (cuando cierro las ventanas)
6. ¿Tienes ganas de trabajar? (cuando hago algo que me gusta)

C. Remember that in Spanish something "appeals to you," you never "*like*" anything. Whenever you want to say "I like it" say "It appeals to me." Please notice that the "it" of "It appeals to me" has no translation in Spanish. "It appeals" is **gusta**, just as "It is" is **es**. Because only "it" and "they" can appeal to you, the only forms you usually need of **gustar** are **gusta**, **gustan** and, of course, the infinitive itself.[1]

---

[1]Of course, if a *person* appeals to you, you can say "Me gustas" and if you want to find out if you are liked, you can always ask "¿Te gusto yo?"

When there is a real subject, and not just "it," the subject goes at the *end* of the sentence in the Hispanic syntactic tradition, making the word order come out the opposite of English:

Your car appeals to me.

Me gusta tu coche.

Those bicycles appeal to you.

Te gustan aquellas bicicletas.

Me gustó mucho tu motocicleta nueva.
Nos ha gustado siempre la comida chilena.
¿No le gustan mis pantalones nuevos?
Amigos, ¿les gusta cuando hace frío?
Federico, ¿te gustan las nuevas películas?

Infinitives are singular concepts, so if "to do something" appeals to you, you use the singular form **gusta** followed by an infinitive.

Nos gusta **ir** al centro los sábados.
Me gustaba mucho **jugar** al baloncesto.
Les gusta **ver** las funciones teatrales.
Te va a gustar mucho **cenar** en los restaurantes excelentes.

If you need to emphasize the person that the thing appeals to (It appeals *to me = I like it*), you need to use the supplementary pronouns (**a mí**, etc.) or the real indirect object. They are placed just before the pronoun. Similarly, if you use names instead of pronouns, these also go before the pronoun.

A mí me gustan las películas italianas.
¿A ti te gusta el pescado?
A ella le gustan los exámenes difíciles.
A nosotros nos gusta viajar, **a ellos** no.
A Margarita le gustan las enchiladas y los tacos.
A Francisco le gusta ir a París.

Práctica oral

Make sentences with the given elements following the model.

MODELO   a mis hermanos / gustar / el chocolate
        A mis hermanos les gusta el chocolate.

1. a mí / gustar / ir de vacaciones al Paraguay
2. a los niños / gustar / leer cuentos
3. a ti / no gustar / los Rolling Stones, ¿no?

4. a Alberto y a ti / no gustar / fumar cigarillos
5. a muchas personas / gustar / la música clásica
6. a mis amigos y a mí / gustar / bañarse en el mar
7. a muchos americanos / no gustar / el fútbol y el rugby
8. a mi amigo Eduardo / gustar / las chicas morenas
9. a algunos estudiantes / gustar / mucho estudiar
10. a ti / gustar / las canciones nuevas

D. There are other verbs that work like **gustar**.

1. Dolerle a uno (ue) *to hurt*

> Me dolían los pies. [1]
> ¿Te dolió la cabeza?
> A ellos, les duele la garganta hoy.

Other things that can hurt you include **el estómago** (*stomach*), **el hombro** (*shoulder*), **el brazo** (*arm*), **los oídos** (*ears*), **las piernas** (*legs*), **los dientes** (*teeth*).

2. Faltarle a uno *to lack, need* / **quedarle a uno** *to be left*

> ¡Me faltan diez dólares!
> Nos faltan sólo dos horas para terminar.
> Me quedan cinco minutos para explicártelo todo.
> Nos queda un dólar. ¿Cómo lo gastamos?

3. Importarle a uno *to be important, to matter*

> Nos importa la calidad de nuestro trabajo.
> Al profesor le importa mucho el progreso de sus estudiantes.
> A Marta le importan sus notas.

4. Interesarle a uno *to interest*

> A mí no me interesa la poesía, y a mi hermana no le interesan las ciencias.
> ¿Te interesa el trabajo que se anuncia en el periódico?

5. Parecerle a uno *to seem* (used in the singular only)

> ¿A ti no te parece que es hora de volver?
> Me parece que tu respuesta está bien.
> ¿Te parece que un viaje de siete semanas es demasiado?

---

[1] In English, we have to say whose tooth or whose stomach hurts: "*My* tooth hurts," "Does *your* stomach hurt?" In Spanish, the indirect object pronoun automatically tells you who is suffering, so the possessive ("my," "your") is not necessary. The feet in the sentence **Me duelen los pies** *The feet hurt me,* obviously have to be my own feet—whose else could hurt *me*?

6. **Caerle (bien) (mal) a uno** *to create a good/bad impression*

No me cae muy bien la actitud de José.

Nos caen mal las películas sangrientas.

¿Cómo te cae el nuevo asistente de álgebra?

7. **Irle (bien) (mal) a uno** *to go well/badly to/for one*

¿Cómo le va?

Todo me va muy bien.

A Alfredo le fue muy mal en el examen.

Práctica oral

Ejercicio uno. Choose the right expression and put it in the sentence in the correct form and with the right pronoun.

MODELO   Antonio fue al médico porque **le dolía** mucho el estómago.

doler   gustar   ir

1. Pepito fue a la policía cuando vio que _____ los documentos.

interesar   caer   faltar

2. ¿ _____ mucho el negocio que te ofreció Alberto?

caer   interesar   doler

3. A mí _____ que el arte de Sorolla es importante.

parecer   interesar   caer

4. A todos mis amigos _____ bien los hispanos.

importar   doler   caer

5. Al espectador no _____ el resultado final.

importar   caer   parecer

6. ¿Cómo _____ con vuestro coche nuevo?

ir   parecer   faltar

7. A nosotros _____ los pies porque caminamos mucho.

doler   interesar   caer

Dos a dos

Person A

1. ¿Cómo te va hoy?
2. ¿Te importan tus notas?
3. ¿Te parece que el español es más útil que el francés?
4. ¿Te interesa el fútbol?
5. ¿Te duele la cabeza ahora?
6. ¿Te gustan mis zapatos?
7. ¿Te faltan cinco dólares?

Person B

1. ¿Cómo te va hoy?
2. ¿Qué te parecen los coches nuevos?
3. ¿Te interesan las clases avanzadas de español?
4. ¿Te importan tus hermanos?
5. ¿Te caen bien las películas populares?
6. ¿Te duelen los pies?
7. ¿Te gusta la música clásica?

LECTURA CULTURAL

Sorolla habla de su obra

Al ver la obra de Sorolla mucha gente cree que no pinta lo español. Es verdad que Sorolla nunca pintó ni a personas tocando la guitarra ni a gitanos. "Dicen que no pinto a España", Sorolla dijo una vez hablando de unos críticos franceses, "porque no pinté a una duquesa abrazando a un matador. Aquella España, la España de Théophile Gautier, ya no existe".[1]

A principios del siglo veinte había cuatro maestros españoles de la pintura: Ignacio Zuloaga, Gonzalo Bilbao, Hernán Anglada y Joaquín Sorolla. De los cuatro, Sorolla es el más enteramente nacionalista porque él es el más realista. No se ocupa de la psicología ni de la filosofía, y, como Velázquez y Goya, la base de su arte es el realismo absoluto. "Yo pinto los cuadros," decía Sorolla, "los demás me los explican."

La obra de Sorolla está caracterizada por tres grandes cualidades: la pintura, el dibujo y el uso de color. Su dibujo es una maravilla de simplicidad. "Con el paso del tiempo", dijo Sorolla del dibujo, "me doy cuenta de que el dibujo es lo más importante[2] cuando se pinta

---

[1] Théophile Gautier was a French poet, born near the Spanish border in 1811. He spent six months in Spain in 1840, and in 1845 published his memories of that trip in his book *España* (written in French). The French critics who knew that book would have naturally expected to see what Gautier wrote about!

[2] **lo más importante** *the most important thing*

cuadros. Si se usa tres mil pinceladas, o diez pinceladas, cuando se pinta un hombro, poco importa. Lo más importante es que el hombro sea sólido y bien construido".

"La gran dificultad con los lienzos grandes es que éstos deben ser pintados con la misma rapidez que un apunte. Sólo por medio de la rapidez se puede obtener la apariencia de un efecto pasajero. Pero no se puede pintar un cuadro de tres metros con la misma rapidez con que se hace un apunte". Pero esto no significa que siempre tiene grandes éxitos cuando se trabaja con mayor rapidez. "Dos veces en la vida, por un feliz accidente, se puede lograr pintar una nariz de una pincelada sola. Las cosas bien hechas, y con esta sencillez dan un efecto maravilloso. Pero sería gran tontería pasar el resto de tu vida tratando de pintar narices con una pincelada sola, porque sería imposible hacer adrede una cosa que se hizo por accidente. Cuando un artista comienza a contar las pinceladas en vez de prestar atención a la naturaleza, ya estará perdido. Esta preocupación por la técnica, a costa de la verdad y la sinceridad, es el defecto principal que veo en mucha de la obra de los pintores modernos".

Lo misterioso es cómo pinta con tanta rapidez. Una vez, a las cinco de la tarde, Sorolla vio entrar en el agua a dos muchachas y un muchacho. En quince minutos Sorolla había pintado a estas tres figuras resplandecientes en el sol de tarde. Un alumno de Sorolla que lo había visto pintar el cuadro le dijo a otro: "¿Crees que jamás podrás pintar así"? Y sin esperar la respuesta dijo: "¡No podrás, no podré, nadie podrá! El mismo no sabe cómo lo hace. El pinta de la misma manera que una vaca come".

Pero Sorolla dijo: "Yo no podría pintar si tuviera que pintar lentamente. Todo efecto es tan pasajero que tiene que ser pintado con toda rapidez." El nunca arreglaba el cuadro final en su mente—era como leer una novela: tenía que esperar hasta terminarla para saber cómo saldría.

Una de las críticas que hizo de una obra de sus alumnos fue ésta: "Este cuadro tiene la apariencia de ser todo arreglado de antemano. Tienes que entrar en la naturaleza sin ideas fijas del cuadro final. No debes saber cómo saldrá el cuadro hasta que se termine". Una vez una compañía alemana quería comprar el apunte de uno de sus grandes cuadros. "No hay ninguno", dijo Sorolla. Siempre copió directamente de la naturaleza.

¿La contribución de los impresionistas al arte moderno? "La mayor gloria de los viejos maestros es el dibujo y la representación. Para mí, su uso del color es muy convencional. Las sombras de marrón chocolate que pintaban en las mejillas, por ejemplo, simplemente no existe. Con todas sus inmoderaciones, el movimiento impresionista moderno nos ha dado un descubrimiento: el color violeta. Es el único descubrimiento en el mundo del arte desde Velázquez".

Si Sorolla logró ser uno de los inmortales del arte mundial, fue por su uso de la luz de sol. "En la realidad, es imposible pintar la luz del sol, lo único que se puede hacer es aproximarla". Y en muchos de sus cuadros parece haber hecho lo imposible. Se daba cuenta de que el color de la luz del sol cambia según la hora del día. Cuando se pone el sol, su color es más rojizo que a medio-día, y se ve esto en sus cuadros pintados por la tarde.

La esfera de interés de Sorolla es muy extensa. Pinta de todo—niños desnudos bañándose en el mar, barcas pescadoras en el mar, la playa de Valencia (en efecto, pintó centenares de cuadros del mar), retratos de su familia, retratos de personas famosas (desde los reyes de España, hasta eruditos y autores), monumentos (murallas, puentes, conventos, castillos), paisajes (montañas, ríos, bosques, parques), trajes y tipos de España (como la "Visión de España" en la Hispanic Society of America[1]). Una vez, se detuvo Sorolla ante un montón de estiércol cubierto de paja, brillando en la luz de la mañana.

---

[1]The "Visión de España" was a commission that the Hispanic Society in New York gave to Sorolla, to illustrate all regions and peoples of Spain. It took him eight years to complete the project, 1912–1920.

"¡Estupendo, colosal, magnífico!" dijo el maestro, "¡Voy a pintarlo!"

Sorolla fue un pintor del optimismo. No se ve en sus cuadros el dolor de la vejez, la enfermedad o la muerte—la única excepción es un cuadro que pintó un día en el que vinieron a la playa en que Sorolla estaba los muchachos de un asilo para huérfanos incapacitados—cojos (algunos con muletas), ciegos, idiotas—todos desnudos, pero contentísimos de estar en la playa. Se llamaba "Triste herencia". "Fue el único cuadro triste que haya pintado yo. Sufrí mucho. No volveré nunca a hacer otro tal".[1]

Preguntas sobre la lectura

1. ¿Puede ser Sorolla un pintor español sin pintar ni a gitanos ni a matadores?
2. ¿Era filosófico Sorolla? ¿Qué tiene en común con Velázquez?
3. ¿Le importa a Sorolla cuántos pinceladas usa? ¿Cómo pinta rápidamente?
4. ¿Cuál es el gran problema cuando Sorolla pinta un cuadro grande?
5. ¿Cuáles son los consejos más importantes de Sorolla a los artistas jóvenes?
6. ¿Sabía Sorolla de verdad cómo pintaba?
7. ¿Descubrió Velázquez el color violeta? ¿Quiénes lo descubrieron?
8. ¿Pintaba Sorolla bien la luz del sol?
9. ¿Cuántos pintores pintaron con entusiasmo un montón de estiércol?
10. Sorolla dice que pintó sólo un cuadro triste, pero en realidad ¿cuántos cuadros tristes de él puede usted nombrar?

[1]"Triste herencia" won two grand prizes for him in expositions in Paris and Madrid. He took it with him for his New York show, and put it at the very end. It was catalogue number 350 of 350 paintings that he showed (and sold) there. It is shown in the drawing that begins this reading.

Un apunte de Sorolla.

Vocabulario de la lectura

abrazar *to embrace*
adrede *on purpose*
apariencia *appearance*
apunte m. *sketch (pencil or oils)*
bañarse *to swim in the ocean*
bosque f. *forest*
brillar *to shine*
castillo *castle*
centenar m. *a hundred*
cojo *lame*
descubrimiento *discovery*
desnudo *naked*
dolor m. *pain*
duquesa *duchess*
enfermedad *sickness*
erudito *scholar*
esfuerzo *effort*
estiércol m. *manure*
fijo *fixed*
hasta *until*
herencia *heritage*
hombro *shoulder*
incapacitado *handicapped*
inmoderación *excess*
jamás *ever*
maestro *master*
mayor *greatest*

mejilla *cheek*
mover *to move*
muerte f. *death*
muleta *crutch*
muralla *city walls*
nacionalista *nationalistic*
nariz f. *nose*
paja *straw*
pasajero *fleeting*
pincelada *brushstroke*
pintura *painting*
ponerse *to set (sun)*
puente m. *bridge*
rapidez f. *speed*
representación *characterization*
resplandeciente *shining*
rojizo *reddish*
según *according to*
sencillez f. *simplicity*
sufrir f. *suffer*
tanto *so much*
tipo *type*
tontería *foolishness*
traje m. *outfit*
vaca *cow*
vejez f. *old age*

Estudio de expresiones

1. **a costa de** *at the expense of*

   La preocupación por la técnica, **a costa de** la verdad es el defecto principal de los pintores modernos.

   Hizo "La visión de España" **a costa de** su salud.

2. **asilo para huérfanos** *orphanage*

   Los niños incapacitados venían del **asilo para huérfanos.**

3. **de antemano** *beforehand*

   Sorolla no sabía nunca **de antemano** cómo saldrían sus cuadros.

   El profesor nos dijo **de antemano** los capítulos que había que estudiar.

La Iglesia de la Sagrada
Familia (Barcelona) de
Antonio Gaudí,
aquitecto audaz
español. La iglesia está
sin acabar.

4. desde... hasta *from... to*

> Pintaba **desde** reyes **hasta** eruditos.
> Fui **desde** Madrid **hasta** Valencia.

5. los demás *the rest*

> Sorolla pintaba; **los demás** le explicaban el significado.
> Había tres pintores excelentes; **los demás** no eran buenos.

6. otro tal *another one like it*

> Sorolla nunca pintó **otro tal**.
> *Don Quixote* es único; no hay **otro tal**.

Práctica de vocabulario

Ejercicio uno. Find synonyms for the words listed below in the vocabulary.

1. lo opuesto a *juventud*
2. nadar en el océano
3. cambiar de un lugar a otro
4. parte de la cara
5. una persona que no anda bien
6. lo que se usa para pintar
7. sin ropa
8. donde vivían los reyes en la Edad Media
9. nunca
10. lo opuesto a *lento*

Ejercicio dos. Say the entire sentences in Spanish.

1. Camino todos los días (*from*) mi casa (*to*) la universidad.
2. Mi madre sabía (*beforehand*) lo que iba a suceder.
3. Mi novio pasó su infancia en un (*orphanage*).

4. Este libro es muy bueno; nunca había leído (*another one like it*).
5. Juana y yo fuimos al cine; (*the rest*) no quisieron ir.
6. Conseguiste el empleo (*at the expense of*) los otros.

RECAPITULACIÓN

Cuestionario doble

Person A

1. ¿Al estudiante típico le gusta la música clásica? ¿A ti qué tipo de música te gusta?
2. ¿A los mexicanos les gusta el fútbol americano? ¿A ti te gusta el fútbol europeo?
3. ¿Te duele la cabeza cuando estudias? ¿Te duele el estómago cuando tomas un examen?
4. ¿Te importa escribir bien? ¿Qué te importa más que escribir bien?
5. ¿Te parece que el español es fácil? ¿Qué te parece el cálculo?
6. ¿Que les importa más a los estudiantes—las notas o la educación?
7. ¿Cómo te fue en el último examen? ¿Cómo te va normalmente en los exámenes?

Person B

1. ¿Al estudiante le gustan más las películas o las novelas?
2. ¿A los españoles les gusta el café americano? ¿A ti te gusta el café europeo?
3. ¿A ti te duele la mano cuando escribes mucho? ¿Te duele la mano ahora?
4. ¿Cuántos créditos te faltan para graduarte? ¿Te faltan más clases de matemáticas?
5. ¿Te interesan el francés y el italiano? ¿Te interesa la biología? ¿Qué le interesa al estudiante típico?
6. ¿Te importa más conocer nuestro país que los otros países del mundo?
7. ¿Qué te parece nuestra universidad en comparación con la de _____ ? ¿Qué te parecen los estudiantes de aquí?

Escenario

This **escenario** recalls Sorolla's doubtful academic training. It can be done with selected students at their seats in the classroom. One student plays the instructor and two or three students are passing around a note, or something; the instructor, noticing the paper circulating, demands to see it.

Temas de redacción

1. Usando la información de las lecturas, escriba la historia de la juventud de Sorolla.
2. Escriba una conferencia (*speech*) en que Sorolla explica su arte a unos estudiantes de bellas artes.

LECCIÓN 6

Un gato llamado Offenbach

ALGO VIEJO Y ALGO NUEVO

1. El subjuntivo con los verbos de comunicación

Armed with your knowledge of the indirect object from the last lesson, the use of the subjunctive with verbs of communication will be easier to grasp for you.

A. A verb of communication is simply a verb that requires words to do its action. *Tell*, *write*, *beg*, *telegraph*, *advise*, and *ask* are verbs of communication because they all require words to carry out their action. You cannot *telegraph* or *ask* without words.

The grammatical difference between a verb of desire and a verb of communication is this: a verb of desire requires only a direct object (what you want), but a verb of communication requires a direct object (what you communicate) and an indirect object (to whom you are communicating)—after all, there can be no communication unless *someone* receives the words. Here are examples to illustrate the grammatical differences.

Verb of Desire	What you desire (direct object)
Quiero	un perro.
Deseamos	unas clases excelentes.
Necesitaban	un coche nuevo.
Quieren	que lleguemos nosotros a tiempo.

Isabel Allende (centro)
en Madrid, 1983, el día
del décimo aniversario
del derribo de su tío
Salvador, presidente
marxista chileno. Isabel
se ha hecho novelista.

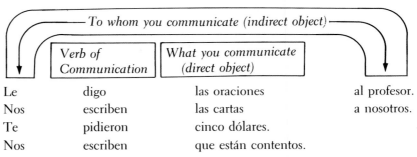

	Verb of Communication	*What you communicate (direct object)*	
Le	digo	las oraciones	al profesor.
Nos	escriben	las cartas	a nosotros.
Te	pidieron	cinco dólares.	
Nos	escriben	que están contentos.	

B. Verbs of communication govern the subjunctive in the same way as verbs of desire do, and for the same reason. If you *say* that you want something done, that is also your *wish*. To communicate your wish, you obviously have to relate it *to someone*. What this usually means is that the subject of the subjunctive verb becomes the indirect object of the verb of communication.[1] It does sound complicated, but if you study the examples and watch what happens to **Juanita**, **Alicia**, and **ellos** it should become quite clear.

> *Desire*: Quiero que lo haga **Juanita**.
> *Communication*: **Le** digo **a Juanita** que lo haga.
> *Desire*: Preferías que no se fuera **Alicia**.
> *Communication*: **Le** dijeron **a Alicia** que no se fuera.
> *Desire*: Insistimos en que nos ayuden **ellos**.
> *Communication*: **Les** pedimos **a ellos** que nos ayudan.

Going one step further, in the examples below *no* subject is expressed with the subjunctive verb following the verb of desire. When the same sentence is related with a verb of communication, only the indirect object pronoun is necessary.

[1] Of course it is possible to tell someone what *someone else* should do, in which case the subjunctive verb would have to have a *different* subject from the indirect object. "**Te** digo que venga **tu hermano** a la fiesta también".

Desire: Necesito que me lo expliques.
Communication: **Te** digo que me lo expliques.
Desire: El profesor prefiere que estudie**mos**.
Communication: El profesor **nos** dice que estudiemos.
Desire: Insistí en que asistieran a la función.
Communication: **Les** pedí que asistieran a la función.

Repaso instantáneo: verbos que exigen el complemento indirecto

You probably already know most of these verbs requiring an indirect object.
Most of them are verbs of communication.

aconsejar *to advise*	Te **aconsejo** que leas tres capítulos esta noche.
	Me **aconsejaron** que no subiera la escalera.
decir *to tell*	Nos **dijeron** que oyéramos el concierto.
	Les **digo** que vengan mañana también.
dejar *to allow*	No te **dejo** que lo hagas.
	Nos **dejaron** que entráramos un poco antes.
escribir *to write*	Nos **escriben** que volvamos en tres semanas.
	Mi padre me **escribió** que estudiara mucho.
impedir *to prevent*	El policía nos **impide** que salgamos.
	Ellos te **impidieron** que lo trajeras contigo.
invitar a *to invite*	Me **invitan a** que vaya a su fiesta.
	Nos **invitaron a** que jugáramos con ellos.
mandar *to command*	Te **mandé** que lo hicieras.
	Nos **mandan** que nos vayamos.
pedir *to ask*	Le **pido** a ella que almuerce conmigo.
	Les **pedimos** que construyeran una casa grande.
permitir *to permit*	No me **permitió** que le contara lo que pasó.
	Le **permiten** que lo devuelva mañana.
proponer *to propose*	Te **propongo** que viajes a España sola.
	Nos **propusieron** que lo hiciéramos para hoy.
recomendar (ie) *to recommend*	Te **recomiendo** que no escribas tal carta.
	Les **recomendaron** que trabajaran en el verano.
rogar (ue) *to beg*	Me **rogaron** que se lo diera.
	Te **ruego** que me digas la verdad y nada más.
sugerir (ie) *to suggest*	Nos **sugiere** que comamos pocas patatas.
	Me **sugirieron** que lo trajera conmigo.

Gabriela Mistral, poeta chilena, lee de su obra en la Library of Congress norteamericana. Ganó el Premio Nobel en 1945—el primer premio Nobel de Literatura de Latinoamérica.

B. As you know, some verbs of communication can be used just as easily to report what is going on as to express a wish. When you report what is going on, you need the indicative, of course.

Me **escribiste** que tus padres estaban en México.

Nos **dijeron** que sus hijos iban a vernos en el verano.

Práctica oral

Ejercicio uno. Make these elements into good Spanish sentences. Follow the model—the subject of the subjunctive verb will become the indirect object of the verb of communication.

MODELO   Felipe aconseja / José ve la película nueva.
Felipe le aconseja que vaya al cine.

1. Mi padre aconseja / mi hermana no sale por la noche.
2. Los médicos recomiendan / los pacientes descansan.
3. Las cortinas impiden / el sol entra en la casa.

4. Mi consejero sugiere / yo hago el curso de idiomas ahora.
5. Ellos invitan a / nosotros tomamos una cerveza con ellos.
6. Su madre manda / ellos sacan el perro de paseo.
7. Yo aconsejo / tú coges el autobús porque está lejos.
8. Los vecinos dejan / yo guardo mi coche en su garaje.
9. Ellos proponen / nosotros vamos de vacaciones con ellos.
10. ¡Yo digo / tú no me molestas cuando estoy trabajando!

Ejercicio dos. Use the suggested verb of communication instead of the verb of desire and make other necessary changes.

MODELO   Quiero que venga mi hermano. (pedir)
           Le pido a mi hermano que venga.

1. Necesitan que tú los llames. (proponer)
2. Ellos desean que tú los acompañes a la recepción. (rogar)
3. Prefiero que los niños se queden en casa. (aconsejar)
4. Queremos que ustedes nos digan la fórmula. (recomendar)
5. Mis padres desean que mis hermanos limpien la casa. (ordenar)
6. El profesor desea que yo tome el examen otra vez. (permitir)
7. Quiero que Carmen haga lo que le digo. (mandar)
8. Necesitamos que los policías nos protejan. (pedir)
9. Ella quiere que ustedes vayan a recogerla. (escribir)
10. Prefieren que ustedes hagan los contratos. (dejar)

Gabriel García Márquez, novelista colombiano y ganador del Premio Nobel en 1982. Autor de *Cien años de soledad*.

Ejercicio tres. Answer these questions using the information in parentheses. Be careful of the tenses.

MODELO   ¿Qué te manda tu madre que hagas? (ir a la tienda)
Me manda que vaya a la tienda.

1. ¿Qué les dijo tu padre? (estudiar más)
2. ¿Qué me sugieres? (comprar el vestido amarillo)
3. ¿Qué le aconsejó el médico? (dejar de fumar)
4. ¿Qué te rogó José que hicieras? (ayudarle con su proyecto)
5. ¿Qué nos dijo el Presidente? (consumir menos electricidad)
6. ¿Qué les escribieron a sus amigos? (visitarles en el verano)
7. ¿Qué nos pidieron en la oficina? (devolver los formularios)
8. ¿Qué les aconsejan los policías? (conducir borrachos)
9. ¿Qué le propones que haga? (ir a hablar con el jefe)
10. ¿Qué me aconsejas? (hacer ejercicio físico y comer verduras)

Dos a dos _____

Ask your neighbor for advice following the model.

MODELO   ¿Debo ir al teatro?
Sí, te aconsejo que vayas al teatro.

Person A

1. ¿Debo tomar cinco litros de cerveza?
2. ¿Debo dormirme a las nueve de la noche?
3. ¿Debo ver una película antes del examen final?
4. ¿Debo comer en clase?
5. ¿Debo viajar a México este año?
6. ¿Debo comprar un perro?
7. ¿Debo estudiar cálculo?
8. ¿Debo trabajar en Nueva York durante el verano?
9. ¿Debo cantar ahora?
10. ¿Debo comprar novelas en español?

Person B

1. ¿Debo estudiar alemán?
2. ¿Debo mentir al profesor?
3. ¿Debo jugar al tenis?
4. ¿Debo salir de aquí temprano?

5. ¿Debo oír las noticias en el radio?
6. ¿Debo aprender a tocar el piano?
7. ¿Debo decir siempre mi opinión?
8. ¿Debo pensar mucho en mi futuro?
9. ¿Debo escuchar música hispana?
10. ¿Debo comer un kilo de chocolate?

LECTURA CULTURAL

La vida de Guillermo Cabrera Infante en sus propias palabras

Guillermo Cabrera Infante is a Cuban-born novelist who has written a number of remarkable books. His most famous novel is Tres tristes tigres *(itself a Spanish tongue twister). A careful reader named David Gallagher has said about that novel that it is "maybe the most original work of fiction to have been written in Latin America, and also the funniest. . . one of the most inventive novels that has come out of Latin America, and that is saying a great deal."*

Nace Cabrera Infante en el este de Cuba a fines de abril de 1929 de padres comunistas. Sus padres le dotan a la criatura "con suficientes anticuerpos comunistas como para estar efectivamente vacunado de por vida contra el sarampión revolucionario".

A los veintinueve días, Cabrera Infante va al cine por vez primera, donde presencia (sin entender nada) *Los cuatro jinetes del Apocalipsis.*[1] El cine más tarde va a ejercer gran influencia en su vida.

A los cuatro años, el joven Guillermo "interrumpe su educación para ir al Kindergarten. Odia la experiencia tanto, que se enferma violentamente y no podrá asistir a la escuela más por dos años".

Teniendo Cabrera Infante doce años, toda la familia va a La Habana, donde su padre busca trabajo. "Deja atrás una niñez pobre, pero feliz (una familia grande en una casa grande, amigos, todas clases de *pets,*[2] el campo abierto) para encontrar una igualmente pobre, pero infeliz adolescencia. Al mismo tiempo se embarca en su más grande aventura: la vida en una gran ciudad".

"Ansioso de leer las revistas americanas que le regala una vecina bondadosa", a los diecisiete años "comienza a estudiar inglés por las noches". Dos años más tarde, "un notable profesor—snob y mal actor, pero con las aulas siempre llenas—lo infecta sin querer con un virus literario. . . . Se vuelve un lector ávido y mientras su interés en la literatura crece, el estudiante holgazán se vuelve indiferente hacia las otras asignaturas. Finalmente, la literatura le gana a todo—incluyendo el béisbol".

Cuando tiene dieciocho años, Cabrera Infante lee *El señor Presidente,*[3] lo que le incita a murmurar " 'Yo soy escritor también,' " y "para probarlo escribe en imitación un cuento terriblemente mediocre—que, para su asombro, es publicado por *Bohemia,* entonces uno de los principales magazines de América Latina—".

---

[1]*The Four Horsemen of the Apocalypse,* based on the novel by Vicente Blasco-Ibáñez.

[2]Cabrera Infante uses whatever he thinks to be the best linguistic resource, from whatever language. "Animal domesticado" seems to him to be both too long and too vague, whereas *pet* hits the nail on the head. The same with *pun* for which there is no equivalent Spanish word.

[3]A novel written by Miguel Angel Asturias of Guatemala.

Esto es el comienzo de su carrera de escritor/periodista: "lo que comenzó como un pasatiempo se vuelve afición, luego hábito, más tarde obsesión".

Quiere ser médico, pero una visita a la Facultad Médica le quita este deseo: "Fin de una carrera que nunca empezó".

A los veintiún años, Cabrera Infante ingresa en la Escuela Nacional de Periodismo. A los veintitrés años "publica un cuento corto en *Bohemia* que contiene 'English profanities', con resultados desastrosos. Es encarcelado, multado y forzado a dejar la Escuela de Periodismo por dos años", y tampoco puede usar su propio nombre cuando escribe. Pero, "uniendo la primera sílaba de su primer apellido con la primera sílaba de su segundo apellido surge Caín", y escribe muchas veces usando este nombre, incluso una serie de artículos importantes sobre el cine "que se hace notoria en Cuba y en el área del Caribe".

En el año 1958, "conoce a Miriam Gómez, una joven actriz que hace su début en *Orpheus Descending* de Tennessee Williams" con quien se casa en 1961. "Comienza a escribir *Ella cantaba boleros*. . . Eventualmente la novelita se convertirá en *Tres tristes tigres*". Pasa los años de 1962 a 1966 en Bélgica y España, habiendo ya terminado *Tres tristes tigres*, libro que gana premios pero no se publica a causa de la censura en España. Escribiendo guiones (más o menos malos) de cine, se muda a Londres y en el año 1967 se establece en South Kensington, consigue un gato que se llama Offenbach, y se publica finalmente *Tres tristes tigres*.

En los años sesenta y nueve y setenta prepara el guión para una película en inglés que se llama *Vanishing Point*, que llegó a ser un *cult film* de importancia. Usó el seudónimo G. Caín para esta película. En el año setenta y nueve publica *La Habana para un Infante Defunto* (recordando paródicamente el título de la música de Ravel *Pavane pour une infante défunte*[1]), que llega a tener gran éxito. En el año ochenta y seis publica un libro en inglés, *Holy Smoke*, que da una historia de los puros. Ahora está terminando su novela más larga, *Cuerpos divinos*, que se comenzó en el año setenta.

Preguntas sobre la lectura

1. ¿Tiene Cabrera Infante la misma visión política que sus padres?
2. ¿Es muy contagioso el sarampión revolucionario?
3. ¿Cómo fue la primera experiencia de Cabrera Infante con la educación formal?
4. ¿Dónde pasó Cabrera Infante su adolescencia?
5. ¿Por qué estudió Cabrera Infante el inglés?
6. Cuando dice que un profesor "lo infecta sin querer" con un virus literario, ¿quién *no quería*, el profesor o Cabrera Infante?
7. ¿Era buen estudiante en todas las asignaturas Cabrera Infante?
8. ¿Siempre quería ser escritor Cabrera Infante?
9. ¿Por qué usaba el seudónimo "G. Caín"?
10. ¿Por qué nadie leía *Tres tristes tigres* inmediatamente después de ganar los premios literarios?

[1]*Pavane for a Dead Princess*

Guillermo Cabrera
Infante.

Vocabulario de la lectura

afición *hobby*
anticuerpos *antibodies*
apellido *last name*
asignatura *course*
asistir a *to attend*
asombro *astonishment*
atrás *behind*
aula *classroom*
bondadoso *generous*
conseguir (i) *to obtain*
corto *short*
criatura *baby*
desastroso *disastrous*
dotar *to endow*
ejercer *to exert*
embarcarse *to embark on*
encarcelado *put in jail*
enfermarse *to get sick*
ganar a *to conquer*
holgazán *lazy*
interrumpir *to interrupt*
ingresar *to enroll*
más, no — *not anymore*

mudarse *to change residence*
multado *fined*
niñez f. *childhood*
odiar *to hate*
parodicamente *as a parody*
pasatiempo *pastime*
periodismo *journalism*
presenciar *to witness*
probar (ue) *to prove*
puro *cigar*
quitar *to take away*
regalar *to give*
resultado *result*
revista *magazine*
sarampión m. *measles*
seudónimo *pen name*
surgir *to come out*
tanto *so much*
unir *to join*
vacunado *vaccinated*
vida, por — *lifetime*
volverse (ue) *to suddenly become*

2. Duda con el subjuntivo

A. When you doubt (or deny) an action, in your mind that action is not going on. Since you use the subjunctive for actions that are not taking place, this use of the subjunctive makes sense. When you doubt something using the present subjunctive, it can refer to the future, too: "**Dudo** que **vengan** mañana."

Here is a review list—with some new ones added—of verbs and expressions that show doubt and denial.

dudar *to doubt*	Yo **dudaba** que se **conocieran** ellos. **Dudamos** que ella **estudie** ahora.
negar (ie) *to deny*	**Niego** que **sea** verdad. **Negábamos** que el asistente **entendiera** nuestra idea.
no creer *not to believe*	Tú **no creías** que yo **pudiera** cantar. **No creemos** que se **vayan**.
no imaginarse *not to imagine*	Ellos **no se imaginan** que se **pueda** ir a Plutón en un cohete. El profesor **no se imaginaba** que **supiéramos** tan bien la lección.
no estar seguro,-a *to be not sure*	Yo **no estaba seguro** que **volvieran** ellos a tiempo. **No estaban seguras** que **tuviéramos** razón.
no (me, te) parece *it doesn't seem (to me, to you)*	**No parece** bien que no se **queden** en casa. **No nos parece** que se **cocine** bien aquí. ¿**No te parece** que la película **sea** interesante?
es dudoso *it's doubtful*	**Era dudoso** que el cartero **volviera**. **Es dudoso** que te **paguen** hoy.
no es cierto *it's not certain*	**No es cierto** que mi hermana **esté** aquí. **No era cierto** que ellos me **vieran** en el parque.
no es que *it's not that*	**No es que** su trabajo **sea** malo. . . **No era que** no me **gustara** la función. . .
es imposible[1] *it's impossible*	**Era imposible** que lo **supieran**. **Es imposible** que tú no **vayas** a la fiesta.
(no) es probable *it's probable*	**Es probable** que Juan **estudie** ahora. **No era probable** que **quisieran** decírnoslo.
(no) es posible *it's possible*	**No es posible** que **tengamos frío** en julio. **Era posible** que le **gustara** mi trabajo.
(no) puede ser *it can't be*	**No puede ser** que Mick Jagger **asista** a nuestra universidad.
el hecho de que *the fact that*[2]	**El hecho de que** el mundo **sea** redondo. . . **El hecho de que** Juanita no **esté** aquí. . .

[1]This expression does not show doubt, nonetheless it requires the subjunctive.

[2]This expression would seem a sure candidate for the indicative, but somehow it expresses doubt. It is often shortened to **el que**.

Práctica oral _____

Rework the sentences to include the words in parentheses.

MODELO   Yo juego al tenis mañana. (no es cierto)
         No es cierto **que** yo **juegue** al tenis mañana.

1. Mi padre regresa hoy. (no estoy segura)
2. Ella consigue el trabajo de intérprete. (dudo)
3. Angel corre veinte millas al día. (es imposible)
4. No le llamaron por teléfono. (no le pareció bien)
5. Mi novio fue capaz de mentir. (nunca creí)
6. Vamos a la escuela de medicina en Harvard. (es probable)
7. No tengo más dinero. (no puede ser)
8. Eduardo Mendoza ganó el Premio Nobel de Literatura. (no era cierto)
9. Su trabajo no era malo. (no era que)
10. Es una buena idea. (no me parece)

B. If you remove doubt (by making some of the positive expressions above negative, and vice versa), the subjunctive will naturally not be possible.

> **No dudo** que el asistente **está** aquí hoy.
> **Creíamos** que **venían** ellos.
> Margarita **está segura** que **tienen** razón.
> Me **parece** que **saben** nadar bien.
> **No era dudoso** que le **gustaban** las novelas antiguas.
> **Era cierto** que **llegó** a tiempo.

Práctica oral _____

Make these sentences negative if positive, and vice versa. Note the effect it may have on the second verb.

MODELO   Creía que tu madre jugaba al tenis.
         No creía que tu madre **jugara** al tenis.

1. Yo no dudaba que ellos lo sabían.
2. Rodolfo se imaginaba que tú tenías veinte años.
3. Creemos que van a sacar una A en el examen.
4. Me parece que es un asunto muy importante.
5. Está seguro de que todo se resolverá.
6. Creemos que ellos son muy buenos en español.
7. No dudábamos que María bebió la leche.

Mario Vargas Llosa, novelista peruana, autor de *La ciudad y los perros*, recibe el Premio Hemingway en París.

8. Les parece que la conferencia es a las ocho.
9. Creí que Antonio era tu mejor amigo.
10. Estamos seguros de que él va a ganar al partido.

C. The expressions meaning *perhaps* usually take the subjunctive, but the indicative can be used, too, if you are quite sure about the action.

tal vez	*perhaps*	**Tal vez vengan** hoy. (You're not too sure.)
		Tal vez vienen en cinco minutos. (You're pretty sure.)
quizás	*perhaps*	**Quizás** yo **tenga** veinte dólares. (You're not sure.)
		Quizás yo **tengo** veinte dólares. (You know you have *some* money and maybe even that much.)

Práctica oral

Follow the model and answer these questions.

MODELO   ¿Cuando juega usted al baloncesto?
          Tal vez juegue hoy o tal vez mañana.

1. ¿Estudia usted la astronomía hoy?
2. ¿Con quién vas a Nueva York?
3. ¿Cuándo te compras un coche nuevo?
4. ¿Sales esta noche con tus amigos?
5. ¿Vas a escuchar las noticias hoy?

---

3. Emoción con el subjuntivo

A. You also use the subjunctive when you show *emotion* towards an action. If you are sad, glad, or mad about something that is happening, or if you hope, fear, or think it ridiculous that something *will* happen, you must report that action in the subjunctive.[1]

alegrarse de *to be glad*	Ellas **se alegran de** que **tengamos** éxito.
	Me alegro de que **vuelvan** mañana.
asombrarse de *to be astonished*	¿**Te asombras de** que **sepa** yo su edad?
	Nos asombramos de que el Presidente **esté** enfermo.
esperar *to hope*	**Esperábamos** que **se divirtieran** ustedes.
	Esperas que María no **se equivoque**.
estar contento (de) *to be happy*	Yo **estaba contento de** que su examen **fuera** fácil.
	Están contentos de que nosotros **endendamos** la situación.
estar triste (de) *to be sad*	Manuel **está triste de** que su hermana **esté** enferma.
	Mi madre **estaba triste** que yo no **volviera** a tiempo.
es triste *it's sad*	**Era triste** que ellos no **regresaran** hoy.
	Es triste que ustedes no **puedan** oír el concierto.
es (una) lástima *it's a pity*	**Es lástima** que yo no **cene** con ella.
	Era lástima que tú no **estuvieras** contento.
sentir (ie) *to regret*	**Siento** que ustedes no **estén** bien.
	¿**Sentías** tú que no **pudiéramos** viajar a México?
(me, le) extraña *it seems funny (to me, to you)*	Me **extraña** que ella no **sepa** la dirección de su padre.
	Nos **extraña** que no **venga** el profesor.
(me, le) sorprende *it surprises (me, you)*	¿Le **sorprende** que ellos **vuelvan** muy tarde?
	Nos **sorprende** que la comida española **use** mucho ajo.
temer *to fear*	Yo **temo** que los zapatos **cuesten** demasiado.
	Tememos que la función no **comience** a tiempo.
tener miedo (de) *to be afraid*	**Tengo miedo** que José no **reciba** una buena nota.
	Tenemos miedo que la función no **empiece** a las diez y media.
es ridículo[2] *it's ridiculous*	**Era ridículo** que yo **tuviera** mala suerte.
	Es ridículo que no **podamos** comer.

[1] The same goes in the past: if you were sad, glad, or mad about something that was going on, or if you hoped, feared, or thought it ridiculous that something *would* happen, you must report that action in the subjunctive.

[2] Any number of other expressions of this type also take the subjunctive: **es formidable, es magnífico, es espléndido, es fabuloso,** to name a few.

ojalá   *I hope*   **Ojalá** que **sepamos** las respuestas.
                          Ojalá que no **estuvieran** enfermos. [1]

Unlike the verbs of doubt, when you make a verb or expression of emotion negative, it still needs the subjunctive because a "negative emotion" is *still* an emotion. If you are *not* surprised that the exam is difficult, then you must be registering some *other* kind of emotion; in Spanish you would have to say: "No me sorprende que el examen sea difícil."

Práctica oral

Ejercicio uno. Use the elements given to make sentences. Use the tense suggested.

MODELO   ellos / alegrarse de / nosotros estar bien (presente)
          Ellos se alegran de que nosotros estemos bien.

1. Alfredo / estar contento de / su novia / venir (pasado)
2. mis padres / tener miedo / yo tener un accidente (pasado)
3. a ellos / extrañarles / Fernando no recibir buenas notas (presente)
4. ojalá / nosotros ganar en la lotería (presente)
5. yo / esperar / a Eloísa le gustar mi regalo (presente)
6. a Sara / le sorprender / yo poder hacerlo (pasado)
7. es ridículo / preocuparte por eso (presente)
8. Julio / asombrarse de / su amigo llamarte desde México (pasado)
9. es una lástima / tú tener que marcharte (pasado)
10. yo / sentir mucho / tú no conseguir el trabajo (pasado)

Ejercicio dos. Start your sentence based on the phrase in parentheses and make the necessary changes. Use the tense of the phrase given.

MODELO   Ella no se fue. (yo estar contento)
          Yo **estaba** contento **de que** ella no se **fuera.**

1. Ellos van a ver una película húngara. (sorprenderme)
2. Alguien roba su dinero. (muchas personas tener miedo)
3. Una operación de apendicitis cuesta mil dólares. (ser ridículo)
4. Tú tuviste un buen viaje. (yo esperar)
5. Ellos votaron por él. (nosotros estar contentos)
6. Ellos llegaron a tiempo a la fiesta. (sorprendernos)
7. El tren no llegó. (extrañarnos)
8. Manuel perdió su anillo de diamantes. (ser una lástima)
9. No murió en tan terrible accidente. (los médicos asombrarse)
10. Su novio se va por tres meses. (Teresa estar triste)

---

[1] **Ojalá** with a present subjunctive refers to the future and with the past subjunctive refers to the present. The use of **que** is optional with **ojalá**.

Dos a dos _____

Each partner should give an emotional reaction to what the other says, using expressions such as **me extraña**, **ojalá**, **me alegro de. . .** , **es triste**, **es una lástima**, **siento**. Follow the style of the model.

MODELO   Mi perro está enfermo.
          Es una lástima que esté enfermo.

Person A

1. No puedo estudiar hoy.
2. Ahora entiendo esta lección.
3. Mi padre no comprende mis problemas.
4. Ella no regresa hoy.
5. Yo nunca tengo suerte.
6. Voy a España en el verano.
7. Mi nota es muy mala.

Person B

1. Traigo cien dólares hoy.
2. Conozco a Robert Redford.
3. No puedo ir al cine.
4. Hace mal tiempo hoy.
5. Es tarde.
6. No juego bien al béisbol.
7. La camisa cuesta ochenta dólares.

SELECCIÓN LITERARIA

Obsceno (Parte I)

The biography of Cabrera Infante above tells how he was thrown in jail, fined, and expelled from journalism school for having written a story containing "English profanities." This is the story of his arrest. The title derives, in part, from the words he used in his story. The Spanish use of dashes where we would use quotation marks follows the original.

Un día de octubre de 1952 vino la policía (secreta) a llamar a mi puerta. Llegaron por la tarde y usando un subterfugio. Antes habían estado en la redacción de la revista *Bohemia*—la más importante de Cuba y una de las mejores de América—, en cuyas páginas había yo publicado la semana anterior un cuento que tenía malas palabras (en inglés). Allá en la revista entrevistaron al jefe de redacción, Antonio Ortega (de quien yo era secretario privado), que les dio mi teléfono después de decir que ignoraba mi dirección. El teléfono era privado y, al no estar en la guía, los policías se dirigieron a la central telefónica, que a su vez se negó a dar mi

dirección—aùn a la policía. Lo que demuestra hasta qué punto funcionaban en Cuba las garantías democráticas mínimas todavía después de seis meses de gobierno ilegal por Batista y su pandilla.[1]

Poco antes de llegar los policías, recibí una llamada telefónica "de parte de la oficina del cable", en la que decían tener un telegrama para mí que solamente contenía el número de teléfono y si sería yo tan amable de dar mi dirección para hacerme llegar el cable. Dije mi dirección, desprevenido y estúpido, no a la oficina del cable (que no existía, el tal telegrama[2]), sino a la policía secreta. A los diez minutos estaban en casa, donde pronto reinó la consternación propia de un barco que naufraga. Mi madre se halaba los pelos y amenazaba con lanzarse del balcón del cuarto piso en que vivíamos, mi padre decía algo que nadie atendía y mi hermano me acusaba de ser inocente. Mientras tanto, los policías seguían en la puerta, aparentemente incapaces de entrar o salir. Uno llevaba una larga guayabera blanca,

sucia, que le cubría los pantalones beige con rayas verticales color chocolate. El otro vestía pantalón gris y camisa gris y sobre ambos llevaba una *jacket* de nylon oscuro. Los dos usaban sombrero.

Ahora me pedían que les acompañara. Pedí permiso para cambiarme por un traje y cuello y corbata: el uniforme entonces de los que respetan la ley—años después sería lo contrario: una vestimenta culpable. Los policías dijeron que no hacía falta: así como estaba yo estaba bien. Mi padre pudo por fin preguntarles, en un momento de calma, si podía acompañarme. Los policías dijeron que no hacía falta. Aparentemente nada hacía falta. Solamente mi compañía resuelta, y ellos prometieron que mi estancia entre ellos sería corta. Los acompañé con más temor que resolución hasta las oficinas de la policía secreta, que no hay que confundir con el Buró de Investigaciones y el SIM (Servicio de Inteligencia Militar) o con el BRAC (Buró de Represión de Actividades Comunistas), aún por crear,[3] o con la policía nacional: ellos eran la Secreta.

[1]Fulgencio Batista (1901–73) had been the legal president of Cuba from 1940–44. He was a candidate again in 1952, and just before the elections, seized power through a coup. In 1954, he ran unopposed in a dubious election and won easily. Batista fled on January 1, 1959, as Fidel Castro's rebels took power.

[2]**que... telegrama** *for that telegram didn't exist*

[3]**aún por crear** *still to be created*

El edificio de la Secreta era una vieja casa de la avenida Simón Bolívar, antiguamente y siempre llamada calle Reina. Cuando entramos, todas las caras policiales secretas de la carpeta se volvieron hacia nosotros. (Aquí tengo que interpolar que yo, a los veintidós años, de flaco y pequeño y barbilampiño, parecía tener más bien deiciséis años de edad.) El policía de guayabera o tal vez el otro dijo una frase memorable:

—Aquí etá éte.[1]

Y con ella[2] hizo arrancar la máquina de la burocracia policial. Me tomaron las huellas digitales. Me quitaron el cinturón, los cordeles de los zapatos y unos cuantos centavos sacados de un bolsillo. Luego me hicieron pasar a un cuarto oscuro donde tomaron mi foto de frente y de perfil, finalmente me hicieron volver a la carpeta donde me leyeron la acusación hecha por un tal Armando Pérez Senis o Denis, a quien luego me pasé años tratando de encontrar. En la acusación, que tenía la forma de una carta al ministro de Gobernación, se hacía más referencia a la revista que a mí. Pero la revista por supuesto declinó tal honor y la acusación vino a caerme, literalmente, en el regazo.

Más tarde me pasaron a una celda que daba al patio de cemento y donde había por todo mobiliario un banco de madera y en un rincón un cubo de agua. Toda la celda, hasta las pulidas rejas a la altura de la cara, olía a orina. Me encerraron allí, pero no por mucho tiempo. Al poco rato vino otro policía, abrió la puerta y me ordenó que lo acompañara. Subimos al primer piso, donde me hicieron sentar frente a otro policía, más viejo y con cara más amable, quien empezó a interrogarme. Bien pronto el interrogatorio se hizo personal, con esa particular personalización que tienen los policías de considerarse personalmente ofendidos por la comisión de cualquier ·delito. Por mi parte, el miedo y la timidez me hicieron responder negativamente—negativamente para mí, esto es.

—¿Qué le hizo escribir semejante basura?

Pasando por alto la crítica literaria a rajatabla, yo creía que el delito era la publicación, no la escritura de las malas palabras, y así se lo dije.

—Bueno, ¿por qué ha publicado usté esto?

Tenía la revista sobre el buró, abierta en la página que decía "Balada de plomo y yerro".[3] y ahora golpeaba la ilustración—bastante mala por cierto—con su regordete dedo índice. Cada vez parecía más a un crítico literario que un policía.

—¿No le da pena?

Le dije que a mí no me daba pena: ese lenguaje realista lo hablaban los personajes.

—¿Y su hermana lee esto?

Le dije que no tenía hermana.

—Bueno, entonces, ¿su señora mamá?

Le dije que mi mamá no sabía inglés—y ésta fue mi última contribución al interrogatorio. El policía empezó a ponerse rojo de la frente para abajo y finalmente estalló en una furia que parecía incontenible.

—¡Esas insolencias le van a costar caro, amiguito! Oye, tú—se refería al policía que me había traído, de pie no lejos de allí—, llévatelo y enciérralo allá abajo—. Y añadió en un tono casi silbante: —¡Con la ley no se juega!

---

[1]In Caribbean Spanish, an -s- before a -t universally is lost. The policeman is saying: "Aquí está éste."
[2]i.e., **la frase**
[3]Here there is a play on words: "plomo y hierro" means *lead and iron*, but "yerro" means *error*.

Preguntas sobre la lectura

1. ¿Cuál fue el título del artículo que escribió Cabrera Infante?
2. ¿Ignoraba de verdad Antonio Ortega la dirección de Cabrera Infante?
3. ¿Había realmente un telegrama para Cabrera Infante?
4. ¿Era una acción estúpida dar su dirección a "la oficina del cable"?
5. ¿Cuánto tiempo después de la llamada llegó la policía a la casa de Cabrera Infante?
6. ¿Probablemente qué dijo el padre de Cabrera Infante, la cosa que nadie atendía?
7. Según la policía, la única cosa que hacía falta era ¿qué?
8. Cabrera Infante dice que tenía veintidós años. Según las fechas de su biografía, ¿cuántos años tenía?
9. ¿Cuál fue el delite—la escritura o la publicación del artículo?
10. El policía se enoja al oír que Cabrera Infante no tiene una hermana y que su madre no entiende inglés. ¿Estaba Cabrera Infante siendo impertinente o diciendo la verdad? Si estaba diciendo la verdad, ¿hay otra manera de decirla?

Vocabulario de la lectura

abajo, para— *downwards*
amable *kind*
amenazar *to threaten*
anterior *previous*
arrancar *to initiate*
atender *to expect*
aun *even*
aún *yet*
banco *bench*
barbilampiño *beardless*
basura *garbage*
buró *desk*
carpeta *entry area of police station* (Cuba)
casa *building*
celda *cell*
central *main office*
cinturón m. *belt*
contener (ie) *to contain*
cordel m. *shoelace*
corto *short*
cuarto *room*
cuello *collar*
culpable *guilty*

cuento *story*
cubo *bucket*
cuyo *whose*
dedo índice *index finger*
delito *crime*
desprevenido *unprepared*
dirección *address*
dirigirse a *to go to*
encerrar (ie) *to lock up*
entrevistar *to question*
escritura *writing*
estallar *to explode*
estancia *stay*
frente f. *forehead;* **de**— *front view,* —**a** *in front of*
golpear *to hit*
guayabera *white cotton shirt-jacket*
guía *phone book*
hasta *even*
halarse *pull*
ignorar *to not know*
incapaz *incapable*
incontenible *irrepressible*
jefe de redacción m. *editor-in-chief*

lanzarse *to throw oneself*
ley f. *law*
ministro de Gobernación *Secretary of the Interior*
mobiliario *furnishings*
naufragar *to sink*
oscuro *dark*
oler (hue-) *to smell*
ordenar *to order*
orina *urine*
pandilla *gang*
pelo *hair*
pena *grief*
perfil m., de— *profile*
policía, la— *police force,*
  el— *policeman*
privado *unlisted*
prometer *to promise*
propio *characteristic*
pulido *polished*
rajatabla, a— *absolutely*

raya *stripe*
redacción *editing office*
regazo *lap*
regordete *plump*
reinar *to reign*
reja *bars on window*
resolución *quickness*
resuelto *prompt*
rincón m. *corner*
sacado *taken out*
seguir *to keep on*
semejante *such*
silbante *hissing*
subterfugio *trick*
sucio *dirty*
temor m. *fear*
timidez f. *timidness*
todavía *still*
usar *to wear*
volverse (ue) *to become suddenly*

Estudio de expresiones

1. **a su vez** *in turn*

   La central telefónica **a su vez** se negó a dar mi dirección.

2. **cada vez más** *more and more*

   Se parecía **cada vez más** a un crítico literario.
   Mi hermano se hace **cada vez más** estudioso.

3. **de pie** *standing up*

   El policía estaba **de pie**.[1]
   Yo vi la función entera **de pie**.

4. **dar a** *to face*

   El hotel **daba a** la playa.
   El hospital **da al** parque.

---

[1]This is one of the few times when an expression with **de** goes with **estar**, along with **estar de acuerdo** and a few others.

5. **darle pena a alguien** *to make someone feel sorry*

> Mis palabras no **me daban pena**.
> ¿No **le da pena** lo que ha escrito?

6. **de parte de** *from*

> Recibí una llamada **de parte de** la oficina del cable.
> —¿Está Julia? —¿**De parte de quién**, por favor?[1]

7. **hacerle a uno + infinitive** *to make someone do something*

> **Me hicieron responder** negativamente.
> **Te hicimos sentar** en el rincón.

8. **mientras tanto** *meanwhile*

> Mi padre hablaba con unos policías. **Mientras tanto** otros policías seguían en la puerta.

9. **pasar por alto** *to overlook*

> **Pasando por alto** la crítica, yo creía que el delito fue la publicación del artículo.

10. **por fin** *finally*

> Mi padre les preguntó **por fin** si podía acompañarme.
> **Por fin** pude tocar aquella composición.

11. **por supuesto** *of course*

> La revista **por supuesto** declinó el honor.
> **Por supuesto** no me permitieron salir.

Práctica de vocabulario

Say in Spanish.

1. Of course I am the editor-in-chief.
2. The policeman made me accompany him.
3. Meanwhile, this place smells of garbage.
4. We saw the building but we overlooked the grating.
5. Our house faces the street, but there is a tree in front of the house.
6. María was standing up, on the corner.
7. Each student, in turn, spoke in behalf of the President.
8. I looked for the address even in the phone book.

[1]On the phone it means *Who's calling?*

9. The novel is more and more interesting.
10. The article finally didn't make Cabrera Infante feel sorry.

4. El subjunctivo después de palabras indefinidas

A variant of the subjunctive used after expressions of doubt is the subjunctive following indefinite words in certain grammatical formulas. An indefinite word is simply one that is preceded by **un, algún**, and the like (an indefinite article makes the word indefinite).

Here are the formula-types.

MODELO   **Necesito** una secretaria que **hable** húngaro y chino.

buscar necesitar querer	+	un una	+ noun	+ *subjuntivo*
buscar necesitar querer	+	el la	+ noun	+ *indicativo*

The reason behind this is really very simple. If you are looking for "a" person who speaks Hungarian and Chinese you don't know if such a person exists, and so you certainly will have doubts about your success. That is why the verb that describes that person will have to be subjunctive (**Busco *una* persona que *hable* húngaro y chino**). But let's say you have learned that a certain Eva Szabo-Wong knows precisely those languages and can help you. If you can't remember her name you'd likely say **Busco *a la* persona que *habla* húngaro y chino**, with no subjunctive, since there is no doubt such a person exists.[1]

Here are more examples with explanations. You should be careful to follow the formula and watch the use of indefinite and definite words.

Busco una casa que **sea** tranquila. (Maybe such a house exists, but where?)
Busca la casa que **es** tranquila. (That's the house at 14, calle Rosalía de Castro in Lugo, Spain.)
Quiero encontrar un estudiante que **sepa** geología y contabilidad. (I don't know of anybody offhand.)
Quiero encontrar al estudiante que **sabe** geología y contabilidad. (The fellow's name is Carlos Gómez.)
Tráigame un pastel que **sea** delicioso. (Will there be a good cake?)
Tráigame el pastel que **es** delicioso. (It's that chocolate-on-chocolate one over there.)
Deseo manejar un coche que **exceda** a los 220 kms. por hora. (Is there such a car?)

---

[1]Notice the use of the "personal **a**" with a definite person and its lack of use with an indefinite person. This is the usual use of the **a**: "Veo una persona; veo **a** la persona que me describió."

Deseo manejar el coche que **excede** a los 220 kms. por hora. (Federico's blue Maserati will do that easily.)

Tengo que escoger una secretaria que **escriba** bien a máquina. (I'll put an ad in the paper.)

Tengo que escoger a la secretaria que **escribe** bien a máquina. (It's the chairman's former secretary.)

Quiero ver un libro de historia que **explique** la guerra civil española. (Maybe the library has such a book.)

Quiero ver el libro de historia que **explica** la guerra civil española. (It's Hugh Thomas's famous treatise.)

There are other formulas that require the subjunctive for the same reasons. **Lo que** *what (ever)* when used in the formulas below will take either the subjunctive or the indicative.

Los estudiantes **harán lo que** el profesor les **diga**. (= *whatever* the professor may say) (He has told them nothing yet.)

Los estudiantes **hicieron lo que** el profesor les **dijo**. (= *what* the professor said.) (They got the assignment and did it.)

Yo **daré** lo que **pueda**. (= *whatever* I can) (I don't know how much I can give or how much will be asked.)

Yo **di** lo que **pude**. (= *what* I could) (I gave $3.50.)

The key here is that in the first example of each set, it is not known what the professor will say, or how much you can in fact give—unknown (doubt), therefore subjunctive. In the second examples, it is precisely known what was said and what was given—no doubt, therefore no subjunctive.

The first example in each set is going to take place in the future, and that's why it is unknown. In the second example, it already took place, and that is why it is in the indicative.

There are two common expressions you should learn: "**como quiera**" *however you like* and "**donde quiera**" *wherever you want*. If you memorize them, they will serve you well.

Puedes arreglar la habitación **como quieras**. (How do I know the way you may want to arrange your room?)

Ustedes pueden poner su coche **donde quieran**. (I don't know where you prefer—in the street? in the garage?)

Práctica oral

Ejercicio uno. Say these sentences with the correct form of the verb in parentheses. Sometimes the subjunctive will be needed, other times the indicative.

MODELO   Yo buscaba un libro que (explicar) **explicara** la gramática.

1. Ella quiere tomar el refresco que (estar) _____ en la mesa.

2. Necesito una máquina de escribir que (tener) _____ todas las letras de español.

3. Deben encontrar una persona que (interpretar) _____ bien el papel.

4. Ellas desean comprar una casa que (costarles) _____ poco dinero.

5. Rosa quería ver la película en la que (actuar) _____ Jack Nicholson.

6. Vosotros debéis ver al pintor que (pintar) _____ esos rótulos.

7. Tenemos que contratar a alguien que (escribir) _____ bien para el periódico.

8. Habla con la persona que (poder) _____ traducir del español al inglés.

9. Quiero que me des un disco que (tener) _____ mis canciones favoritas.

10. Ustedes deben aceptar a la chica que (saber) _____ manejar las computadoras.

Ejercicio dos. Give the correct form of the verb.

MODELO   ¡Haz lo que (querer) **quieras**!

1. Queremos hacer lo que el profesor nos (decir) _____ .

2. Mi tía compraría lo que yo le (aconsejar) _____ .

3. Me interesó mucho lo que tú me (ofrecer) _____ .

4. Ellos piensan tomar lo que el médico les (recomendar) _____ .

5. Yo siempre hacía lo que mi madre me (decir) _____ .

6. Ayer le regalamos lo que ella (querer) _____ .

SELECCIÓN LITERARIA

Obsceno (Parte II)

Vuelta a la celda. Era un poco más del mediodía. Como a las cuatro apareció una cara conocida que miró un momento y pasó de largo: ¡era Noa, un amigo que se las había arreglado para pasar al baño! Su cara regresó tan inexpresiva como antes y desapareció tras el muro del patio. A las seis—ya oscurecía—vino a verme Antonio Ortega. Estuvo unos minutos solamente. Luego, días después, me dijo que dentro de la celda yo parecía un conejillo de Indias en su jaula. Estuve a punto de decirle qué cara tendría él, de estar en mi lugar. Pero, como otras veces, me callé.

Al poco rato se apareció Juan Blanco, amigo y futuro concuñado, que era abogado. Me aseguró que me sacaría de allí "en un dos por tres" y desapareció en el crepúsculo. Alguien vino del café cercano con un sandwich y un café con leche. Cortesía de Juan Blanco, no de la ley.

Fue poco después que empezaron los martillazos.[1] Ahora debo aclarar que, para hacer

[1]**Martillazos** are blows with a hammer. As Cabrera Infante explains, people were nailing doors and windows closed because of the impending hurricane.

la situación más melodramática, La Habana estaba amenazada por un huracán o una tromba marina o un ras de mar—o todas estas cosas juntas. Para proteger el edificio de la Secreta se clavaban puertas y ventanas dondequiera, pero nadie venía a asegurar la celda contra la lluvia, que empezaba a colarse horizontal desde el patio abierto. Los martillazos siguieron durante casi toda la noche. Resignado, decidí acurrucarme en el rincón más alejado de las rejas, pero más cercano al cubo de los excrementos. Apenas dormí: entre el mal olor y los malos ruidos: ahora al viento se añadía, agorero, a los martillazos que sonaban más lejos, tal vez en una casa vecina. Como todo cubano, consideraba siempre la aparición de un ciclón como fiesta y a la vez como una calamidad. Pero ahora era solamente la calamidad la que veía venir en forma de vientos huracanados y olas marinas, que inundarían mi celda y de seguro me ahogarían entre el excremento y las rejas.

Pero a la mañana siguiente el tiempo estaba despejado. El huracán había cambiado de rumbo durante la madrugada y no pasó sobre La Habana, sino más al occidente.

Afuera, en la calle, se reunían mis amigos: Carlos Franqui, a quien no dejaron pasar a verme (y mejor así, ya que sostenía la tesis de que me convenía estar preso: por razones políticas y de publicidad personal), Noa (a quien desde entonces vi con ojos paranoicos: haber entrado tan fácilmente al interior del bastión policíaco lo había convertido en un posible policía), Rine Leal (viejo amigo y futuro concuñado) y otros más que no quiero recordar ahora.

Hacia el fin de la tarde la celda se abrió y un policía me ordenó que lo siguiera. Salimos hacia la entrada, a la carpeta. Allí estaba mi padre, sonriendo apocado y pequeño como siempre. Un sargento me extendió una planilla y dijo:

—Firme aquí.

Yo tomé la pluma y me apresté a firmar la forma.

—No tan rápido, muchacho.

Era un teniente, de uniforme—traje civil—recién puesto, que miraba la escena divertida detrás de la carpeta.

—Nunca firmes sin leerlo. No sé si sonreí. Sólo sé que miré la planilla tratando de leer su letra menuda. La lectura la interrumpió el sargento de carpeta.

—Acaba de firmar, viejo.

Firmé y me devolvieron mis cordones, mi cinturón y mis centavos. Eché los últimos en un bolsillo y me puse el cinturón y amarré los zapatos lo mejor que pude, disponiéndome enseguida a salir afuera.

—Eh, ¿dónde tú vas?

Era el sargento.

—Pera, pera, muchacho, que todavía no hemo terminao contigo".[1]

Y añadió por encima del hombro:

—Ya se lo pueden llevar. . . .

After being taken to another jail and witnessing police vulgarities far exceeding those that he was arrested for, Cabrera Infante was released later that day, and his trial was held about six months later. He was fined the astronomical amount (for him) of 150 pesos (= 150 dollars), expelled for two years from journalism school, and ordered not to write under his own name.

Preguntas sobre la lectura

1. ¿Era Noa finalmente un policía o sólo quería ver el estado de su amigo?
2. ¿Parecería usted un conejillo en su jaula en las mismas circunstancias?
3. ¿Durmió bien Cabrera Infante en la carcel?
4. ¿Era posible que se ahogara Cabrera Infante en la cárcel?
5. ¿Quién era el amigo más peligroso para él, de los que lo esperaban afuera?
6. ¿Se fue Cabrera Infante con su padre aquél día?
7. ¿Qué es lo que firmó Cabrera Infante?
8. Ahora le devuelven su cinturón y sus cordones. ¿Por qué se los quitaron antes?
9. ¿Adónde lo llevaron ellos después?
10. ¿Cuánto tiempo en total pasó Cabrera Infante en la cárcel?

Vocabulario de la lectura

abogado *lawyer*
aclarar *to clarify*
acurrucarse *to huddle*
agorero *ill-omened*
ahogar *to drown*
alejado *distant*
amarrar *to fasten*
aparecer *to appear*
apenas *hardly*
apocado *weak*
aprestarse *‹to get ready*
asegurar *to secure*
bolsillo *pocket*
callarse *to remain silent*
cara *face*
cercano *nearby*
clavar *to nail*

colarse *to filter*
como *about* (with time)
concuñado *brother-(or sister)-in-law's brother*
conej(ill)o *rabbit*
crepúsculo *dusk*
desde *from*
despejado *cloudless*
disponerse *to get ready*
devolver *to return (something)*
dondequiera *here and there*
hombro *shoulder*
jaula *cage*
juntos *together*
madrugada *wee-small hours*
martillazos *blows with a hammer*
muro *wall*

---

[1]"Espera, espera, muchacho, que todavía no hemos terminado contigo". The reduced form "pera" is particularly Cuban.

occidente m.   *west*
olor m.   *smell*
oscurecer   *to grow dark*
planilla   *piece of paper*
preso   *under arrest*
proteger   *to protect*
puesto   *placed in charge*
ras de mar m.   *tidal wave*
regresar   *to return*

rumbo   *in the direction of*
sacar   *to take out*
siguiente   *next*
sonriendo   *smiling*
sostener   *to maintain*
teniente   *lieutenant*
tromba marina   *sea cyclone*
vuelta   *return*

Estudio de expresiones

1. **arreglárselas**[1] *to arrange*

   El amigo **se las arregló** para ver al preso.
   Yo **me las arreglé** para ver la película.

2. **de + infinitive**[2] *if + past tense*

   ¿Cómo estaría Antonio Ortega, **de estar** en mi lugar?
   Yo, **de hablar** francés, iría a París mañana.

3. **en un dos por tres** *in a twinkling*

   Mi abogado me sacaría de la cárcel **en un dos por tres**.

4. **estar a punto de** *to be about to*

   Yo **estaba a punto de** contestar cuando la campana sonó.
   El policía **estaba a punto de** salir cuando gritaron.

4. **llevárse (lo)** *to take some (thing/one) away*

   El policía **se llevó** al preso a la cárcel.
   El bandido **se llevó** el dinero.

6. **pasar de largo** *to pass by*

   Su amigo le **pasó de largo** sin hablar.
   A veces el profesor Vives me **pasa de largo**.

---

[1]**Las** refers to "cosas," so it means *to arrange things for yourself.* The **se** is reflexive, and not the variant of **le/les.**

[2]This construction substitutes for a **si** + past subjunctive clause: **Si lo hiciera = De hacerlo; Si se levantara temprano = De levantarse temprano.**

Práctica de vocabulario ————————————

Ejercicio uno. Match the most opposite in meaning.

1. sonriendo		a. alejado
2. devolver		b. separado
3. occidente		c. libre
4. callarse		d. tarde
5. cercano		e. hermano
6. juntos		f. triste
7. preso		g. llevárselo
8. concuñado		h. oriente
9. siguiente		i. precedente
10. madrugada		j. hablar

Ejercicio dos. Rewrite using expressions from above.

1. *Estoy listo para* salir.
2. Ella *vino cerca de mí*, pero no dijo nada.
3. *Llevaron* al pobre Cabrera Infante a la cárcel.
4. *Si supiera* yo la respuesta, tendría una A.
5. *Hice las reservas y compré los billetes* para ir al Uruguay.
6. Terminaré el examen *muy pronto*.

Un programa de radio
que se realiza en
Colombia.

5. El subjunctivo después de palabras negativas

A. The subjunctive is also used in formulas involving negative words. First, here is a review of positive and negative words.

Repaso instántaneo: las palabras positivas y negativas

Positive			Negative		
algo	*something*		no... **nada**		*nothing, not anything*
(a) alguien	*someone*		no... **(a) nadie**		*no one, not anyone*
algún,-uno(s) alguna(s)	*some*		no... **ningún, -uno,-a**		*none, not any*
alguna parte	*somewhere*		no... **ninguna parte**	*nowhere*
siempre	*always*		no... **nunca/jamás**		*never, not ever*
también	*also*		no... **tampoco**		*neither, not either*
o... o... ...o... ...y...	*either... or or and*		no... **ni... ni**		*neither... nor*
ya	*already*		no... **todavía**		*not yet*
todavía	*still*		**ya no...**		*not anymore*

¿Hay **algo** en el pupitre?
No, **no** hay **nada** en el pupitre.

¿Viste a **alguien** en el pasillo?
No, **no** vi a **nadie** en el pasillo.

¿Viene **alguien**?
No, **no** viene **nadie**.

¿Conoces a **algún** ruso?
No, no conozco a **ningún** ruso.

¿Ha leído usted **algunas** novelas de Guillermo Cabrera Infante?
No, **no** he leído **ninguna** novela de él.[1]

Va usted **siempre** al cine los viernes?
Sí, voy al cine casi **siempre** los viernes, pero **no** voy **nunca** los lunes.

Yo tengo una bicicleta. Margarita tiene una **también**.

Yo **no** tengo una motocicleta. Margarita **no** tiene una **tampoco**.

¿Tienen un perro **y** un gato?
No, en efecto, **no** tenemos **ni** un perro **ni** un gato.

Juan está **o** enamorado **o** enfermo.

Pero **no** está **ni** enamorado **ni** enfermo. Está cansado.

---

[1]**Ninguno** has an interesting variant. If you want to put **ninguno** after the noun for emphasis, you can—except that it changes back to **alguno.** "No tengo **ninguna** idea" or "No tengo idea **alguna.**"

¿Visitaron ustedes el Paraguay **o** Bolivia?
No, no visitamos **ni** el Paraguay **ni** Bolivia.

¿Has aprendido **ya** la lección cinco?
No, **no** la he aprendido **todavía**.

¿Estudias inglés **todavía**?
No, **ya no** lo estudio.

Notes: The negative form of the plural **algunos** or **algunas** is almost always a *singular* form: **ningún, -uno, -una**. The reason is that if you have *none*, it is more singular than plural. The negative of **siempre** is not always **no. . . nunca (jamás)**—it can also be **no siempre** *not always*, **a veces** *at times*, or **de vez en cuando** *once in a while*.

Práctica oral

Ejercicio uno. Answer negatively.

MODELO ¿Hay alguien en la casa?
        No, no hay **nadie** en la casa.

1. ¿Juega usted siempre los fines de semana?
2. ¿Fueron ustedes a alguna parte durante las vacaciones?
3. ¿Estás viviendo en Nueva York todavía?
4. ¿Me trajiste algo de la tienda?
5. ¿Ha hecho María sus deberes ya?
6. ¿Acompañaron al director y al presidente también?
7. ¿Viste a Juana o a su hermana en la reunión?
8. ¿Conseguiste hablar con alguien en el consulado?
9. ¿Compraron algún libro en la Casa del Libro?
10. ¿Tomas siempre al autobús para ir a clase?

Ejercicio dos. Make positive if negative, and vice versa.

MODELO Siempre viene alguien.
        Nunca viene nadie.

1. No tengo ninguna falda azul.
2. Siempre vamos a alguna parte los fines de semana.
3. Ellos se compraron un coche y ya no caminan a clase.
4. Cuando mis amigos viajan siempre me traen algo.
5. Ya han terminado de comer.
6. No quieren tomar ni café ni te.

D. The subjunctive is used in **que**-clauses that follow a negative expression, as these examples show.

> **No** hay **ninguna** ciudad **que** me **guste**.
> **No** veo a **nadie que** yo **conozca**.
> **No** conocíamos a **nadie que supiera** hablar árabe.
> **No** podemos encontrar **ningún** profesor **que enseñe** chino.
> **Nunca** vi una película mexicana **que** no me **gustara**.
> **No** hay **nada que** María **quiera** hacer.

In positive sentences, the subjunctive is not used in **que**-clauses except in questions.

> Aquí hay **alguien que sabe** tocar el piano?
> ¿Hay **alguien** aquí **que sepa** tocar el piano?
> He leído **algo que es** muy interesante.
> ¿Has leído **algo que sea** muy interesante?
> Tengo **algunas** clases **que son** fáciles.
> ¿Tienes **algunas** clases **que sean** muy fáciles?

Práctica oral

Ejercicio uno. If these sentences are positive, make them negative, and vice-versa. Be careful of the tense.

MODELO   Hay algo que quiero ver.
 No hay **nada** que **quiera** ver.

1. No conozco ninguna ciudad que sea agradable.
2. Escribí a alguien que me puede ayudar.
3. No vi nada que me guste.
4. Hay alguna lengua que es fácil.
5. No veo a nadie que sepa la respuesta.

Ejercicio dos. What are the questions that yield the given answers? Look carefully at the model.

MODELO   Sí, tengo algún amigo que sabe hablar alemán.
 ¿**Tienes** algún amigo que **sepa** hablar alemán?

1. No, no tengo ningún amigo que sea de Sudamérica.
2. Sí, tengo algo que viene de España.
3. No, no vi ninguna película que me gustara.
4. Sí, hay alguien en la policía que me conoce.
5. Sí, tengo algunas clases que me interesan.

José Luis Borges, poeta, crítico, autor de cuentos argentino, en Roma. Murió en junio de 1986.

6. El subjuntivo de HABER

The **present perfect subjunctive** is easy to form and use. Its forms are just the present subjunctive of **haber** (**que yo haya, que tú hayas**, etc.) + the past participle.

Its use is straightforward: if you doubt or are emotional about an action that has (or has not) happened already, you need a subjunctive tense that is half present tense (because you're sorry *now*) and half past (because it happened *then*). The present perfect subjunctive is just such a tense—it uses the *present* of **haber** and the *past* participle. This Spanish subjunctive tense is often translated with the simple past in English.

Me alegro de que **hayan tenido** éxito en su programa.	*I'm glad that you succeeded in your program.*
Es triste que no **hayan podido** venir a la fiesta.	*It's sad that they didn't come to the party.*
Es muy dudoso que ellos **hayan estado** contentos aquí.	*It's very doubtful that they have been happy here.*
No estamos seguros que ella **haya recibido** la carta.	*We're not sure that she received the letter.*
Ojalá que el profesor **haya hecho** un examen fácil.	*I hope that the professor has made an easy test.*

Práctica oral

Change the second verb to the present perfect subjunctive.

MODELO   Es dudoso que ellos lo aprendan.
                Es dudoso que ellos lo **hayan aprendido**.

1. Sentimos mucho que Margarita esté enferma.
2. Es importante que recibas una buena nota en el examen.
3. Es necesario que estudies mucho.
4. No estamos seguras de que José encuentre la casa.
5. Es una pena que Modesta y Paco se separen.
6. Me alegro de que estés bien.
7. Ojalá que mi hermano gane la carrera.
8. Dudo mucho que lleguen a tiempo.
9. Es probable que los precios suban.
10. Me agrada que Elena venga a verme.

SELECCIÓN LITERARIA

Offenbach

Offenbach was Cabrera Infante's Siamese cat (of the rare "lilac pointed" type) which his family had for ten years. Offenbach died of a stroke on December 26, 1977, and was buried in Cabrera Infante's back yard along with eleven white roses.

Cabrera Infante has told the author of this book that he intends to write a whole book about Offenbach. What follows are sections from his writings about his cat.

Aparición de

Jaime Diego Jacobo Yago Santiago Offenbach[1] llegó a nuestra vida, sin todos esos nombres, hace exactamente seis años, sin previsión y de repente, como los milagros. Sucedió que un día fui a ver a un amigo, a quien yo visitaba a menudo, y allí estaba, imprevisto, impredicible, Offenbach, entonces un largo gato flaco y blanco que se subía por las cortinas y casi trepaba las paredes para luego venir a mi regazo, de un salto inaudito, comenzó a hacer los más extraños ruidos oídos jamás por mí: así debían cantar las sirenas.[2] Al otro día llevé a Anita y Carolita, mis dos hijas, a que lo conocieran. También iba Miriam Gómez. (Aquí tengo que hacer un paréntesis deshonroso, es necesario decir que Miriam Gómez siempre quiso, ya desde Cuba, tener un gato siamés y que yo, que había tenido de niño toda clase de *pets*, desde cernícalos hasta una jutía, que es como una rata gigante y herbívora de los campos de Cuba, yo siempre había sentido un innato disgusto contra los gatos, y me negué a tener uno, siempre). Offenbach, que aún no era Offenbach, tenía solamente dos meses de nacido.

Conquista de... unos y otros

A la semana de haber conocido a Offenbach la novia de mi amigo viajaba a Gibraltar y ellos no tenían quién se ocupara del gato. Decidimos todos que viniera a casa por esas dos semanas. (Para completar la ocasión fausta, a mi amigo se le había declarado una fuerte alergia nasal producida por... ¡el pelo de gato!

La conquista fue rápida y mutua: Offenbach había encontrado su hogar definitivo, el sitio a que estaba destinado, y nosotros habíamos encontrado al gato pródigo. De más está decir[3] que cuando su dueña entre comillas regresó de Gibraltar ya no era la dueña: ella misma se encargó de decir que habíamos nacido el uno para

los otros—y viceversa. Offenbach, por mutuo consenso, se quedaría a vivir en casa.

El porqué de un nombre

Todos preguntan por qué Offenbach se llama Offenbach y cuando digo por qué nadie quiere creerlo. Sucede que en los primeros días Offenbach solía cantar. A veces lo hacía a las dos de la mañana y su canto era tan poco melodioso que ofendía a Bach.

Raros ruidos

También a medianoche Offenbach solía visitar nuestra cama para hacer los más raros ruidos. Al principio creíamos que se sentía solo o mal y la mejor manera de calmarlo era pasarle la mano por el lomo. Pero esto sólo hacía aumentar los ruidos raros, hasta que supimos que eran ronroneos de felicidad y contento.

Offenbach cambia de casa

Hay una vieja regla inglesa que declara a los gatos más amantes del lugar que de sus dueños y así hay miles de gatos abandonados en toda Inglaterra, simplemente porque sus dueños cambiaron de casa y decidieron dejar el gato detrás. Con Offenbach ocurrió todo lo contrario: él entró primero que nadie en la nueva casa y pronto estaba tan feliz, más feliz, que sus dueños: no era la primera, ni sería la última regla que Offenbach rompería.

¿Nadie es dueño de un gato?

Siempre había leído y oído decir que nadie es verdaderamente dueño de un gato, que se trata de una asociación libre que el gato puede romper cuando menos se lo espere y desaparecer para no volver jamás. No ocurre así con los siameses, a los que algunos llaman los gatos-perros, aunque en su nativa Siam eran llamados los gatos-monos. Offenbach es un siamés con puntos de lila.

[1]Jacques Offenbach (1819–1880) was a French composer born in Germany, who wrote a hundred or so light operettas, but is best known for his serious opera, *Tales of Hoffman* (produced posthumously in 1881). All of the cat's first names are Spanish equivalents of Jacques.

[2]During Ulysses's fabled travels by ship, beautiful sirens, (*mermaids*), beckoned him with their irresistible song, but if he approached, his ship would crash against the rocky shores.

[3]**de... decir** It is superfluous to say

Pedigree de

Offenbach es el único inglés de esta casa y aunque él se siente mejor al calor del sol, raro en Londres, sus padres y abuelos nacieron en Inglaterra. Fue por casualidad que supimos su pedigree: para nosotros Offenbach podía ser un gato de callejón y todavía ser el centro de la casa. . . .

Los siameses con puntos de lila son una creación de los criadores ingleses y más raros que el siamés corriente, ese que tiene manchas de café en la cabeza y en las patas y en la cola. Nosotros ni sabíamos ni nos interesaba el pedigree de Offenbach. El veterinario nos preguntó a quién pertenecían sus padres y sólo pudimos decir quién nos lo había regalado, que a su vez lo había recibido de un cantante de *pop*. El veterinario consultó su memoria y pronto supimos que Offenbach era nieto de una gata propiedad de George Harrison, el músico Beatle. Pero todavía más: había una enfermedad de la realeza, como la hemofilia rusa. Offenbach era nieto de un gato de nombre impronunciable que había pasado a toda su progenie una enfermedad fatal de páncreas. Así supimos que todos los hermanos y primos de Offenbach estaban muertos, atacados de repente por vómitos incoercibles. Offenbach había pasado el período peligroso y ahora está vivo solamente porque todas sus comidas llevan polvo de páncreas y no hace más que dos comidas al día—aunque él se las arregla para estirarla a tres.

Preguntas sobre la lectura

1. ¿Temía Offenbach a Cabrera Infante al verlo por primera vez?
2. ¿Cómo se llamaba Offenbach antes de llamarse Offenbach?
3. ¿Siempre quería Cabrera Infante un gato siamés?
4. ¿Qué edad tenía Offenbach al entrar en la casa de los Cabrera Infante?
5. ¿Por que permitió el amigo de Cabrera Infante que se quedara Offenbach con Cabrera Infante?
6. ¿Cuál es la diferencia entre "el hijo pródigo" y "el gato pródigo"?
7. El canto de Offenbach ¿ofendía a Bach, u ofendía a todo el mundo?
8. ¿Es verdad que los gatos son mas amantes del lugar que de sus dueños?
9. ¿Cuántos hermanos vivos tenía Offenbach?
10. ¿Estaría Offenbach muerto sin la medicina?

Vocabulario de la lectura

amante m. *lover*	cortina *curtain*
aparición *appearance*	deshonroso *disgraceful*
callejón m. *alley*	**detrás** *behind*
cernícalo *sparrow hawk*	**dueño,-a** *owner*
cola *tail*	**encargarse de** *to see to*
conquista *conquest*	estirar *to stretch*

fausto *happy*
felicidad *happiness*
flaco *thin*
hogar m. *home*
herbívero *herbiferous*
imagen m. *reflection*
impredecible *unpredictable*
improvisto *unexpected*
inaudito *unheard of*
incoercible *unrestrained*
jutía *West Indian rodent*
largo *long*
lila *lilac*
lomo *back of animal*
mancha *spot*
músico *musician*
nacido *born*
novia *girl-friend*
ocupar de *to take care of*
pata *animal's foot*

peligroso *dangerous*
polvo *powder*
previsión *warning*
propiedad f. *property*
pródigo *prodigal*
progenie f. *progeny*
punto *point*
raro *strange*
rata *rat*
realeza *royalty*
ronroneo *purr*
salto *jump*
sentir (ie) *to feel*
sitio *place*
soler (ue) *to be accustomed to*
solo *alone*
suceder *to happen*
temer *to fear*
trepar *to climb*

Estudio de expresiones

1. **al otro día** *(on) the next day*

   Al otro día la familia conoció a Offenbach.
   El gato vino a su casa **al otro día**.

2. **entre comillas** *quote unquote*[1]

   Su dueña **entre comillas** volvió.
   Hay mucha democracia **entre comillas** en aquel país.

3. **en casa** *at home*

   Esta semana la paso **en casa**.
   Offenbach está **en casa** casi todo el tiempo.

4. **a menudo** *often*

   Al autor visitaba a su amigo **a menudo**.
   Offenbach se sentaba en su regazo **a menudo**.

5. **pasarle la mano por el lomo** *to pet*

   Tenemos que **pasarle la mano por el lomo** a menudo.
   Me gusta **pasarle la mano por el lomo** a Offenbach.

[1]**Su dueña entre comillas** = *His quote unquote owner (His "owner")*

Práctica de vocabulario

Fill in based on the reading.

1. Cuando la dueña _____ volvió ya no era la dueña.
2. Offenbach llegó al regazo de Cabrera Infante por medio de un _____ grande.
3. _____ Cabrera Infante volvió con su familia para ver a Offenbach.
4. Offenbach es un gato _____ de puntos de lila.
5. Una jutía es una _____ grande.
6. Offenbach tiene dos comidas, pero trata de _____las a tres.
7. Offenbach prefiere quedarse _____ y no en otros sitios.
8. Los amigos no tenían quien _____ Offenbach durante su viaje.
9. Un ruido de Offenbach es un _____ de pura felicidad.
10. Offenbach es un gato largo y _____.
11. La casa Cabrera Infante es el _____ de Offenbach.
12. A Offenbach le gusta cuando una persona le _____ lomo.

RECAPITULACIÓN

Cuestionario doble

Person A

1. ¿Me aconsejas que estudie o que vaya al cine?
2. ¿Le recomiendas al profesor que hable más rápido o más lento?
3. ¿Es posible que podamos hablar español como los nativos?
4. ¿Te alegras de que mañana no haya ningún examen?
5. ¿Te extraña que tu padre no hable español?
6. ¿Buscas un apartamento que esté más cerca de aquí?
7. ¿Deseas ver una película que sea cómica?
8. ¿Vas a hacer lo que diga el profesor?
9. ¿Conoces a algún italiano?
10. ¿Siempre comes comida finlandesa (*Finnish*)?

Person B

1. ¿Me recomiendas a mí que vaya a México o que me quede aquí?
2. ¿Le aconsejas al profesor que haga los exámenes más fáciles o más difíciles?
3. ¿Es probable que todo el mundo reciba una A en nuestra clase?

4. ¿Es triste que no seas rico,-a?
5. ¿Necesitas una bicicleta excelente que cueste menos de cien dólares?
6. ¿Tienes miedo de que llueva esta tarde?
7. ¿Tienes que estudiar otra lengua que sea más difícil?
8. ¿Haces lo que quieran tus amigos?
9. ¿Conoces a alguien en la Unión Soviética?
10. ¿Has leído alguna novela de Manuel Puig?

Escenario

This **escenario** parallels a bit what happened to Offenbach. The basic scene is that a young person who has a goldfish (**carpa dorada**) has to go away for two weeks and asks a friend to take care of the fish for that period. When the **escenario** opens, the person is now back and on the way over to pick up the beloved fish.

Temas de redacción

1. Cabrera Infante dice (en "Obsceno" Parte I) que a él no le dan pena las malas palabras en inglés porque "ese lenguaje realista lo hablaban los personajes" (y no él). Es decir que aunque él escribió las palabras, fueron dichas por los personajes. Comentario.
2. Compare el comportamiento de Offenbach con algún *pet* suyo. ¿Es misterioso de veras su comportamiento?
3. Escriba la biografía de usted, asumiendo que ya es famoso en su profesión.

LECCIÓN 7

El año en que no hubo Sanfermines

ALGO VIEJO Y ALGO NUEVO

1. Repaso del futuro y del condicional

A. A common way to express the future is as in English: **ir a** + infinitive—**Voy a ir a clase** = *I am going to go to class.*

Alberto no **come** ahora; **va a comer** a las diez.

No **estudiamos** en la biblioteca esta semana; **vamos a estudiar** allí la semana próxima.

Enrique **está** en Salamanca hoy; **va a estar** en Zamora mañana.

¿**Hay** una película buena en el cine? Ahora no, pero **va a haber** una la semana próxima.

Federico no lo **hace** hoy; **va a hacer**lo mañana.

La profesora no **corrige** los exámenes hoy; **va a corregir**los mañana.

Object pronouns normally follow the infinitive, but they can also go before the **ir** form: **Voy a escribirla** or **La voy a escribir.**

Práctica oral

Complete with the **ir a** future.

MODELO   No les escribo a mis padres ahora, pero. . . (después).
　　　　　No les escribo a mis padres ahora, pero voy **a escribirles después.**

1. Rosa no quiere comer ahora, pero. . . (más tarde)
2. Mis padres no piensan ir de vacaciones este año, pero. . . (el año próximo)

3. No tomas café ahora, pero. . . (después)
4. No hicimos una fiesta el viernes, pero. . . (el domingo)
5. No he comido piel de patatas nunca, pero. . . (esta noche)
6. Ustedes no tienen una computadora ahora, pero. . . (mañana)
7. No estoy viendo la televisión ahora, pero. . . (a la noche)
8. Ellos no fueron de compras hoy, pero. . . (mañana)
9. Mariela no se compró aquel vestido, pero. . . (la semana próxima)
10. Mis hermanos y yo no hemos recibido el regalo, pero. . . (esta tarde)

B. There is another way of expressing the future. As you know, it is a very regular tense, formed by adding the present tense of **haber** (less the **h-**) to almost any infinitive.[1] The **haber** forms—the endings—are stressed, so accent marks are needed on most forms.

El futuro

(yo)	me iré	(nosotros)	seremos
(tú)	comenzarás	(vosotros)	traeréis
(usted)	oirá	(ustedes)	se servirán
(él/ella)	beberá	(ellos/ellas)	llegarán

Eduardo **nos verá** en la heladería.   Yo **se lo llevaré** mañana.

Lupe **me llamará** este fin de semana.   Usted **se acordará** de sus amigos.

Ella **se vestirá** bien para la fiesta.   **Se hablará** más español en este país.

Object and reflexive pronouns are put in the usual place—before the future forms.

Práctica oral

Answer using the future following the model.

MODELO   ¿Va usted al Perú ahora? (dos semanas)
No, pero iré al Perú en dos semanas.

1. ¿Llevas un pastel a la fiesta de hoy? (del viernes)
2. ¿Le devolviste el reloj a tu hermano? (mañana)
3. ¿Terminaste la comida? (en cinco minutos)
4. ¿Rompió Esteban sus relaciones con Margarita? (el mes próximo)
5. ¿Han llamado por teléfono a sus padres? (mañana por la noche)
6. ¿Le diste el regalo a María? (esta tarde)
7. ¿Le compraron sus padres la motocicleta? (para su cumpleaños)
8. ¿Llevaste el libro a la biblioteca? (esta noche)
9. ¿Se presentó a los exámenes este año? (el año próximo)
10. ¿Le comunicó usted su decisión a los trabajadores? (la semana que viene)

---

[1]These forms are **he, has, ha, hemos, habéis, han.**

C. The conditional tense is the equivalent of the English "would" (as in "They wrote that they *would* do it"[1]). It is important to remember that the conditional is to the past tenses what the future tense is to the present—it looks toward the future, but from the point of view of the *past*. It works just as in English. Whereas we use the future to say: "I *understand* now that José *will* be back in one hour," we use the conditional to say: "I *understood* then that José *would* be back in one hour." Both show the same relationship of time, but one is from the present point of view and the other is from the point of view of the past.

Even in the formation of the conditional you can clearly see that it looks towards the future (look at its stem!) but from a past point of view (look at its endings—which are imperfect!).

El condicional

(yo)	me ir**ía**	(nosotros)	ser**íamos**
(tú)	comenzar**ías**	(vosotros)	traer**éis**[1]
(usted)	estar**ía**	(ustedes)	se servir**ía**
(él/ella)	beber**ía**	(ellos/ellas)	llegar**ían**

Eduardo dijo que **nos vería** en la heladería.

Lupe me escribió que **me llamaría** el fin de semana pasado.

Ella mencionó que **se vestiría** bien para la fiesta.

Yo le dije que **se lo llevaría**.

Usted prometió que **se acordaría** de sus amigos.

El periódico anunció que **se hablaría** más español en este país.

Práctica oral _____

Insert the right conditional form.

MODELO   Ella dijo que (llamarte) **te llamaría** por teléfono.

1. Margarita prometió que (estar) _____ en casa a las diez.
2. El gobierno prometió que (crearse) _____ más trabajos.
3. Los electricistas dijeron que (instalarme) _____ la luz ayer.
4. La profesora anunció que (darnos) _____ un examen al día siguiente.
5. Ustedes nos dijeron que (encontrarnos) _____ a las siete.
6. Prometiste que (jugar) _____ conmigo al ajedrez.
7. Dijimos que (escribirte) _____ desde Guatemala.
8. Los niños prometieron que (irse) _____ a la cama pronto.

[1]English has another "would" that is associated with the imperfect; it means "used to." "When I was a kid, I *would* go to the movies every week."

[1]In Old Spanish there were two variants for **haber** in this form: **habéis** and **heis**—one remained in the regular conjugation (as in **habéis oído**), and the other became the future ending.

9. Dije que (visitarle) _____ pero nunca tuve tiempo.

10. Ustedes mencionaron que (ayudarnos) _____ con el trabajo.

D. The irregular futures and conditional forms share the same stems. The irregular ones are quite close to the original infinitive; sometimes the vowel of the infinitive ending is lost and sometimes a -d- replaces that vowel; only *two* verbs do something different.

Repaso instantáneo

Irregular Futures and Conditionals

1. Infinitive ending's vowel lost[1]:

Poder	podr-	**Podremos** vernos mañana en la fiesta.
		Ella dijo que **podríamos** vernos mañana.
Querer	querr-	Ellos **querrán** comer a mediodía.
		Ellos anunciaron que **querrían** comer a mediodía.
Saber	sabr-	¿**Sabrás** las respuestas?
		¿**Sabrías** las respuestas?
Hay	habr-	**Habrá** una nueva película en el cine mañana.
		Mi hermano dijo que no **habría** ninguna fiesta.

2. A -d- replaces the infinitive's final vowel (these are all -**go** verbs in the present tense)[2]:

Poner	pondr-	**Pondremos** los libros en el suelo.
		Yo creía que **pondríamos** el coche en la calle.
Salir	saldr-	¿Cuándo **saldrán** ustedes?
		Nos escribieron que **saldrían** el lunes.
Tener	tendr-	¿**Tendrás** frío allí en febrero?
		Ella me dijo que **tendría** hambre ahora.
Venir	vendr-	El profesor **vendrá** muy pronto.
		Pensábamos que el profesor **vendría** muy pronto.

3. Two unusual forms (these are -**go** verbs, too)[3]

Hacer	har-	¿Qué **haremos** ahora?
		José quería saber si **haríamos** el viaje.
Decir	dir-	¿Me **dirá** las instrucciones del jefe?
		Mi madre sabía que yo **diría** la verdad.

[1]**Caber** *to fit* works this way, too: **cabré, cabrás,** etc.

[2]**Valer** *to be worth* follows the same pattern: **valdré, valdrás,** etc.

[3]Of course not all -**go** verbs have irregular future forms. In the models above you have seen **oirá** and **traeríais**. **Caer** is also regular (**no me caeré**).

Práctica oral

Insert the right forms of the verb, following the model.

MODELO   Yo creí que (nosotros salir) **saldríamos** a las diez, pero **saldremos** a las once.

1. Alberto pensaba que (él poder) _____ ir al cine esta noche, pero ahora no _____ .
2. Rosalía prometió que (ella hacer) _____ la cena, pero no la _____ porque tiene que salir con su novio.
3. Yo pensaba que (yo tener) _____ vacaciones en julio, pero mi jefe dice que no las _____ hasta septiembre.
4. Yo pensaba que Justo (saber) _____ la respuesta, pero él no estudió y no la _____ .
5. Primero pensamos que (nosotros poner) _____ la mesa en la cocina pero la _____ en el comedor.
6. Prometiste que (tú venir) _____ a visitarme pero yo sé que no _____ .
7. Ellos dijeron que (ellos decírselo) _____ pero yo pienso que no _____ .
8. Ustedes pensaron que (ustedes salir) _____ ya no _____ porque está lloviendo.
9. El gobierno dijo que (haber) _____ un referéndum, pero ahora no lo _____ .
10. Cuando era niña pensaba que (yo querer) _____ ser dentista, pero ahora ya no _____ .

Dos a dos

Person A

1. ¿Asistirías a clases en el verano?
2. ¿Podrás hablar español en septiembre?

La muchedumbre en las calles de Pamplona durante la fiesta de San Fermín.

3. ¿Estarás contento, -a con tus notas?
4. ¿A qué hora saldrás de la universidad hoy?
5. ¿Te acostarías temprano antes del examen final?
6. ¿Habrá una buena fiesta este viernes?
7. ¿Irías al concierto del sábado?
8. ¿Visitarás Nueva York o San Francisco durante el verano?
9. ¿Te casarías en un año?
10. ¿Qué comprarás hoy?

Person B

1. ¿Habrá un examen final muy fácil en nuestra clase?
2. ¿Volverás a nuestra universidad en septiembre?
3. ¿Qué le dirás a tu padre si tienes notas muy malas?
4. ¿Qué instrumento musical desearías aprender?
5. ¿Te gustaría una comida mexicana ahora?
6. ¿Pondrías un coche nuevo en la calle por la noche?
7. ¿Viajarías a España con confianza?
8. ¿Verás un partido en la tele hoy?
9. ¿Qué comerás esta noche?
10. ¿Tomarás vino con tu comida?

LECTURAS CULTURALES

Los Sanfermines

Hace mucho tiempo, los toros bravos destinados a lidiar en las plazas de toros españolas eran conducidos a la plaza por las calles de la ciudad porque no había camiones. Hoy día, los camiones llevan los toros a la plaza. En Pamplona—la capital de Navarra, en el norte de España—hay camiones que habitualmente llevan los toros a la plaza también, con la excepción de una semana en julio, durante los Sanfermines—la fiesta de San Fermín.

Durante los ocho días de los Sanfermines, los toros corren por las calles de Pamplona, desde los corrales que están cerca del Río Agra, por la calle de Santo Domingo, siguiendo por la calle Blanca de Navarra, después por la calle estrechísima de la Estafeta, hasta la plaza. Hay barreras a lo largo de la ruta, de modo que los toros no pueden escaparse por las otras calles. Es un galope de unos novecientos metros y dura unos dos minutos.

Pero lo extraño—y todo el mundo lo sabe—es que entre los toros y la plaza hay centenares de hombres (desde muchachos hasta ancianos de setenta y cinco años) esperando los toros. Cuando los toros comienzan a correr, los hombres corren también, y los toros los persiguen hasta la plaza misma. Es en las calles de Pamplona donde un muchacho prueba su valentía, pero también da un inmenso gozo (según la gente que lo hace).

Cuando un hombre tropieza y se cae, normalmente los toros pasan por encima, pisándolo tal vez, pero no haciéndole mucho daño personal. El peligro viene cuando un solo toro se separa de los otros, medio confuso y enojado, y se detiene para embestir a una serie de personas; entonces hay muchos heridos y muchos hombres van al hospital.

Originalmente, los únicos que corrían delante de los toros eran españoles que tenían algo que ver con los toros o la plaza de toros, pero ahora, todo el mundo puede hacerlo, exceptuando a las mujeres. Hay hombres de toda Europa y de las Américas que participan.

El encierro se celebra a las siete de la mañana. A las seis menos cuarto de la mañana, hay bandas que circulan por las calles para despertar a todo el mundo. A las seis, llegan los primeros de los veinte mil espectadores para esperar el encierro. Muchos de ellos habían estado despiertos toda la noche, en los cafés o en fiestas. Después, a las siete en punto, un cohete señala que los toros están sueltos y corriendo; entonces los hombres, que esperan más cerca de la plaza, saben que vienen y se preparan para correr. Al oír y ver a los toros, los hombres corren con toda velocidad hasta la plaza de toros. Una vez que están los toros en la plaza misma, hay un segundo cohete que significa que todo está bien.

La corrida de toros no comienza hasta las cinco de la tarde, pero ya a las siete de la mañana hay unas quince mil personas en la plaza que esperan la llegada de los hombres perseguidos por los toros. Después del encierro, cuando los toros están en sus toriles, pasa algo más que resulta divertido. Se sueltan media docena de novillas—una a la vez—en la arena, las puntas de los cuernos cubiertos de cuero para no causar mucho daño. Entonces muchos jóvenes entran en la arena para desafiar a la novilla. Ella es muy joven, pero fuerte, y manda bastante gente al médico. Mientras las novillas embisten, hay muchos músicos que tocan muy fuertemente, pero todos tocan música diferente, de modo que es la cacofonía más divertida imaginable.

Normalmente hay más de ciento veinte mil personas que van a Pamplona por los Sanfermines—es decir que más gente va a Pamplona en julio que visitan el museo del Prado durante el mismo mes. No hay suficientes hoteles en Pamplona para toda esta gente, de modo que mucha gente duerme en sus coches, o en bancos que están abiertos para que la gente pueda dormir en el suelo.

Son ocho días de pura fiesta continua, día y noche, y todo el mundo se divierte mucho. Algún día usted va a estar en España en julio. Es muy importante que presencie usted los Sanfermines, pero hay que reservar alojamiento y transporte muy de antemano.

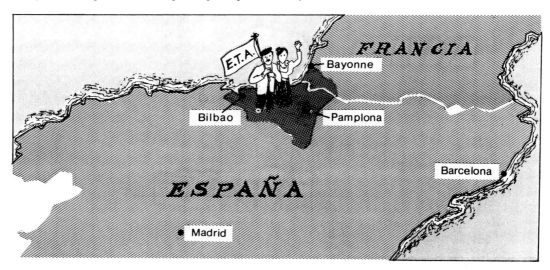

Los vascos separatistas y los Sanfermines

Siglos—posiblemente milenios—antes de la llegada de los romanos a la Península Ibérica, los vascos estaban establecidos en una región que es hoy parte de España y parte de Francia. Hablan vascuence, una lengua muy antigua y diferente de todas las otras lenguas del mundo—es una lengua singular. El español, el inglés, el ruso, el griego y más de cien otras lenguas forman parte de la familia de lenguas que es conocida por el nombre indoeuropeo—hay relaciones gramaticales, fonéticas y de vocabulario entre todas estas lenguas; pero el vascuence no tiene lenguas hermanas—es una huérfana, una familia de una lengua sola.

Frecuentemente donde hay una lengua y una cultura distintas de las poblaciones que las rodean, hay un país diferente. Pero los vascos no tienen su propio país—y fueron ellos los que llegaron primeros. Muchos vascos quieren separarse de España (y de Francia) para tener su propio país—éstos son los separatistas.

Hay un elemento político muy fuerte en su deseo de separarse. Durante la guerra civil española (1937–39), las provincias vascas españolas lucharon contra el Generalísimo Franco, que después fue dictador durante casi cuarenta años. Franco nunca se olvidó de aquéllo y durante su dictadura nunca trató las provincias vascas tan bien como las otras provincias. Las provincias vascas no estaban contentas, lo que ha contribuido mucho al sentimiento separatista.

En "el año en que no hubo Sanfermines" los separatistas vascos eran el ingrediente más importante.

Preguntas sobre la lectura

1. ¿Por qué los camiones no llevan los toros a la plaza durante los Sanfermines?
2. ¿Por qué no salen los toros de la ruta especificada?
3. ¿Por qué corren los hombres ante los toros? ¿Puede usted correr también si quiere?
4. ¿Es peligroso cuando una persona se cae? ¿En qué situación es peligroso?
5. ¿A qué hora es el encierro? ¿Cuánta gente lo ve? ¿Cuánta gente está en la plaza esperando los toros?
6. ¿Qué significan los dos cohetes?
7. ¿A qué hora (probablemente) se sueltan las novillas? ¿A qué hora es la primera corrida? ¿Qué hacen las novillas?
8. ¿Qué dos o tres palabras describen mejor los Sanfermines?
9. ¿Quiénes son los vascos? ¿Hablan español? ¿Qué otra lengua hablan?
10. ¿Por qué quieren muchos de ellos separarse de España?

Vocabulario

alojamiento lodging
anciano *old man*
barrera *barricade*
bravo *fierce*

cacofonía *cacophony (unharmonious sounds)*
caerse *to fall*
celebrarse *to take place*

centenares *hundreds*
cohete *rocket*
conducido *driven*
cuero *leather*
daño *injury*
desafiar *challenge*
despertar (ie) *to awaken*
despierto *awake*
detenerse *to stop*
dictadura *dictatorship*
divertido *amusing*
durar *to last*
embestir (i) *to attack*
encierro *running of bulls*
encima *over*
enojado *angry*
exceptuando *except*
gozo *joy*
herido *wounded person*
huérfana *orphan*
lidiar *to fight* (used only with bulls)
milenio *1000 years*
mismo *itself*
novilla *heifer*

perseguir (i) *to pursue*
pisar *to step on*
plaza (de toros) *bullring*
presenciar *to witness*
población *population*
probar (ue) *to prove*
punta *point* (of horn)
resultar *to turn out to be*
rodear *to surround*
según *according to*
señalar *to signal*
singular *strange*
soltar (ue) *to release*
suelto *loose*
toril *bull pen*
toro *bull*
tratar *to treat*
tropezar (ie) *to stumble*
único *only (one)*
vasco *Basque*
vascuence *Basque language*
valentía *bravery*
velocidad *speed*

Estudio de expresiones

1. **a lo largo de** *all along, throughout*

   Los toros corren **a lo largo de** la ruta.
   Ha habido muchas lenguas diferentes en la Península Ibérica **a lo largo de** su historia.

2. **en punto** *on the dot*

   A las siete **en punto** los toros corren.
   Llegué a las nueve y media **en punto**.

3. **hoy día** *nowadays*

   Hoy día hay camiones que llevan los toros.
   Hoy día se dice que la vida es más peligrosa que antes.

4. **lo extraño** *what's strange*

   Lo extraño es que hay hombres que corren delante de los toros.

5. **perseguido de**[1] *pursued by*

   Los hombres son **perseguidos de** los toros.

6. **tener que ver con** *have to do with*

   Originalmente, los que corrían **tenían** algo **que ver con** la plaza de Pamplona.
   El examen no **tiene** nada **que ver con** el libro.

7. **todo el mundo** *everybody*

   Todo el mundo se divierte mucho.
   Hay algunos que están ausentes hoy; no **todo el mundo** está presente.

Práctica de vocabulario

Ejercicio Uno.

MODELO   Cuando viajamos a otro lugar, tenemos que buscar **alojamiento**.

1. Una persona que tiene ochenta y cinco años es un _____ .
2. Cuando perdemos las llaves de una casa estamos _____ .
3. Una chica que no tiene padres es una _____ .
4. En una plaza de toros se torean _____ .
5. El _____ es una lengua muy antigua de la península Ibérica.
6. Cuando vemos un STOP, _____ el coche.
7. Una _____ es el gobierno de una sola persona.
8. Está prohibido conducir a mucha _____ en las ciudades.
9. Los americanos y los soviéticos mandan muchos _____ al espacio.
10. Normalmente los cómicos son muy _____ .
11. Un buen coche _____ muchos años.
12. Los Sanfermines _____ todos los años en Pamplona.

Ejercicio dos. Restate these sentences, but with the correct Spanish expression.

MODELO   (*Everybody*) puede ir a los Sanfermines si quiere.
         Todo el mundo puede ir a los Sanfermines si quiere.

1. Lo que tú dices no (*has nothing to do with*) lo que estamos discutiendo.
2. (*Nowadays*) hay muchos avances tecnológicos.
3. Con todo lo que come, (*what is strange*) es que no engorda.
4. El siempre ha trabajado mucho (*throughout*) su vida.

---

[1]A number of expressions use **de** where we might expect **por** or **con**, including **cubierto de** *covered with*.

5. La reunión empieza a las siete (*on the dot*).
6. El ratón Jerry es siempre (*pursued by*) el gato Tom.
7. (*Everybody*) quiere ganar mucho dinero.

2. El condicional para cortesía y para aconsejar

A. Aside from its use as the "future tense of the past," the conditional is also used (as in English) to be courteous. If you really want (or need) to be courteous, use the conditional *in a question.* Look at the increasingly more courteous effect that each example below has over the previous one:

¡**Ve** conmigo al cine!
Quiero que **vayas** conmigo al cine.
¿**Irías** conmigo al cine?

Here are more examples that only use the conditional:

¿Me **diría** usted las reglas otra vez?
¿Me **explicaría** la tarea?
¿**Volverían** ustedes antes de las nueve?
¿Se **acostarían** ustedes a las dos de la madrugada?
¿Me **escribiría** durante las vacaciones?
¿Nos **podrías** explicar este problema?
¿**Deberían** ustedes jugar al fútbol cuando hace tan mal tiempo?

Práctica oral

What are the courteous questions answered below?

MODELO   No, no puedo explicarle la lección ahora.
¿Podría usted explicarme la lección ahora?

1. No, no puedo ayudarte ahora con tu trabajo.
2. Sí, te haré un favor.
3. No, no te ayudaré con las maletas.
4. Sí, saldré mañana contigo al cine.
5. Sí, le despertaré a las ocho de la mañana.
6. No, no te acompañaré a casa.
7. No, no probaré nunca lo que tú cocinas.
8. Sí, te diré lo que me dijo tu amiga.
9. No, no te daré mi perro porque lo quiero mucho.
10. Sí, te prestaré mi coche para ir al aeropuerto.

B. The conditional is also used to give or ask for advice, especially where tact and courtesy are required.

> Yo **hablaría** con el guatemalteco en español y no en inglés.
>
> ¿**Escogerías** la camisa anaranjada o la verde?
>
> ¿Se **marcharía** usted antes del fin de la clase?
>
> ¿Cuándo te **despertarías** para llegar a clase a las nueve?
>
> ¿**Viajaría** usted a México por avión?
>
> ¿**Iría** usted a España este verano o **esperaría** un año o dos?

Práctica oral

Ejercicio uno. Put the elements given together to make a sentence.

MODELO Doctor, ¿deber yo / tomarme una aspirina?
  Doctor, ¿Debería tomarme una aspirina?

1. ¿Ser posible / mover esta silla a otro lugar?
2. Manuel, ¿qué estudiar tú / para el examen?
3. Profesor, ¿recomendarme / que leyera algún libro en particular?
4. Benjamín, ¿contestar tú / a ese anuncio?
5. Sara, ¿deber nosotros / asistir a la reunión?
6. Sr. García, ¿aconsejarme / que aceptara este trabajo?

Ejercicio dos. Say what you would do in the place of the speaker of each sentence following the model.

MODELO No voy a estudiar hoy. (En tu lugar...)
  En tu lugar yo estudiaría.

Cartel anarquista que se veía en Madrid reclamando la libertad de los presos.

1. No piensan hablar con el director. (En su lugar...)
2. No quiero aprender español. (En tu lugar...)
3. No voy a pedir un préstamo (*loan*) (En tu lugar...)
4. No pienso sacarme el carnet de conducir (*driver's license*). (En tu lugar...)
5. No van a viajar a Francia. (En su lugar...)

LECTURA CULTURAL

El año en que no hubo Sanfermines

Era el primer día de los Sanfermines en Pamplona. Todo el mundo se divertía, todo el mundo estaba contento. Vieron el encierro con entusiasmo, oyeron las bandas, vieron los desfiles, y acudieron a la plaza de toros para ver la primera corrida. Entonces, entraron en la plaza veinte manifestantes separatistas vascos de la ETA[1], llevando la "Ikurriña"—la bandera de los vascos—y pancartas políticas, interrumpiendo la corrida de toros, pero la manifestación—aunque fastidiaba a la gente—no era violenta.

Llegó la Policía Armada, y comenzó una batalla que suspendió la corrida al instante y que dispersó pronto a los veinte mil espectadores. La batalla salió de la plaza y continuaba por la noche mientras que los turistas se prepraraban para salir, y salieron, precipitadamente de la ciudad.

Al día siguiente, el segundo día de los Sanfermines, no había más turistas, no había más fiesta. Como consecuencia de la batalla de la noche anterior, había un muerto y ciento treinta y cinco heridos. El joven muerto fue Germán Rodríguez, de veintitrés años, un comunista y separatista vasco de Pamplona. Murió de un balazo en la frente.

Pero los policías debían haber usado[2] balas de goma y no balas de plomo. Su meta debía de ser: poner fin a la manifestación y no matar a nadie. ¿Quién mató a Germán Rodríguez? ¿Por qué usaron balas de plomo? Estas dos preguntas quedan sin responder, pero es fácil contestar a la tercera pregunta: ¿Continuaron las fiestas? La respuesta es no. La mayoría de la gente se fue, y los pamploneses que se quedaban ya no tenían interés en continuar.

Preguntas sobre la lectura

1. ¿Cómo fue el primer día de los Sanfermines hasta las cinco de la tarde?
2. ¿A qué hora (probablemente) llegaron los manifestantes? ¿Era una manifestación violenta?
3. ¿Después de cuántos minutos se suspendió la corrida (probablemente)? ¿Qué hora era (probablemente) cuando todo el mundo se fue de la plaza?
4. ¿Cuántas personas murieron en la batalla? ¿Cuántas personas fueron heridas?

---

[1]**ETA** means "Euzkadi Ta Azkatazuna," *The Basque Country and Liberty.*
[2]**debían haber usado** *should have used*

5. ¿Quién mató a Germán Rodríguez? ¿Por qué usaron balas de plomo?

6. ¿Qué pasó durante los Sanfermines del día siguiente?

Vocabulario de la lectura

acudir *to go, come*
bala *bullet*
balazo *bullet wound*
batalla *battle*
bandera *flag*
corrida *bullfight*
desfile *parade*
fastidiar *to annoy*
frente *forehead*
goma *rubber*
hubo *there was, were*
manifestación *demonstration*

manifestante *demonstrator*
matar *to kill*
mayoría *majority*
meta *goal*
mientras *while*
muerto *dead person*
pancarta *sign*
plomo *lead*
precipitadamente *quickly*
quedar *to remain*
pamplonés *person from Pamplona*
suspender *to stop*

Estudio de expresiones

1. **al instante** *in an instant*

> La gente se fue **al instante**.
> Me dieron la foto de pasaporte **al instante**.

2. **al día siguiente** *the following day*

> **Al día siguiente** no había más turistas.
> Llegamos el jueves y **al día siguiente** nos fuimos.

3. **poner fin a** *put an end to*

> Debían **poner fin a** la manifestación.
> Mis padres **pusieron fin a** la fiesta a la una de la madrugada.

4. **sin responder** *unanswered*

> Hay dos preguntas que quedan **sin responder**.

Práctica de vocabulario

Say these sentences including a word from the vocabulary above. If it is a verb, use it in a proper tense and person.

MODELO Mi amiga **acudió** a la cita el lunes.   **acudir, quedar, estar**

1. ¿Cuántos huevos _____ ?

estar, quedar, suspender

2. _____ muchos invitados a la fiesta de ayer.

        fastidiar, acudir, matar

3. Hubo trescientos _____ en el accidente de avión.

        manifestantes, muertos, desfiles

4. Los manifestantes llevaban muchas _____ .

        metas, gomas, pancartas

5. En febrero hubo una _____ en Lima a favor de la paz.

        manifestación, desfile, corrida

6. El partido de fútbol _____ por la lluvia torrencial.

        quedar, suspenderse, fastidiar

7. El _____ de las fuerzas armadas fue muy interesante.

        desfile, manifestación, frente

8. México ha luchado en muchas _____ a la largo de su historia.

        pancartas, metas, batallas

9. La _____ española es roja, amarilla y roja.

        goma, bandera, batalla

10. La _____ de los escritores es llegar a ser famosos.

        manifestación, batalla, meta

En la ciudad de Guernica (España), una manifestación separatista de los vascos. ¿Qué puede usted leer de las palabras vascas?

3. La conjetura

Spanish has the word **probablemente** but doesn't use it nearly as much as we use *probably* in English. Instead, Spanish has a grammatical way to show conjecture.

A. To show conjecture or probability in the *present*, Spanish uses the *future* tense. Notice the various English equivalents for the same tense in Spanish.

Habrá unos veinticinco estudiantes en clase **hoy**.	*There are probably twenty-five students in class today.*
¿Qué hora **será** (ahora)?	*What time do you suppose it is/can it be?*
No **sabrá** la respuesta Anita.	*Anita probably doesn't know the answer.*
Estarán almorzando ahora.	*They are probably/must be eating now.*

When the future is used to express present conjecture, it is followed by adverbs of the present, or with the present time implied, so this use cannot be confused with its use to show the future.

Práctica oral

Answer these questions using conjecture from the present point of view.

MODELO ¿Cuántos estudiantes hay en clase hoy?
Habrá unos veinte.

1. ¿Cuántos años tiene el profesor?
2. ¿Qué hora es?
3. ¿Dónde está el Presidente hoy?
4. ¿Cuántos perros tiene tu amigo?
5. ¿Cuántas personas trabajan aquí?
6. ¿Cuánto dinero cuesta este coche nuevo?
7. ¿Qué está leyendo el profesor Vives?
8. ¿Sabe María el secreto?
9. ¿Dónde comen los ricos?
10. ¿Cuál es la tarea para mañana?

B. Since the future shows conjecture in the present, it is reasonable that the conditional would show conjecture from the imperfect point of view (after all, it has imperfect endings). Adverbs of time are all past, so this use is also clearly distinguished from the usual "conditional" meaning of the tense.

Serían las nueve cuando llegaron.	It *must have been/probably was* nine o'clock when they arrived.
Mi sobrina **tendría** unos quince años la última vez que la vi.	My niece *probably was/must have been* fifteen when I saw her last.
Ella **estaría durmiendo** cuando llegamos.	She *must have been/probably was sleeping* when we arrived.
El profesor **leería** nuestros exámenes anoche.	The professor *was probably reading* our tests last night.

Práctica oral

Answer these questions using conjecture from the imperfect point of view. Begin your answer with **supongo** (*I suppose*).

MODELO   ¿Qué tiempo hacía en Montreal ayer?
          Supongo que haría frío.

1. ¿Era inteligente Cervantes?
2. ¿Dormía mucho Picasso?
3. ¿Había corridas de toros en Italia?
4. ¿Sabía Shakespeare bailar el vals?
5. ¿Era William Drake un pirata?
6. ¿Cuántas personas había en la fiesta de Pedro?
7. ¿Tenía Napoleón mucho dinero?
8. ¿Hablaba mucho el rey Fernando con la reina Isabel?
9. ¿Pintaba muchos cuadros extraños Dalí?
10. ¿Qué pensaba el profesor cuando vio tu examen?

C. To show conjecture from the preterite point of view, Spanish uses the ***future perfect*** tense (the future of **haber** plus the past participle).[1]

Ellos **habrán venido** y se **habrán ido** ya.	They *probably came and went* already.
Esta tarea **habrá sido escrita** por otra persona.	This homework *was probably/must have been written* by another person.
Ya lo **habrán hecho.**	They *must have done/probably did* it already.
No lo **habrán mencionado.**	They *probably didn't mention* it.

---

[1]In English, we use our future perfect for the same meaning: "They *will have finished* two hours ago," "The rest of the family *will have eaten* at seven—let's eat out."

Práctica oral

Ejercicio uno. Say the sentences with the future perfect forms.

MODELO   El lápiz (caerse) **se habrá caído** de la mesa.

1. ¿Quién (escribir) _____ esto?
2. ¿Quién (decir) _____ tal idiotez?
3. Picasso (pintar) _____ ese cuadro.
4. Felipe (terminar) _____ su trabajo ya.
5. Los niños (ver) _____ los dibujos animados en la televisión.
6. Ellos (divertirse) _____ en el baile.
7. Supongo que el periódico (publicar) _____ mi artículo.
8. Los dueños del apartamento (subir) _____ el alquiler.
9. El comité (tomar) _____ sus decisiones.
10. La situación (mejorar) _____ con el nuevo presidente.

Ejercicio dos. Show conjecture in the preterite in your answers.

MODELO   ¿A qué hora llegó tu hermano anoche?
Habrá llegado a medianoche.

1. ¿Dónde puso el profesor los exámenes?
2. ¿Leyó el editor el nuevo libro de tu hermano?
3. ¿Cuántas personas asistieron al espectáculo?
4. ¿A qué hora vieron los toros?
5. ¿Cuántos turistas quedaron en la plaza después del incidente?
6. ¿Cómo trataron a los manifestantes?
7. ¿Por qué suspendieron la reunión?
8. ¿Cuántos toros corrieron en la calle?
9. ¿Cuántas personas murieron en el accidente?
10. ¿Cuándo se celebró el encuentro?

Dos a dos

Person A

1. ¿Qué estará haciendo tu hermano,-a ahora?
2. ¿Qué hora será en Madrid ahora?
3. ¿Habrá visto el profesor la película nueva?
4. ¿Sabría mucho Emilio Estévez del cine antes de hacer su primera película?
5. ¿Habrá leído el profesor nuestros exámenes?

Person B

1. ¿Qué hora será en Tokio ahora?

2. ¿Qué estará haciendo tu madre ahora?

3. ¿Cuántas lenguas hablará el profesor?

4. ¿Cuál será la capital del Paraguay?

5. ¿Qué hora sería cuando Cristóbal Colón descubrió América?

LECTURA CULTURAL

From *EL PAIS*[1]

Los incidentes, recogidos en grabaciones magnetofónicas y filmaciones

Cuando todavía las mulillas no habían terminado de arrastrar el segundo toro de la feria,[2] un grupo de mozos, a los que posteriormente se unirían otros, saltaron desde el tendido de las peñas,[3] al centro de la plaza con una gran pancarta en que se leía: *Amnistía total, presoak kalerá,*[4] *San Fermín sin presos.*[5] Los mozos recorrieron con la pancarta desplegada parte del redondel hasta llegar a los tendidos de sombra[6] y concretamente al tendido tres, desde donde se lanzaron al ruedo almohadillas y se profirieron condenatorios. En ese momento, desde los tendidos de sol[7] arreciaron los gritos de *presoak kalerá, presoak etxera* (presos a la calle, presos a casa), que fueron respondidos por otro sector del público con gritos de *San Fermín, San Fermín.*

Mientras el lanzamiento de almohadillas continuaba desde el tendido tres, los ánimos se fueron encrespando. Varias personas rodaron por los tendidos y algunas personas trataron de apaciguar los ánimos.

Cuando más de 18.000[8] personas permanecían todavía en la plaza con mirada fija en los incidentes del tendido tres y la arena aparecía cubierta de jóvenes, hizo su aparición por un callejón de salida de la plaza un pelotón de unos cincuenta policías armados, que inmediatamente procedió a la carga con pelotas de goma y botes de humo. A los primeros momentos de confusión y desbandada general por los tendidos hacia la salida general de la plaza, con ataques de histerismo en algunas personas, siguió

[1]*EL PAIS* and *Ya* (cited in later readings) are Madrid newspapers. (The masthead of the former does not carry an accent on *PAIS*.)

[2]A bullfight usually consists of six bulls (that's how many are driven to the arena every day of the Sanfermines), two for each of three matadors who are present.

[3]**Peñas** are clubs of friends that are most active when a city or town is preparing for its annual festival. In Pamplona, given the importance of the festival, the **peñas** are powerful.

[4]**Presoak** is borrowed from the Spanish **presos**. In Basque, plurals are shown by adding a **k**. **Kalerá** also seems to be a borrowing from **calle**. The phrase means **Presos a la calle** *Release the prisoners*.

[5]There were some Basque separatists in the Pamplona jail at that time.

[6]In bullfights, the most expensive seats are those in the **sombra**, *shade*. The demonstrators want to take their message to those in authority, who would naturally have the best seats.

[7]The people seated in the **sol**, *sun*, have the cheapest seats, and are thought to represent the rowdy lower classes who would associate with the common man's causes, thus their cries of sympathy with the demonstrators. Students who attend bullfights should consider tickets for the **sol y sombra** section—there, your seat for the bullfight starts in the sun and ends in the shade.

[8]Outside of English-speaking countries (which is most of the world) a period is used instead of a comma, and vice versa, in numbers.

una reacción violenta contra la inesperada aparición de la Policía Armada.

Batalla campal en la plaza

Con gritos de *todos al ruedo*, grupos de mozos se enfrentaron abiertamente con las fuerzas policiales. A los pocos minutos la plaza se convertía en un campo de batalla y varias personas quedaban tendidas sobre la arena. Un número de la Policía Armada quedó inconsciente y varios mozos fueron trasladados rápidamente a la enfermería, que al poco rato se llenó de heridos. El lanzamiento de todo tipo de objetos, botellas y panes, fue constante mientras duró la actuación de la Policía Armada, que a los pocos minutos comenzó a replegarse sin dejar de disparar hacia el callejón de salida.

A punto de finalizar el repliegue un número de la Policía Armada hizo un total de cinco o seis disparos con su pistola reglamentaria. Dos policías fueron retirados por sus compañeros, e inmediatamente se organizó una refriega que se extendió a calles colindantes a la plaza, donde grupos de jóvenes lanzaron piedras contra la policía con gritos de *gora ETA* y *policía asesina*.

Los disparos de pelotas de goma y botes de humo y la primera aparición de ambulancias se sucedieron, al mismo tiempo que la concentración de personas que condenaban la actuación policial fue en aumento. Algunos miles de personas, con gritos de *cuerpos represivos*, *disolución*, *ETA*, *el pueblo está contigo* y otros, se dirigieron hacia el Gobierno Civil,[1] donde apedrearon el edificio y, en ocasiones, llegaron hasta la puerta principal, usando material de obras a modo de escudos. Poco después llegaban refuerzos policiales a la zona y se producían enfrentamientos violentísimos en la zona de Carlos III.[2] Hacia las diez de la noche los vehículos policiales iniciaron un movimiento de

---

[1] The **Gobierno Civil** is the arm of the provincial government that administers the police, and has the offices of the **Gobernador Civil**, *Provincial Governor*.

[2] **La Avenida de Carlos III** (tercero) is the principal tree-lined avenue of Pamplona.

repliegue hacia el Gobierno, perseguidos por los manifestantes. En la avenida de Roncesvalles,[1] según testigos presenciales, se bajaron de los vehículos y se escuchó un tableteo parecido al de las metralletas. Durante cinco minutos estos disparos se sucedieron ininterrumpidamente, mientras los manifestantes se protegían debajo y detrás de los coches.

Versión de un compañero de la víctima

Patxi Lauxurica,[2] de veinte años, compañero de Germán Rodríguez, muerto a consecuencia de estos disparos en la confluencia de Roncesvalles con Carlos III, ha hecho una reconstrucción de la caída mortal de este joven: "Germán estaba nervioso e indignado, ya que había visto la actuación brutal en la plaza de toros y a un joven con la cabeza alcanzada por una pelota de goma. Tuvimos luego un enfrentamiento muy violento en el Gobierno Civil y allí creo que ya dispararon con pistolas, porque vi chispazos y los tiros son diferentes. De allí nos hicieron ir hacia atrás con pelotas de goma y botes de humo. Entre los botes de humo y los heridos, que se los iban llevando las ambulancias, nos hicieron replegarnos hacia la plaza de toros. Allí se retiraron y nosotros íbamos detrás con alegría, saltando porque se marchaban. Esa es la realidad. En la Avenida de Roncesvalles, sin más, sin saber por qué, comenzaron a disparar, pero no dispararon ninguna pelota de goma, ningún bote de humo, dispararon ráfagas, sólo ráfagas. Y eran ráfagas que no creo fueran de metralleta, porque la metralleta dispara muy

seguido y mucho más suave. Aquellos disparos eran como martillazos y muy separados. Y hablando después con alguno que ha hecho la *mili*[3] dicen que son de *Cetme*.[4] Germán estaba detrás del mismo coche. Bueno, yo ni sabía que estaba Germán allí. Vi que el que estaba a mi derecha pegó como un salto y cayó, y luego le vimos la herida característica de una bala en la frente".

Ciento treinta heridos; seis de bala

A partir de esos momentos los enfrentamientos se alargaron hasta las cinco de la madrugada, con lanzamiento de *cócteles molotov*[5] contra la Diputación,[6] destrozos de algunas entidades bancarias, retirada de dos banderas españolas y otros incidentes. La llegada de fuerzas especiales de la Policía Armada, así como comandos de estas fuerzas, fue también constante durante la noche y madrugada del día de estos hechos. En el hospital y residencia se contabilizaron un total de 130 heridos, seis de ellos con disparos de bala en el tórax, abdomen, brazos y piernas. Un súbdito francés, con un disparo que le interesaba la columna vertebral fue trasladado este domingo en helicóptero a su país. Por otra parte, las barricadas en el centro de Pamplona y casco viejo fueron auténticos escenarios de protestas violentas y enfrentamientos. Se incendiaron dos coches y algunas motos, así como la furgoneta de reparto del diario *El Pensamiento Navarro*, y tuvieron lugar también otros conatos de incendio en algunos lugares, incluida la Diputación Foral.

[1]**La Avenida de Roncesvalles** is another tree-lined avenue that crosses Carlos III and goes directly to the bullring, one block away. The street is named for the nearby town of Roncesvalles (at the French border) where, in the year 778, another battle took place, where Basques attacked and killed Roland (about whom *The Song of Roland* is sung) and much of his army. That time the Basques won.

[2]The Basque **x** is pronounced *sh*.

[3]**La *mili*** is colloquial for **el servicio militar**. No one seems to know where **la** came from.

[4]**Cetme** is a Spanish automatic rifle.

[5]A Molotov cocktail is a fire bomb made by filling a bottle with gasoline, stuffing a rag into the top, and lighting the rag as it is thrown. Originally it was an anti-tank weapon devised by the Finns in 1939 when Vladimir Molotov was the Soviet Minister of Foreign Affairs.

[6]**La Diputación Foral** (or **Provincial**) is the arm of provincial government that does the paperwork—licenses, records, etc.

Preguntas sobre la lectura

1. ¿Entraron los manifestantes por el callejón de salida? ¿Había peligro de toros cuando entraron en la plaza?
2. ¿Por qué la pancarta tenía palabras en dos lenguas?
3. ¿Por qué la gente les profirió condenatorios a los manifestantes?
4. De las palabras "presoak," "kalerá" y "etxera", sólo una no muestra influencia del español. ¿Cuál es? ¿Que significará "gora ETA"?
5. ¿Por qué salió toda la gente de la plaza? ¿Por qué había una reacción violenta contra la llegada de los policías?
6. ¿Por qué lanzaron botellas y panes?
7. ¿Por qué usaron los policías su pistola reglamentaria?
8. ¿Por qué la gente fue a atacar el Gobierno Civil?
9. ¿Es peligrosa una bala de goma? ¿Cómo lo sabe usted?
10. El disparo que mató a Germán, ¿fue de una metralleta?
11. ¿Cuándo terminó la batalla?

Vocabulario

actuación *actions*
alargar *to prolong*
alcanzado *hit*
alegría *joy*
almohadilla *cushion*
ánimo *spirit*
apaciguar *to pacify*
aparecer *to appear*
aparición *appearance*
apedrear *to throw stones*
armado *armed*
arrastrar *to drag away*
arreciar *to grow violent*
bancario *banking*
batalla *battle*, — campal *pitched battle*
bote de humo *tear gas*
botella *bottle*
brazo *arm*
caída *fall*
callejón *lane*
campal, batalla — *pitched battle*
carga *attack*
casco *section of town*
colindante *bordering*

conato *attempted crime*
compañero *friend, companion*
condenatorio *condemnatory statements*
confluencia *crossing of roads*
contabilizarse *to admit* (to hospital)
chispazos *sparks*
desbandada *great disorder*
desplegado *spread out, unfolded*
destrozo *destruction*
disparar *to shoot*
encrespar *to be boisterous*
enfermería *infirmary*
enfrentamiento *confrontation*
enfrentar *to confront*
entidad *entity*
escudo *shield*
feria (de toros) *bullfight*
fijo *fixed*
filmación *on film*
furgoneta *van*
grabación *recording*
grito *shout*
histerismo *hysteria*
incendio *fire*
incendiar *to burn*

Fiesta en Vera Cruz
(México).

inconsciente *unconscious*
indignado *angry*
inesperado *unexpected*
interesar *to affect*
lanzamiento *throwing*
lanzar *to throw*
llevarse *to take away*
magnetofónico *tape recorded*
manifestantes *demonstrators, rioters*
marcharse *to go away*
material de obras *construction material*
metralleta *sub-machine gun*
miles *thousands*
moto(cicleta) *motorcycle*
mozo *young man*
muerto *killed*
mulilla *little mule*
obras *works,* **material de**
— *construction material*
pan *bread*
pelotón *platoon*
presencial, testigo — *eyewitness*
preso *prisoner*
proteger *to protect*

recogido *collected*
recorrer *to circulate*
ráfaga *burst of shots*
redondel *bull ring*
refriega *skirmish*
reglamentario *prescribed*
reparto *delivery*
replegarse (ie) *to rally, retreat*
retirado *withdrawn*
rodar (ue) *to wander about*
ruedo *circle*
salida *exit*
seguido *rapid*
separado *distinct*
sol *sun*
sombra *shade*
suave *quiet*
súbdito *citizen*
sucederse *to follow one another*
tableteo *rattling sound*
tendido *stretched out; section in an arena*
testigo *witness*
todavía *still,* — **no** *not yet*
trasladado *transferred*

Estudio de expresiones

1. **a consecuencia de** *as a result of*

   Germán Rodríguez fue muerto **a consecuencia de** estos disparos.
   A consecuencia de la batalla, no pudieron continuar los Sanfermines.

2. **a los pocos minutos** *in a few minutes*

   A los pocos minutos los policías comenzaron a replegarse.
   Ellos volvieron **a los pocos minutos**.

3. **a modo de** *as a kind of*

   Usaron material de obras **a modo de** escudos.

4. **al poco rato** *in a little while*

   Fueron a la enfermería que **al poco rato** se llenó de heridos.
   Al poco rato llegaron los policías.

5. **al mismo tiempo** *at the same time*

   Las ambulancias aparecieron **al mismo tiempo** que la gente comenzó a gritar aun más.
   Yo entré **al mismo tiempo** que mi hermano salió.

6. **en aumento** *increasing*

   La concentración de personas que condenaban la actuación policial fue **en aumento**.

7. **hacerle a uno + infinitive** *to make someone do something*

   De allí **nos hicieron ir** hacia atrás con pelotas de goma y botes de humo.
   Entre los botes de humo y los heridos **nos hicieron replegarnos** hacia la plaza de toros.

8. **pegar un salto** (or other similar nouns) *to give a jump*

   Germán **pegó un salto** y cayó.

9. **por otra parte** *on the other hand*

   Por otra parte, las barricadas fueron auténticos escenarios de protestas violentas y enfrentamientos.

10. **sin más** *without any reason*

    Sin más, comenzaron a disparar ráfagas.

11. **tener lugar** *to take place*

> **Tuvieron lugar** otros conatos de incendio en algunos lugares, incluida la Diputación Foral.
>
> La batalla **tuvo lugar** cerca de aquí.

12. **ya que** *since*

> Germán estaba nervioso e indignado, **ya que** había visto la actuación brutal en la plaza de toros.
>
> **Ya que** estamos todos aquí podemos comenzar.

Práctica de vocabulario

Ejercicio uno. Repeat these sentences using a synonym from the vocabulary.

MODELO   Pedro estaba muy <u>enfadado</u>, porque no pudo ir a la fiesta.
Pedro estaba muy **indignado** porque no pudo ir a la fiesta.

1. El presidente de los EEUU es un <u>ciudadano</u> americano.
2. El terremoto causó gran <u>destrucción</u> en la Ciudad de México.
3. Las conferencias <u>siguieron</u> por dos semanas.
4. Los <u>prisioneros</u> fueron juzgados por un tribunal.
5. Al final de la película, Rhett Butler <u>se fue</u>.
6. Los constructores necesitan <u>material de construcción</u> para su trabajo.
7. Los ganadores fueron recibidos con gran <u>contento</u>.
8. En verano hay muchos <u>fuegos</u> en los bosques en las zonas secas.
9. A los <u>jóvenes</u> les gusta la música rock.
10. La semana pasada hubo un <u>ataque</u> contra los guerrilleros.

Ejercicio dos. Choose an appropriate item from the list of expressions and say the sentence.

MODELO   Hubo muchos heridos **a consecuencia de**l accidente.

1. El concierto _____ en el estadio.
2. Todas las personas en la clase hablaban _____.
3. Yo llegué a las diez y _____ llegó Rosario.
4. Mis padres me _____ ir al cumpleaños de mi tía.
5. La población en la ciudad de México va _____ cada año.
6. Ester llegó a casa y _____ empezó a gritar a todo el mundo.
7. Rosario se acostó y _____ durmió.
8. Ellos tendrán que viajar en tren _____ no tienen dinero para el avión.

9. Estaba lloviendo y mi madre usó una bolsa de plástico _____ paraguas.

10. Mi hermano fue castigado _____ sus malas notas.

4. Si tuviera tiempo, iría a la plaza contigo...

Life is filled with contingencies and conditions. We have to use *if*-clauses frequently to say what we *will* do if. . . , what we *would* do if. . . , and what we *would have* done if. . . . These clauses work in Spanish the same way they do in English.

A. To say what you will do if a certain condition exists, use a future tense verb followed by **si** + a present tense verb (or **si** + a present tense verb followed by a future tense verb—in either case, the present tense verb must follow **si**).

Si tengo dinero, **iré** al cine.
Iré al cine **si tengo** dinero.
    (I think I have some money somewhere. . . I'll go look.)
Si sé las respuestas, **recibiré** una buena nota.
Recibiré una buena nota **si sé** las respuestas.
    (I studied hard and think I know the material well.)
Si voy a España este verano, **conoceré** bien el país.
Conoceré bien España **si voy** allí este verano.
    (I have a plan of travel already made and the trip looks likely.)
Si vuelven a casa, **comerán** con nosotros.
Comerán con nosotros **si vuelven** a casa.
    (There'll be plenty of food up to a certain time.)
Si estás aquí a las cinco, **verás** a mi primo guapo.
Verás a mi primo guapo **si estás** aquí a las cinco.
    (He leaves at a quarter after.)

In this construction, there is no doubt what you will do provided a certain condition exists. In the first example, you simply don't know if you have sufficient funds, but if you do, you're off to the movies.

Práctica oral

Put these halves together to show what will happen.

MODELO   Yo estudio mucho / sacar buena nota
          Si yo **estudio** mucho, **sacaré** buena nota.

1. Los niños beben leche / tener buenos dientes
2. Tú haces mucho ejercicio / perder peso
3. Usted presencia una corrida / ver muchas cosas interesantes

4. Nosotros tratamos a la gente bien / hacer muchos amigos
5. Ellos tienen suerte / terminar antes de las cinco
6. Ustedes no gritan / nadie oír lo que dicen
7. Tú te cuidas la permanente / durar mucho
8. Ustedes se protegen del frío / no tener frío
9. Ellos recogen las hojas del jardín / yo les pagar dinero
10. El vuelve más tarde de las doce / no poder entrar

B. The second construction is used for contrary-to-fact situations, for wishful thinking. Here, you know *for sure* you don't have the money, so you won't be going to the movies. This time you use **si** + the past subjunctive followed by the conditional (the clauses can be reversed, too). The reason you need the subjunctive is that the action cannot be going on, and that's a primary reason for the subjunctive.

> **Si tuviera** dinero, **iría** al cine.
> **Iría** al cine **si tuviera** dinero.
>> (I have no money, but if I did, I'd see a movie.)
> **Si supiera** las respuestas, **recibiría** una buena nota.
> **Recibiría** una buena nota **si supiera** las respuestas.
>> (I have just been handed the test and I guess I studied the wrong stuff. I cannot get a good grade.)
> **Si fuera** a España este verano, **conocería** bien el país.
> **Conocería** bien España, **si fuera** allí este verano.
>> (I have to work in the shop this summer and probably won't get to leave the country!)
> **Si volvieran** a casa, **comerían** con nosotros.
> **Comerían** con nosotros **si volvieran** a casa.
>> (We just found out the car is broken down in Barstow and they cannot possibly be here on time.)
> **Si estuvieras** aquí a las cinco, **verías** a mi primo guapo.
> **Verías** a mi primo guapo **si estuvieras** aquí a las cinco.
>> (It's too bad you cannot make it by 5:15.)

The interesting thing here is that *both* constructions so far refer to the *present moment*, the first being factual and the second being contrary-to-fact. It is exactly the same in English.

Práctica oral

Here, a person is refusing to do something. Tell the person what would happen—using the verb·in parentheses—if he or she did do it.

MODELO   No juego al baloncesto. (aprender las reglas)
         Si jugaras al baloncesto, **aprenderías** las reglas.

1. No voy a la fiesta. (divertirse)
2. No arreglo la radio. (funcionar)
3. No tomamos notas. (tener mejor nota)
4. No me acuesto temprano. (estar más descansado)
5. No me quedo más tiempo en Chile. (aprender bien la lengua)
6. No leo el periódico. (aprender lo que pasa)
7. No hablas con tus padres. (tener menos problemas)
8. No participo en clase. (el profesor conocerte mejor)
9. No limpio mi cuarto. (tener más espacio libre)
10. No bajo los precios. (venir más personas a tu tienda)

C. To relate contrary-to-fact situations in the past, you need to use **si** + the past perfect subjunctive followed by the conditional perfect. The past perfect subjunctive is based on **hubiera** (the past subjunctive of **haber**) + the past participle.

> **Si hubiera tenido** dinero, **habría ido** al cine.
> **Habría ido** al cine **si hubiera tenido** dinero.
>   (I really wanted to see a movie, but I had no money.)
> **Si hubiera sabido** las respuestas, **habría recibido** una buena nota.
> **Habría recibido** una buena nota **si hubiera sabido** las respuestas.
>   (Boy did I ever bomb that test. Nonetheless, if I had known the answers. . .)
> **Si hubiero ido** a España este verano, **habría conocido** bien el país.
> **Habría conocido** bien España, **si hubiera ido** allí este verano.
>   (I had to stay home and work and never even left the country.)
> **Si hubieran vuelto** a casa, **habrían comido** con nosotros.
> **Habrían comido** con nosotros **si hubieran vuelto** a casa.
>   (It's a pity they broke down in Barstow.)
> **Si hubieras estado** aquí a las cinco, **habrías visto** a mi primo guapo.
> **Habrías visto** a mi primo guapo **si hubieras estado** aquí a las cinco.
>   (It's too bad you couldn't arrive while he was here.)

Práctica oral

Change these sentences around to show what would have happened if. . . Follow the model.

MODELO   Alfredo no se levantó pronto y llegó tarde a clase.
    Si Alfredo se hubiera levantado pronto, no habría llegado tarde a clase.

1. Ellos no reservaron las entradas y se quedaron sin ellas.
2. Tú no celebraste tu cumpleaños y no tuviste regalos.
3. Sara no miró por donde iba y se cayó.
4. Las chicas no estudiaron y no tuvieron buenas notas.

5. No contamos el dinero y no sabemos lo que gastamos.

6. Yo no llené el depósito de gasolina y me quedé sin ella en medio de la calle.

7. Inés no se probó el vestido y tuvo que devolverlo.

8. No seguí las instrucciones y todo me salió mal.

9. Ellos no corrieron con entusiasmo y perdieron la carrera.

10. Ustedes no escucharon con atención y no entendieron nada.

---

5. Las conjunciones que exigen el subjuntivo

A. An action that already happened is a fact—there is no doubt about it—but an action that has yet to happen—no matter how sure it appears to be—is shrouded in doubt. If I say "I saw you when you got off the train," there is no doubt—you got off the train and I saw you then. But if I say "I'll see you when you get off the train," it is a completely different matter—will you be on the train? will the train be derailed in Wyoming? will you be too sick to get off when it does arrive? will I be waiting at the wrong car and won't see you when you actually get off? what if the train is hijacked?

When you think of doubtful actions, you think of the subjunctive. In the first example above there is no subjunctive because it already happened and is a fact: "**Te vi cuando saliste del tren**," but in the second example you haven't got off yet (and therefore your getting off is fraught with considerable doubt), so one would have to say: "**Te veré cuando *salgas* del tren**."

After certain conjunctions (and **cuando** is one of them), you use the (present) subjunctive[1] if the action has yet to happen, but you use the regular present if it habitually happens,[2] and the preterite or imperfect if it already happened.

Conjunctions that use the subjunctive only with future actions

cuando	*when*	**Cuando venga** el avión, vamos a subir.
		Cuando viene el avión, siempre subimos.
		Cuando vino el avión, subimos.
mientras	*while*	**Mientras estemos** en Madrid, visitaremos el Museo del Prado.

---

[1] You might think that some kind of future subjunctive would fit the bill perfectly here—and you'd be right. In the old language there used to be a future subjunctive reserved for just this type of thing. The future subjunctive has fallen out of use except for a few expressions such as **Sea lo que *fuere***, *Be that as it may*.

[2] There is a major difference between the "present habitual" and the future constructions. In the "present habitual" it's been that way every time up to and including the last time something happened: "**Cuando voy a San Francisco siempre visito a mi tía**" (because you've been in that city ten times and you've visited your aunt ten times), but if you are going to return next week, with plans to see your aunt you'd still have to say: "**Cuando vaya a San Francisco, visitaré a mi tía**" because you haven't made tha particular trip yet. The "present habitual" is good only for what has gone on so far—the next time stil requires the subjunctive.

Música azteca
(México).

Mientras estamos en Madrid, visitamos el Museo
del Prado.
Mientras estábamos en Madrid, visitamos el Museo
del Prado.

tan pronto como   *as*
   soon as

Tan pronto como nos **traigan** la comida,
comeremos.
Tan pronto como nos **traen** la comida, comemos.
Tan pronto como nos **trajeron** la comida,
comimos.

hasta que   *until*

Tengo que estudiar **hasta que aprenda** la lección.
Yo estudio siempre **hasta que aprendo** la lección.
Estudié **hasta que aprendí** la lección.

después de que   *after*

Después de que lleguen ellos, saldremos al cine.
Después de que llegan ellos, siempre salimos al
cine.
Después de que llegaban ellos, siempre salíamos al
cine.

In **Tengo que estudiar hasta que aprenda la lección**, are there any guarantees that no
matter how long I study I will learn the lesson? Obviously not, so the subjunctive has
to be used. In **Yo estudio hasta que aprendo la lección**, I have managed to learn every
lesson *so far* (some have taken fifteen minutes and others up to five hours, but still I
learned them). In **Estudié hasta que aprendí la lección**, you are saying what
happened—you studied until you learned it.

Práctica oral

Ejercicio uno. Change the first verb from the present (habitual action) to the future and make other indicated changes, too.

MODELO   No hay ningún problema mientras trabajamos juntos.
   No **habrá** ningún problema mientras **trabajemos** juntos.

1. Pagamos tan pronto como nos traen la cuenta.
2. Nos callamos cuando entra el profesor.
3. Me levanto tan pronto como suena el despertador.
4. Roaslía espera a sus amigos hasta que se presentan.
5. Sirvo las bebidas después de que los invitados llegan.
6. Presenciamos el partido de tenis hasta que termina.
7. Los niños juegan mucho mientras son jóvenes.
8. Ellos corrigen sus exámenes después de que los hacen.
9. Todo el mundo saca el paraguas cuando llueve.
10. Trabajamos mucho mientras tenemos trabajo.

Ejercicio dos. Provide the right form of the verb.

MODELO   Yo fui a verlos tan pronto como me (llamar) **llamaron**.

1. Se llevaron una gran sorpresa cuando se lo (decir) _____.
2. Nos compramos una casa tan pronto como (poder) _____.
3. Continuó estudiando después de que su amigo se (ir) _____.
4. Mi hermana siempre escucha música mientras (estudiar) _____.
5. Volveré a hacerlo hasta que (estar) _____ bien hecho.
6. Mi perro se pone muy contento cuando nosotros (llegar) _____.
7. Te enfadaste mucho después de que (aprender) _____ lo que pasó.
8. Haré lo que me dicen tan pronto como (tener) _____ tiempo.
9. Ellos siempre comen algo mientras (ver) _____ la televisión.
10. Luchamos por lo que queremos hasta que lo (conseguir) _____.

B. Some conjunctions require the subjunctive at all times—referring to present, future, or past—because their outcome is always doubtful. In "I explained it to you so that you would understand it"—although the explanation seemed clear to me, did you, in fact, understand it? The conjunctions listed below require the subjunctive at all times.

para que   *so that*   El profesor habla lentamente **para que** aprendamos.
   El profesor hablaba lentamente **para que aprendiéramos**.

con tal que	*provided that*	Iremos a la plaza, **con tal que haga** buen tiempo.
		Queríamos ir a la plaza, **con tal que hiciera** buen tiempo.
a menos que	*unless*	Puedes ir conmigo, a menos que **hayas visto** la película.
		Debían ir a México, **a menos que no tuvieran** dinero.
antes de que	*before*	Quieren salir **antes de que llueva.**
		Querían salir **antes de que lloviera.**[1]

Práctica oral

Ejercicio uno. Say these, including the indicated form of the verb.

Mi madre me dio dinero para que (comprarme) _____ un vestido y dijo que no le importaba cómo era con tal que (gustarme) _____ a mí. Pero antes de que (darme) _____ el dinero, me dijo que no me lo daba a menos que yo (prometer) _____ ayudarle en el jardín.

Ejercicio dos. Say the sentences with the correct form of the verb.

MODELO   Iremos al picnic a menos que (llover) **llueva.**

1. Te daré la información con tal que (dejarme) _____ en paz.
2. No iré a verte para que tú (poder) _____ estudiar.
3. Sus padres no le permiten ir a la fiesta a menos que (prometer) _____ que no va a beber mucho.
4. El ministro presentará su dimisión (*resignation*) antes de que ellos lo (echar) _____.
5. Llevaron a los heridos al hospital para que se (recuperar) _____ de sus heridas.
6. Siempre vamos a clase en mi coche a menos que no (funcionar) _____.
7. Mi perro siempre salía a esperarme a la puerta antes de que yo _____.
8. Es un buen jefe con tal que se lo (respetar) _____.
9. Yo no hice esto para que ustedes me (pagar) _____.
10. ¡Lava los platos antes de que te (ir) _____!

C. Aunque means *although*. It takes the subjunctive if it is referring to an opinion, and it takes the indicative if referring to a fact.

---

[1]Why does **antes de que** require the subjunctive in the past when **después de que** doesn't? With **después de que** the action had happened at the time you said it (I saw you *after* you arrived), but with **antes de que** it hadn't happened at the time you were speaking (I wanted to see you *before* you left).

Una fiesta popular en
La Paz (Bolivia).

Aunque Picasso **es** famoso, no me gusta.
(There is no doubt that Picasso is famous.)
Aunque Picasso **sea** bueno, no me gusta.
(There is differing opinion as to whether or not he is good.)
La vida del buscón es una buena novela **aunque** no **es** de Cervantes.
La tía fingida es interesante **aunque** no **sea** de Cervantes.[1]

Práctica oral

Decide whether the subjunctive is necessary or not.

MODELO   Aunque (ser) **es** verdad que la Argentina está lejos de aquí, quiero
visitarla.

1. Aunque Juana me (invitar) _____, no iré a su casa.
2. Aunque los jugadores (jugar) _____ muy bien, es posible que pierdan
el partido.
3. "Aunque la mona (*monkey*) se (vestir) _____ de seda, mona es y mona
se queda". (Spanish proverb)
4. Aunque yo (ir) _____ a otra ciudad, mi vida no cambió.
5. Aunque tú (hacer) _____ mucho ejercicio, no perderás peso si no
comes menos.
6. Aunque les (ofrecer) _____ el trabajo, no se lo dieron.

---

[1]Francisco de Quevedo is the author of *El buscón* (1625).   There is some discussion as to whether
Cervantes did or didn't write *La tía fingida* (*The Pretended Aunt*).

LECTURAS CULTURALES

De *Ya*

Tras los graves incidentes del sábado

Pamplona dice adiós a los Sanfermines
Con absoluta normalidad transcurrieron en la mañana[1] de ayer el funeral y manifestación silenciosa que siguió a continuación en homenaje de Germán Rodríguez Sainz, muerto por una herida en la frente durante los incidentes ocurridos en la plaza de toros y sus alrededores al término de la corrida del pasado sábado día 8. Durante dichos incidentes se registraron 135 heridas y daños materiales incalculables.

Pasadas las doce de la mañana, en los jardines y explanadas que hay delante del cementerio municipal de Pamplona se congregaron unas veinte mil personas para asistir al funeral, que fue oficiado por los sacerdotes Francisco Larrainzar, Jesús Lazaun y Luis Lizaur. Francisco Larrainzar pronunció una homilía en la que comenzó diciendo que "nunca tan pocos han hecho sufrir a tanta gente, han escarnecido y desafiado a tantos. Pero también podemos decir que nunca tantos han sabido[2] responder con tanta entereza a tan pocos. Alguien quiere, está intentando desgajar la unidad de todos los navarros y de todos los vascos enfrentándonos unos contra otros. ¿Qué es lo que buscan esos obscenos pájaros de la muerte sembrando terror y la confusión?" Refiriéndose al mozo muerto, militante de LKI (Liga Comunista Revolucionaria), manifestó el sacerdote que éste debería ser un ejemplo para la sociedad navarra y apuntó que "la venganza de Dios es responder a la muerte creando vida".

Continuó la misa y momentos antes de la consagración, sobre las doce y veinte, apareció la comitiva que acompañaba al féretro, que era portado por militantes de LKI y familiares. Los asistentes al funeral, que se habían sentado en el suelo, se pusieron en pie, levantando el puño en alto, en su mayoría, a modo de recibimiento.

El féretro pasó entre el público a paso lento, acompañado de banderas y de coronas de flores. La misa terminó a las doce y media, y la comitiva con el féretro entró directamente al cementerio. Se aconsejó que hasta el nicho donde fue depositado el cadáver no le acompañaran más que los familiares y amigos más íntimos. El resto del público permaneció en sus puestos. Tras ser introducido el féretro, que iba cubierto por una bandera roja con las siglas de LKI, los asistentes cantaron el "Eusko guariak", la "Internacional" y el "Augur Jaunak". Retornaron a la explanada, en donde dirigieron la palabra a los asistentes—una hermana del fallecido, un militante de LKI y el alcalde accidental de Pamplona, Jesús María Velasco.

La hermana de Germán Rodríguez manifestó que la bala que había matado a su hermano no era casual, porque éste era un luchador desde los dieciséis o diecisiete años en busca de la libertad de Euskadi.[3] "No creemos que hubo un fallo de la Policía Armada en su intervención en la plaza de toros y sucesos posteriores, y por ello pedimos responsabilidades a quien las tenga", añadió.

Prácticamente suspendidas las fiestas de San Fermín

—Cerca de 200.000 visitantes han salido de Pamplona
Los gravísimos incidentes registrados en la tarde del pasado sábado y madrugada del domingo en la

---

[1]**La mañana** in Spain goes to 1:00 P.M. when people take off for lunch. **La tarde** also extends to about 8:00 P.M.

[2]**han sabido = han podido**, a typical construction of all the Romance Languages.

[3]That is, the Basque country.

plaza de toros y calles adyacentes de Pamplona han determinado, casi con toda seguridad, la suspensión de los Sanfermines de este año, que pasará a la historia por su dramatismo y su violencia. En la mañana de ayer tuvo lugar en el cementerio pamplonés un funeral por el alma del joven Germán Rodríguez, muerto por herida de bala en la noche del sábado, cuyos restos fueron enterrados poco después. A continuación se celebró una pacífica manifestación, que llegó hasta el lugar donde el joven pamplonés cayó muerto. Inmediatamente después, en contra de lo aconsejado, varios grupos volvieron a enfrentarse con las fuerzas del orden público por diversos puntos de la capital navarra.

Pamplona ofrecía un aspecto desolador tras los sangrientos incidentes. Cerca de doscientos mil visitantes han "huido" ante el poco grato panorama. En los distintos hospitales de la capital se hallan internados algunos de los ciento treinta y cinco heridos en los enfrentamientos del fin de semana, la mayor parte de los cuales se recuperan con normalidad. Por otra parte, ocho personas siguen detenidas y es posible que sean puestos en libertad en las próximas horas.

Asimismo, las peñas pamplónicas han hecho público un comunicado solicitando la dimisión del gobernador y del ministro del Interior y la retirada de las FOP[1] de la capital, como condiciones indispensables para una vuelta a la normalidad. Por su parte, el gobernador civil ha reconocido que la actuación de la Policía fue "desafortunada" mientras el comisario-jefe dice que ordenó la entrada de la Policía en la arena para separar a los que se estaban pegando. La actuación policial ha determinado el cese del comandante en jefe de la Policía Armada de Pamplona, señor Avila.

Ayer la redacción de *Ya* intentó obtener algún tipo de declaración referente a los sucesos de San Fermín, del ministerio del Interior, don[2] Rodolfo Martín Villa. Puestos al habla con[3] el Gabinete de la Prensa de su Ministerio, se nos comunicó que no se nos concedían tales declaraciones porque la situación era "muy delicada", aunque se facilitaría alguna nota oficial. Tampoco nos fue posible contactar con don José Sainz, subdirector general de Seguridad, quien se encontraba en Pamplona realizando la investigación correspondiente al caso. Tras diversas llamadas, tanto al Gobierno Civil como a la comisaría de la capital navarra, nos informaron finalmente que el señor Sainz había salido para Bilbao.

Por último, a pesar de las numerosas gestiones realizadas, no pudimos conseguir ninguna declaración del gobernador civil, don Ignacio Llanos.

Preguntas sobre la lectura

1. ¿A qué hora fue el funeral de Germán?
2. ¿Por qué no entraron todos en el cementerio? ¿Quiénes entraron en el cementerio?
3. Los "tan pocos" que mencionó el sacerdote Larrainzar ¿se refiere a quiénes? ¿El sacerdote es el amigo de los vascos o del "establecimiento"?

[1]**Fuerzas de Orden Público**

[2]**Don** (or **doña**) is to the first name what **señor(a)** is to the last name. You can call virtually anyone by his or her first name if you precede it with **don** or **doña**. It is a term of respect for people who merit it because of their office or social standing. In talking to or about your friends, you would hardly ever use it.

In writing a letter, you address it to, for example, **Sr. D. Juan Gutiérrez**—since the first name is mentioned, you need **don**; since the last name is mentioned you need **señor**.

[3]**Puestos... con** *once in touch with*

4. Según la hermana de Germán, ¿su muerte fue un accidente?

5. Después del funeral, ¿qué hicieron los asistentes? ¿A dónde fueron? ¿Por qué? ¿Era todo pacífico?

6. ¿Probablemente cuántos de los internados en los hospitales quedaban allí hasta el funeral de Germán? ¿Sufrieron graves heridas?

7. ¿Qué se debía hacer para restablecer la normalidad según las peñas?

8. ¿Fue el gobernador el que mandó las fuerzas de orden público a la plaza? ¿Quién fue?

9. ¿Habló la redacción de *Ya* con don Rodolfo Martín Villa? ¿Por qué?

Vocabulario de la lectura

adyacente   *neighboring*
alcalde accidental   *acting mayor*
alma   *soul*
alrededores   *outskirts*
apuntar   *to note*
asimismo   *likewise*
casual   *by chance*
cementerio   *cemetery*
cese   *firing*
comisaría   *police station*
comitiva   *retinue*
comunicado   *communiqué*
conceder   *to give*
consagración   *consecration*
corona   *garland*
daño   *damage*
desgajar   *to sever*
desafortunado   *unfortunate*
dimisión   *resignation*
diversos   *many*
determinar   *decide*
dramatismo   *drama*
ello   *it* (subject)
entereza   *integrity*
enterrado   *buried*
entrada   *entry*
escarnecer   *scoff at*
explanada   *lawn*
facilitar   *supply*
fallo   *error*
familiar   *family member*
féretro   *coffin*

fuerzas del orden público   *various police forces*
gabinete de la prensa   *public relations office*
gestión   *negociation*
grato   *pleasant*
homenaje   *homage*
homilía   *eulogy*
intentar   *to try*
luchador   *fighter*
llamada   *call*
manifestar (ie)   *to declare*
pegar   *to fight*
permanecer   *to remain*
puesto   *place*
puño   *fist*
realizado   *done*
reconocido   *recognized*
redacción   *editorial staff*
referente a   *referring to*
referirse a (ie)   *to refer to*
registrar   *to record*
retirado   *taken away*
sangriento   *bloody*
seguridad   *security*
sembrar   *to sow*
siglas   *initials*
sobre   *about*
suelo   *ground*
transcurrir   *to pass*
tras   *after*

Estudio de expresiones

1. **a continuación** *following*

> Una manifestación silenciosa siguió **a continuación** en homenaje de Germán Rodríguez.
>
> **A continuación** se celebró una manifestación, que llegó hasta el lugar donde el joven cayó muerto.

2. **a paso lento** *slowly*

> El féretro pasó entre el público **a paso lento**, acompañado de banderas y de coronas de flores.
>
> Caminaban **a paso lento** por el parque.

3. **al término de** *at the end of*

> **Al término de** la corrida del pasado sábado día 8 había incidentes graves.
>
> Volvimos a casa **al término de** la película.

4. **en alto** *on high*

> Los asistentes se pusieron en pie, levantando el puño **en alto**, en su mayoría, a modo de recibimiento.

5. **en busca de** *in search of*

> La hermana de Germán Rodríguez dijo que su hermano era un luchador **en busca de** la libertad.
>
> José salió **en busca de** su perro perdido.

6. **no... más que** *only*

> **No** le acompañaron **más que** los familiares y amigos más íntimos.
>
> **No** hay **más que** veinte en la clase.

7. **ponerse en pie** *to stand up*

> Ellos **se pusieron en pie**, levantando el puño en alto.
>
> Voy a **ponerme en pie** ahora.

8. **por su parte** *for his own part*

> **Por su parte**, el gobernador reconoció que la actuación fue "desafortunada".
>
> **Por mi parte**, no sé si es bueno o malo.

9. **tanto... como** ... *as well as*

> Tras diversas llamadas, **tanto** al Gobierno Civil **como** a la comisaría nos informaron que el señor Sainz había salido para Bilbao.

10. **volver a + infinitive** *to . . . again*

> Varios grupos **volvieron a enfrentarse** con las fuerzas del orden público.
> **Volvimos a ver** la misma película anoche.

Práctica de vocabulario

Ejercicio uno. Say the sentences, selecting the right choice from the words in boldface.

MODELO   Sara se quedó en Guatemala tres semanas.

permaneció, llegó, determinó

      Sara **permaneció** en Guatemala tres semanas.

1. Mi hermano <u>decidió</u> finalmente estudiar medicina.

facilitó, determinó, permaneció

2. La secretaria <u>anotó</u> lo que se dijo en la reunión.

apuntó, intentó, sembró

3. Han <u>pasado</u> tres semanas y no recibí la carta.

facilitado, entrado, transcurrido

4. El testigo <u>declaró</u> que no sabía nada.

registró, manifestó, desgajó

5. <u>La estación de policía</u> está cerca de aquí.

homilía, explanada, comisaría

6. <u>Después</u> del partido de fútbol fuimos a tomar algo.

tras, fallo, adyacente

7. Las <u>iniciales</u> de los Estados Unidos son EEUU.

gestiones, siglas, coronas

8. El toro muerto fue <u>sacado</u> de la plaza.

retirado, determinado, permanecido

9. En la agencia nos <u>dieron</u> toda la información necesaria.

intentaron, transcurrieron, facilitaron

10. El <u>llevó a cabo</u> cosas muy buenas en su vida.

realizó, refirió, registró

Ejercicio dos. Say what these mean (they all use one of the expressions from the reading).

1. La semana pasada volvieron a robar al mismo banco.
2. Me puse de pie para ver mejor la corrida.
3. *En busca del fuego* es una película mediocre.
4. Visitamos el museo y a continuación visitamos la catedral.
5. Los médicos no me dijeron más que la verdad.
6. Fui a Cuzco y José, por su parte, fue a Lima.

7. Los manifestantes caminaron a paso lento.
8. Tanto los unos como los otros sólo quieren ayudar.
9. Al término de la cena, volvimos.

RECAPITULACIÓN

Cuestionario doble

Person A

1. ¿Adónde irás en el verano? ¿Irás un día a la Argentina?
2. ¿Estudiarás más español en el otoño? ¿Qué más estudiarás?
3. ¿Preferirías trabajar en los Estados Unidos o en Europa?
4. ¿Dónde estará tu padre ahora?
5. ¿Habrá preparado nuestro profesor el examen final ya?
6. ¿Podrías ayudarme en la biblioteca esta noche?
7. ¿Leerías a Manuel Puig en español o en inglés?
8. Si tuvieras mucho dinero ¿adónde viajarías?
9. Si pudieras vivir en otro país, ¿dónde vivirías?
10. Mientras estudias, ¿tomas café? ¿Qué tomas?

Person B

1. ¿Qué harás en el verano? ¿Viajarás al Perú también?
2. ¿Tocarás mucho el piano durante el verano? ¿Serás músico,-a profesional?
3. ¿Dónde trabajarías si pudieras escoger cualquier compañía?
4. ¿Te vestirías bien para visitar al Presidente? ¿Te vestirías bien para visitar el museo?
5. ¿Qué hora será ahora?
6. ¿Habrá visitado el profesor el Paraguay?
7. ¿Preferirías ir al teatro o al cine? ¿Qué verías allí?
8. Si tuvieras mucho dinero ¿qué harías?
9. Si pudieras visitar a cualquier persona, ¿a quién visitarías?
10. Tan pronto como salgas de tu último examen final, ¿qué harás?

Escenario

One student plays the role of a real **aficionado,-a** of bullfights who would like to invite an acquaintance to attend Sunday's **corrida**, an attractive bright individual. This would be the first time the inviter would have attempted to make a date with the other. The person to be invited also finds the inviter to be attractive and bright, and has been looking forward to being invited out by that person.

Temas de redacción

1. Describa en detalle las calles de Pamplona el día después de las batallas.
2. ¿Qué resultados querían los manifestantes que salieron a la rueda? ¿Deseaban una confrontación con la policía? ¿Por qué se manifestaron durante la corrida?

LECCIÓN 8

En el periódico de hoy

ALGO VIEJO Y ALGO NUEVO

1. Más sobre el reflexivo

You already know the basic uses of the reflexive and have seen many reflexive verbs in different contexts throughout the book.

> ### Repaso instantáneo: principios del verbo reflexivo
>
> As you know, almost anything you can do to anyone else, you can do to yourself. When you do something to yourself, the action is reflexive. Reflexive pronouns are very easy.
>
> **Lavarse** *to wash* (*oneself*)
>
> | | | | |
> |---|---|---|---|
> | **me** lavé | *I washed myself* | **nos** lavamos | *we washed ourselves* |
> | **te** lavaste | *you washed yourself* | **os** lavasteis | *you washed yourselves* |
> | **se** lavó | *you washed yourself* | **se** lavaron | *you washed yourselves* |
> | | *he washed himself* | | *they washed themselves* |
> | | *she washed herself* | | |
>
> Remember that infinitives can also be reflexive with every person.
>
> **Me** lavo.   Deseo lavar**me**.
>
> **Nos** despertamos temprano.   Vamos a despertar**nos** temprano.
>
> **Se** miraron en el espejo.   Deben mirar**se** antes de salir.
>
> If you need to emphasize or clarify the reflexive pronoun, use supplementary pronouns. It's the same set you already know except that **sí** is the pronoun that serves for the **usted/él/ella** forms and their plural. The word **mismo,-a(s)** *myself, yourself*, etc., follows the supplementary pronoun, agreeing with it in number and gender.

Me levanté **a mí mismo,-a**   Nos vemos **a nosotros,-as mismos,-as**
Te lavaste **a ti mismo,-a**   Os veis **a vosotros,-as mismos,-as**
Se vistió **a sí mismo,-a**   Se miraron **a sí mismos,-as**

¡Mi hijo que tiene cuatro años puede vestirse **a sí mismo**!
¡Me ví **a mí misma** en la tele anoche!

A. Some verbs exist only in reflexive form; they have no non-reflexive uses.

abstenerse *to abstain*	En esta elección no **me abstengo.**
	Todo el mundo fumaba, pero ella **se abstuvo.**
arrepentirse (ie) *to repent, regret*	El bandido **se arrepiente** de sus acciones.
	El dictador nunca **se arrepintió.**
arrodillarse *to kneel*	Marta **se arrodilló** ante la tumba de su amigo.
	En muchas religiones la gente **se arrodilla.**
atreverse (a) *to dare*	No **me atrevo a** saltar del segundo piso.
	Era muy tímido y no **se atrevía a** hablar español.
jactarse (de) *to boast about*	El joven **se jactaba de** su dinero.
	Mi hermano **se jacta de** su coche nuevo.
suicidarse *to commit suicide*	Ella quiere **suicidarse** antes de saber si todo está bien.
	Hemingway **se suicidó.**

Práctica oral

Answer these questions using reflexives in various tenses.

MODELO   Ellos se abstuvieron de votar. ¿Y ustedes?
          No, nosotros no **nos abstuvimos** de votar.

1. Ellos se arrodillaron en la iglesia. ¿Y tú?
2. Justo siempre se está jactando de las cosas que hace. ¿Y ustedes?
3. No me atrevo a salir solo (-a) por la noche. ¿Y ella?
4. Manuel se arrepintió de no asistir a clase. ¿Y ellos?
5. Larra se suicidó cuando era joven. ¿Y Séneca?[1]
6. Ellos no se atrevieron a hablar con el director. ¿Y ustedes?
7. Margarita se jacta de ser amiga de José Feliciano. ¿Y tú?
8. Ustedes pueden abstenerse de ir a la reunión. ¿Y yo?
9. Ellos van a arrodillarse. ¿Y nosotros?
10. María y Rosa se arrepintieron de lo que hicieron. ¿Y ustedes?

---

[1]Mariano José Larra, the Spanish author, committed suicide in 1837 at the age of 28: Seneca, the Roman statesman and philosopher from Hispania (modern Spain) was forced to commit suicide in the year 65 A.D. when he was 68.

Un puesto de periódicos en México. ¿Cuál es la preocupación nacional que se lee en los titulares de los periódicos?

B. *"Se me quebró el reloj."* One always hates to take the blame for something bad that happens. It is much more difficult to admit *I broke the clock* than to say *The clock got broken* (even though you were responsible for breaking it).

In Spanish, you can take the full blame and say **Quebré el reloj** *I broke the clock*, but you can also report what happened without taking the blame so directly. The basic structure of this is **Se quebró el reloj** *The clock broke itself*; to this you add the indirect object pronoun after **se** to mean something like the colloquial English *on me, on you*. So, **Se *me* quebró el reloj** means *The clock got broken on me.*

Notice that the subject always goes at the end in this construction (as it does in the **gustar**-type expressions)—a singular verb introduces a singular subject, and a plural verb introduces a plural subject.

Here are some examples. Bear in mind that between the Spanish column and the English column there is a missing link: *The clock got broken on me.*

	me		*I broke the clock.*
	te		*You broke the clock.*
Se	**le**	quebró el reloj.	*She broke the clock.*
	nos		*We broke the clock.*
	os		*You broke the clock.*
	les		*They broke the clock.*

	me		*I broke the plates.*
	te		*You broke the plates.*
Se	**le**	quebraron los platos.	*He broke the plates.*
	nos		*We broke the plates.*
	os		*You broke the plates.*
	les		*They broke the plates.*

Other verbs that use this construction include:

acabar	*to run out of*	A mi amiga **se le acabó** el dinero.
		Se nos acabó la gasolina, ¿qué haremos?
caer	*to fall*	A Juan **se le cayeron** sus libros.
		¡Cuidado! **Se le cayó** el dinero.
ocurrir	*to occur*	**Se me ocurrió** una idea tremenda.
		Ven a verme si **se te ocurre**.
perder	*to lose*	**Se nos perdieron** cinco dólares.
		A mí **se me perdió** el billete.
romper	*to break*	¿**Se te rompieron** todos los lápices?
		¡**Se me rompió** el tocadiscos!

Note: Since the subject goes after the verb automatically, it occupies the position of any would-be clarification that might ordinarily follow the verb (**al profesor, a mí**). Therefore any clarification has to go somewhere else—at the beginning of the sentence, as the examples show.

Práctica oral

Use the cue in parentheses to answer the questions.

MODELO   ¿Qué les pasó a tus sandalias nuevas? (romperse)
          Se me rompieron.

1. ¿Dónde tienes la calculadora que te regaló tu padre? (perderse)
2. ¿Qué le pasó al reloj nuevo de José? (caerse)
3. ¿Dónde está todo el dinero que ganaron durante el verano? (acabarse)
4. ¿A quién se le ocurrió hacer esto? (ocurrirnos a nosotros)
5. ¿Dónde está tu vaso antiguo? (romperse)
6. ¿Por qué está rota su televisión (de ustedes)? (caerse)
7. ¿Quién tuvo aquella idea? (ocurrirte a ti)
8. ¿Puedes darme una cerveza? (acabarse)
9. ¿Dónde está el gatito de Margarita? (perderse)
10. ¿Dónde están tus gafas de sol? (romperse)

Dos a dos

Ask each other these questions.

1. ¿Se te ocurrió una idea fantástica? ¿Qué idea fue?
2. ¿Se te quebró algo muy caro? ¿Qué fue?
3. ¿Se te cayó algo en el restaurante de los estudiantes? ¿Qué pasó?
4. ¿Qué se te perdió recientemente?
5. ¿Se te acabó la gasolina recientemente en tu coche? ¿Cuándo?

C. A surprising truth about Spanish verbs is that *almost any verb* can be made reflexive just to emphasize its meaning. Of course, this has no equivalent in English. English-speakers just say a verb louder or add another word for emphasis (as in the third example).

Ella sabe lo que **se dice**.	*She knows what **she's saying**.*
¿Qué lío **se trae** este tipo?	*What trouble **is** that fellow **bringing**?*
El profesor Vives **se sabe** muchas cosas.	*Professor Vives **really knows** many things.*
Se tomó la pastilla.	*He **took** the pill.*

You also use the reflexive when you want to emphasize that the action was done for the benefit of the subject. Notice the words in parentheses.

Nos pedimos los mejores billetes.	*We **asked for** the best tickets (for ourselves).*
María **se hizo** un vestido nuevo.	*María **made** a new dress (for herself).*
El ladrón **se llevó** el diamante.	*The thief **took away** the diamond (for himself).*
Me encontré diez dólares.	*I **found** ten dollars (for myself).*

Another function of the reflexive is to emphasize verbs of motion—this use also has no possible translation in English.

¡Ya **se salieron** ellos!	*They have already left.*
Voy a **bajarme** en la próxima parada.	*I will get off at the next stop.*
¿Cuándo **se llegan** ellos?	*When do they arrive?*
Ellas **se volvieron** antes de la tempestad.	*They came back before the storm.*

All of these uses carry with them a strong subjective or emotional feeling.

Práctica oral

Use a reflexive verb in the right form with the cued infinitive.

MODELO   Aunque te parezca extraño, sé lo que (decir) **me digo**.

1. Fuimos al restaurante y (comer) _____ un buen pollo asado.
2. Ellas iban al parque pero empezó a llover y (volver) _____ a casa.
3. Yo estaba paseando por la plaza y (encontrar) _____ con Eloísa.
4. Compramos dos bolígrafos y Alberto (comprar) _____ uno.
5. Me gustaría saber que (traer) _____ tú entre manos.
6. Llegaron ustedes los primeros al cine y (coger) _____ los mejores asientos.
7. Fuimos a Nueva York en tren y (bajar) _____ en Penn Station.
8. Sara vio un jersey muy bonito en la tienda y (hacer) _____ otro igual.

9. Fui de vacaciones a Europa y solamente (llevar) _____ una maleta pequeña.

10. ¿Estás seguro de que (tomar) _____ la medicina ayer?

LECTURA CULTURAL

Spanish language newspapers, like those of anywhere else, like to print interesting tidbits of local news from all over the country. The first of the articles is from Madrid, and the other is from Orense, in northwestern Spain.

No hubo bomba en la plaza del Callao

En realidad eran tres cajas de puros atados con una cinta

(MADRID) Es totalmente falsa la noticia publicada por medios informativos madrileños sobre la desactivación de una bomba de gran potencia en la plaza del Callao, de Madrid, según informaron fuentes competentes.

Al parecer, la información surgió de la aparición de tres paquetes de cigarros puros, atados por una cinta, en una jardinera situada en las cercanías del Palacio de la Prensa de esta ciudad.

Las cajas de puros eran de madera y estaban vacías. Algunos transeúntes creyeron que podría tratarse de un explosivo, por lo que intervinieron artificieros de la Dirección General de Seguridad, que comprobaron que no existía bomba de ninguna clase.

Por otra parte, las fuentes informantes han señalado que el hecho tuvo lugar a las 10,30 de la noche del pasado viernes, y que a las veintidós horas de ayer—pese a lo que afirmaban hoy diversos rotativos—no hubo ninguna bomba ni nada parecido en la zona.

Siete heridos en un tumultuoso banquete de bodas

Entre los lesionados figuran tres policías armados, recibidos a botellazos

(ORENSE) Siete personas resultaron heridas en una pelea durante un banquete de bodas en un restaurante orenseano, celebrado en la tarde del sábado, según informa Europa Press.

El altercado fue provocado por algunos invitados que, según fuentes policiales, habían ingerido excesivo alcohol, quienes reclamaron airadamente un servicio más rápido, pasando de las palabras a los hechos, mediante golpes y lanzamientos de botellas.

Al llegar la Policía Armada, requerida por el dueño del establecimiento, tres agentes resultaron heridos al ser recibidos a botellazos, precisando asistencia sanitaria al igual que otras cuatro personas. Ante la proporción que tomaba el altercado fue necesaria la presencia de otros ocho agentes para restablecer el orden en el establecimiento.

Una veintena de invitados, entre ellos el novio, tuvieron que prestar declaración en la comisaría de Policía. Mientras duraban las declaraciones permaneció largo rato a la puerta de la comisaría la novia, todavía vestida de blanco y con su velo de tul.

Preguntas sobre la lectura

Cierto o falso. Algunas de las frases que siguen contienen errores. ¡Corríjalos!

1. Se desactivó la bomba a las 10,30 de la noche.
2. Se creía que la bomba era de gran potencia.
3. Se encontró la "bomba" en el Palacio de la Prensa.
4. En las tres cajas había cigarros puros.
5. El jefe de policía creyó que era una bomba.
6. La policía municipal comprobó que no era una bomba.
7. Se notaron las tres cajas un viernes a las 22,30.
8. En el banquete de bodas, había más heridos entre la policía que entre los invitados.
9. La boda tuvo lugar el sábado.
10. El altercado resultó de demasiado alcohol.
11. En España, cuando se quiere servicio en los restaurantes es la costumbre lanzar un par de botellas.
12. Un mínimo número de once policías fue al altercado.
13. Aproximadamente doce personas prestaron declaraciones en la comisaría.
14. Después del altercado, la novia regresó a su casa.

Vocabulario de la lectura

airadamente *angrily*
altercado *commotion*
aparición *appearance*
artificiero *skilled person*
atado *tied*
boda *wedding*
botella *bottle*
botellazo *blow with bottle*
caja *box*
celebrado *held*
cercanías *nearby area*
cinta *ribbon*
comprobar *to verify*
desactivación *deactivation*
fuentes f. *sources*
golpe m. *blow*
hecho *deed*
ingerir *to take*
intervenir *to intervene*
jardinera *flower stand*
lanzamiento *throwing*
lesionado *injured*
madrileño *Madrid person*
mediante *by means of*
medios *means*
noticia *piece of news*

novia *bride*
orenseano *of Orense*
paquete m. *package*
parecido *similar*
pelea *to fight*
permanecer *to remain*
policial *police*
potencia *power*
precisar *to require*
prensa *press*
prestar *to give*
puro *cigar*
reclamar *to demand*
requerido *requested*
resultar *to prove to be*
rotativo *newspaper*
sanitario *healing*
señalar *point out*
surgir *to issue from*
todavía *still*
transeúnte *passer-by*
tul m. *tulle*
vacío *empty*
veintena *about twenty*
velo *veil*

Estudio de expresiones

1. **al parecer** *seemingly*

   Al parecer, la información surgió de la aparición de tres paquetes de cigarros puros.
   Al parecer, no podían llegar a tiempo.

2. **al igual que** *as well as*

   Los policías **al igual que** cuatro personas más fueron al médico.

3. **pese a** *in spite of*

   Pese a los anuncios, no había una bomba.
   Deseo ir a España, **pese al** poco dinero que tengo.

4. **tratarse de** *to deal with*

> Creían que **se trataba de** un explosivo.
> No **se trata de** un cuento heroico.

Práctica de vocabulario

Using synonyms from the vocabulary above, repeat these sentences.

MODELO   Los clientes <u>pidieron</u> su cuenta.
          Los clientes **reclamaron** su cuenta.

1. Mis amigos <u>se quedaron</u> dos días en Asunción.
2. Los invitados <u>tomaron</u> mucho alcohol.
3. La policía <u>verificó</u> lo que dijeron los transeúntes.
4. Respondió a mi pregunta <u>con enfado.</u>
5. Mi padre <u>fue herido</u> en un accidente.
6. Al cerrarse el bar hubo una <u>lucha</u> entre dos grupos.
7. El profesor <u>apuntó</u> que era necesario asistir a clase.
8. Tu vestido es <u>similar</u> al de Rosalía.
9. El coche rojo atropelló a un <u>peatón</u> que cruzaba la calle.
10. Es un <u>acto</u> que debemos admirar.

2. TO BECOME y TO BE en verbos reflexivos

A. Ponerse means *to become* with adjectives that go with **estar.** If you "become sick," in Spanish you *"put yourself sick."*

> Alberto no **está enfermo,** pero **se pondrá enfermo** si el viaje dura más tiempo.
> **Estamos tranquilos** ahora, pero antes del examen **nos ponemos nerviosos.**
> Margarita **está triste** hoy. ¡Ojala que **se ponga contenta** mañana!
> **Me puse cansada** después del viaje que hicimos.
> Mi profesor **se puso enojado** con los estudiantes que no estudiaron la lección.

Hacerse means *to become* with a noun or with an adjective that goes with **ser.** If you "become a doctor" or "become rich" in Spanish you *"make yourself a doctor"* or *"make yourself rich."*

> Federico González **se hizo presidente** del gobierno estudiantil.
> Elton John **se hizo famoso** en los años setenta.
> ¿Quieres tú **hacerte rica?**
> Miguel es un buen atleta; va a **hacerse un atleta** profesional excelente.
> En años recientes, Meryl Streep **se ha hecho una actriz** muy importante.

En el periódico: se hace cola para votar en San Salvador (El Salvador), marzo de 1982.

Después de años de tristeza, finalmente Juan **se hizo feliz**.

Llegar a ser is a non-reflexive synonym for **hacerse**:

Federico González **llegó a ser presidente** del gobierno estudiantil.

Elton John **llegó a ser famoso** en los años setenta.

¿Quieres tú **llegar a ser rica**?

Miguel es un buen atleta; va a **llegar a ser un atleta** profesional excelente.

Práctica oral

Choose a proper expression (from **ponerse**, **hacerse**, and **llegar a ser**) and say these sentences.

MODELO   Jorge **se pone** enfermo cuando viaja en tren.

1. Ellos siempre están pensando en cómo _____ ricos.
2. Margarita tenía miedo de ver sangre, pero _____ un gran cirujano.
3. _____ muy triste cuando oí la noticia.
4. Javier _____ muy contento cuando sus nietos le visitan.
5. John Dos Passos era liberal y más tarde _____ más conservador.
6. Su primera novela _____ muy importante.
7. Mis hermanitos _____ muy nerviosos cuando les dije que tenían que ir al dentista.
8. Esa canción _____ popular en los años 60.
9. La niña _____ muy impertinente cuando tenía sueño.
10. Cuando yo estaba en el colegio _____ el primero de la clase.

B. Many times a reflexive verb in Spanish is used where English uses *to become* (or *to get*). These are verbs built on adjectives. You will see that most use the **en-** before the adjective.

aburrirse *to become bored*	No **me aburrí** nunca en aquella clase. Nos **aburrimos** en una película mala.
cansarse *to become tired*	**Me canso** mucho durante un examen difícil. El profesor **se cansaba** después de sus clases.
empobrecerse *to become poor*	Este semestre **me empobrecí** bastante. Cuando una nación **se empobrece** la vida allí se hace más difícil.
enflaquecerse *to become thin*	Me enfermé y **me enflaquecí** mucho. Juanita desea **enflaquecerse** un poco.
enfadarse (con) *to become angry*	Mi padre **se enfadó con** su perro. El profesor casi nunca **se enfada** en clase.
enfermarse *to become sick*	**Me enfermé** en la Unión Soviética. Ahora no **nos enfermamos** tanto como en otros siglos.
engordarse *to become fat*	María no desea **engordarse**. Santa Claus **se engordó** bastante en años recientes.
enriquecerse *to become rich*	Durante la colonización, España **se enriqueció** mucho. El profesor Vives quiere **enriquecerse** filosóficamente.
entristecerse *to become sad*	**Me entristecí** mucho cuando oí las malas noticias. Deseamos que no **se entristezcan**.

Práctica oral ─────────────────────────────────────

Ejercicio uno. Say these sentences with the right form of the indicated verb.

MODELO   Yo (got tired) *me cansé* a las ocho.

1. Sara (got sad) _____ porque discutió con su novio.
2. Nosotros (will get bored) _____ si tu amigo no viene a la fiesta.
3. Ellos (get sick) _____ cuando hablan de eso.
4. Joaquín (got rich) _____ vendiendo periódicos.
5. Yo (get angry) _____ con mi hermana cuando usa mis cosas sin mi permiso.
6. Tú (have gotten thin) _____ mucho en los últimos meses.
7. Ustedes (will get poor) _____ si continúan gastando dinero.
8. Mi abuelo (gets tired) _____ mucho.
9. Tú (will get fat) _____ si sigues comiendo tanto chocolate.

Ejercicio dos. Use verbs from the list above to ask questions for the answers given.

MODELO   Porque he comido mucho en recientes meses.
　　　　　¿Por qué **te has engordado**?

1. Porque trabajé mucho en el jardín hoy.
2. Porque era una película muy mala.
3. Porque trabajaba más de catorce horas diarias.
4. Porque perdió todo su dinero en los caballos.
5. Porque mi perro murió.
6. Porque fue al cine sin su permiso.
7. Porque salí a la calle sin abrigo y hacía mucho frío.
8. Porque tengo un problema con mi corazón y no puedo correr.
9. Porque ha hecho mucha gimnasia en los últimos meses.
10. Porque su padre no le permitió ir a las Bahamas.

Dos a dos ――――――――――――――――――――――――

Person A

1. ¿Te entristeces cuando ves películas tristes?
2. ¿Quieres enriquecerte? ¿Cómo puedes enriquecerte?
3. ¿Te engordas en el verano?
4. ¿Te enfermaste cuando viajaste por avión?
5. ¿Te enfadas con el profesor si recibes una mala nota?
6. ¿Te estás cansando de estudiar mucho?
7. ¿Te aburriste el fin de semana pasado?

Person B

1. ¿En qué clases te aburres?
2. ¿Te cansas frecuentemente antes de un examen importante?
3. ¿Quieres enflaquecerte un poco?
4. ¿Cuándo te enfadas?
5. ¿Te enfadas con tus hermanos a veces? ¿Por qué?
6. ¿Te enriqueciste durante el verano pasado?
7. ¿Te entristeces cuando lees novelas tristes?

C. **Encontrarse** and **hallarse** *to find oneself* can be used in place of **estar**.

　　Cuando **se encuentre** usted en mi ciudad, venga a verme.
　　Era terrible; mi hermano estaba en México y **se hallaba** sin dinero ni amigos.

Práctica oral _____

In this exercise, use a synonym of **estar** in the correct tense and person.

MODELO   Ella estaba en la cárcel cuando su marido murió.
                Ella **se encontraba** en la cárcel cuando su marido muerió.

1. Estaremos en una peor situación si Rosa no trabaja.
2. Estaban en un café cuando el suceso ocurrió.
3. La policía estaba cerca del lugar del crimen.
4. Tú estarás sin amigos un día si no cambias tu carácter.
5. Ella siempre está donde hay problemas.

LECTURA CULTURAL _____

*These articles about Mexico's earthquake in
September, 1985, are from EL PAIS.*

Los terremotos de México destruyeron un tercio de la capital y provocaron miles de muertos

(MÉXICO) La Ciudad de México, la urbe más poblada del mundo, vivió horas trágicas el jueves 19 y el viernes 20, como consecuencia de tres terremotos, que asolaron amplias áreas de las zonas más céntricas de la capital. Decenas de edificios, algunos de reciente construcción, se vinieron abajo por la intensidad del primero de los temblores, ocurrido en las primeras horas de la mañana[1] del jueves 19, sepultando a miles de personas bajo las ruinas. Un segundo seísmo, que llevó el pánico y el terror a los habitantes de las zonas afectadas, acabó de destruir algunas edificaciones que habían sufrido daños. Aunque en los primeros momentos el Gobierno mexicano rechazó la ayuda internacional, el presidente Miguel de la Madrid ha reconocido finalmente que será precisa "toda la ayuda exterior" para reconstruir las zonas afectadas.

El Gobierno mexicano hizo el domingo 22 una nueva estimación de víctimas mortales, según la cual, los cadáveres encontrados son 1.641, y aún enterrados en los escombros suman otros 2.000. Los cuerpos de rescate han logrado salvar a unas 800 personas sepultadas. La Prensa estima entre 4.000 y 6.000 los muertos, mientras la Embajada de EEUU afirmó por lo menos 10.000 fallecidos.

La movilización popular espontánea superó la eficacia de las medidas del Gobierno

(MÉXICO) El terremoto sufrido por México ha puesto de manifiesto la solidaridad y capacidad de organización espontánea del pueblo mexicano y, al mismo tiempo, ha dejado al descubierto fallos del Gobierno y del aparato de poder. La movilización popular ha respondido a las catástrofes, y la ciudad parece tomada por miles de jóvenes y toda clase de indicativos que les conceden una autoridad emanada de la elemental necesidad de ayudar y socorrer a los damnificados.

Carlos Arturo Ceballos tiene doce años, pero su aire grave y la seriedad con que realiza su tarea impresionan. Carlos Arturo está en medio de una calle de la Colonia de Roma, una de las zonas más afectadas por el terremoto, y allí, delante de una cuerda que va de esquina a esquina, controla el tráfico e impide el paso de los automóviles. Para Carlos Arturo, es natural lo que hace: "Estoy ayudando para controlar el tránsito y que no pase nada a las personas que están ahí, en el albergue". El niño considera todo normal: "Me parece bien que los mayores me respetan".

Benito, uno de los jóvenes que participan en estos grupos espontáneos de ayuda, comenta que, "en medio del desconcierto de la gente, ocupamos un hospital abandonado hace años. Lo limpiamos y pusimos en funcionamiento como albergue 1.000 camas, y allí se dan comidas para 500 personas. Se organizó de forma espontánea y voluntaria, y se utilizaron los sistemas de *locatel*,[2] para localizar personas, y *teljuve*, el teléfono de la juventud, para reunir a la gente necesaria para el trabajo".

Al mismo tiempo que se palpa esta solidaridad y organización espontánea, se abre paso la desconfianza sobre la capacidad del Gobierno mexicano para afrontar la situación.[3] El terremoto parece haber puesto al descubierto un sinfín de deficiencias graves. Llama la atención que un gran número de las construcciones destruidas por el terremoto hayan sido precisamente edificios de la Administración

---

[1]The first earthquake hit at about breakfast time.

[2]Locatel (In Spanish, *loca*lizar por tel*é*fono), 685-1111, is used to report that someone is lost, and for the person who is lost to call, thus bringing people back together. All kids in Mexico City know that number.

[3]**Al mismo tiempo. . .** At the same time this spontaneous solidarity and organization is felt, mistrust forges ahead about the Mexican Government's ability to confront this situation.

Pública. Resulta inexplicable que al lado de un edificio público derrumbado se hayan mantenido intactas construcciones particulares.

El teniente coronel Aujoulet, que manda los grupos de socorro enviados por Francia, es un especialista en defensa civil y comenta que lo curioso del terremoto de México es que los daños causados se produjeran de forma tan discriminada. No han quedado arrasados barrios enteros, sino edificios aislados. "Unos metros más allá de unas casas destruidas podría decirse que aquí no ha pasado nada", comenta Aujoulet. El oficial no quiere decir que esto se deba a la construcción, "puede ser debido a la formación del suelo".

La sospecha que flota en el ambiente es que el elevado número de edificios públicos, o construidos con fondos oficiales, que quedó destruido podría estar relacionado con la corrupción a la hora de contratar las obras o tolerancia con la deficiente calidad de construcción. Ante la prensa extranjera, el subsecretario de gobernación, Fernando Pérez Correa, rechazó cualquier intento de insinuación en este sentido y explicó que el elevado número de edificios públicos destruidos se debe sencillamente a la concentración de la Administración en el distrito federal.

De forma abierta, el ingeniero José Gustavo Barrera acusa a las autoridades por el hundimiento del edificio *Nuevo León*,[1] uno de los gigantescos bloques de la plaza de Tlatelolco, donde se calcula que pueden haber quedado sepultadas casi mil personas. El ingeniero sobrevivió al hundimiento de la inmensa mole y con la cara lesionada y llena de magulladuras declara al periódico *Unomasuno*[2] "que no se diga[3] que fue una desgracia, porque hace más de cinco años, varias agencias sabían que el edificio estaba dañado en la estructura y superestructura, pero, a pesar de nuestras quejas y denuncias ante la procuraduría federal del Consumidor,[4] nunca hicieron caso". El ingeniero añade indignado: "Son unos criminales, unos bandidos".

En fuentes gubernamentales y medios de comunicación afines al Gobierno se advierte un claro afán de disminuir las dimensiones de la catástrofe. La cadena de televisión Televisa,[5] que resultó seriamente dañada y cuenta con[6] un elevado número de víctimas entre sus empleados por la caída de una antena de televisión sobre el edificio, también contribuye en sus informativos a escamotear las dimensiones de la catástrofe.

Preguntas sobre la lectura

1. ¿Cuáles son las varias palabras que significan "terremoto" en estas lecturas?
2. Había tres terremotos. ¿Cuáles fueron los dos más grandes?
3. ¿Por qué no quería el presidente pedir ayuda del exterior al principio? ¿Después de cuánto tiempo pidió México ayuda al exterior? (probablemente)
4. ¿Tenía razón el embajador de los Estados Unidos? ¿Qué hay en los artículos para confirmar si tenía razón o no?

[1]This was a new, low-income **multifamiliar** building near the Plaza de las Tres Culturas.
[2]A reliable bohemian-type newspaper.
[3]**Que no se diga** *May it not be said*
[4]The Mexican Consumer Protection Agency.
[5]Mexico's largest television network. It has *four* channels in Mexico City.
[6]**Cuenta con** usually means *counts on* but in these readings it just means *has*.

Aun meses después del terremoto en la Ciudad de México se veía edificios medio destruidos como éste.

5. ¿Fue normal la actuación de los jóvenes después de los terremotos? ¿Harían lo mismo los jóvenes de cualquier otro país? ¿Por qué?

6. ¿Respetaba la gente *de veras* la autoridad de Carlos Arturo?

7. ¿Dónde y cómo consiguieron los jóvenes la comida que daban a los damnificados?

8. ¿Es posible que Aujoulet tenga razón cuando dice que la formación del suelo puede ser un factor en la destrucción de edificios?

9. ¿Mencionan las lecturas en qué años fueron construidos los edificios que se vinieron abajo? ¿Es importante saber estos años?

10. ¿Había problemas estructurales en el edificio Nuevo León? ¿Cómo lo sabe usted?

11. ¿Por qué contribuía la Televisa a escamotear los daños de los terremotos?

Vocabulario de la lectura

acercarse *to approach*
advertir (ie) *to warn, be seen*
afrontar *to confront*
aislado *isolated*
albergue *shelter*
afán *eagerness*
afín *similar*
alimento *food*
altavoz m. *loudspeaker*
ambos *both*

amplio *wide*
añadir *to add*
aparato *apparatus*
arrasado *razed*
asolar *to destroy*
bajo *under*
bloque m. *structure*
cadáver m. *body*
cadena *television network*
caída *fall*

carrito *grocery cart*
común *common*
contratar *to contract*
consumidor m. *consumer*
cuerda *cord*
damnificado *injured person*
daño *damage*
decenas *tens*
denuncia *accusation*
derrumbarse *to fall down*
desalojado *abandoned*
desconcierto *confusion*
desconfianza *mistrust*
disminuir *to diminish*
edificación *building*
emanar *to emanate*
embajada *embassy*
empleado *employee*
enterrar (ie) *to bury*
entregar *to hand over*
escamotear *to hide*
escombro *rubble*
fallecido *dead*
fallo *deficiency*
flotar *to float*
fondos *funds*
gritar *to shout*
gubernamental *governmental*
hundimiento *collapse*
jeringuilla *syringe*
impedir (i) *to prevent*
indignado *indignant*
ingeniero *engineer*
inmenso *immense*
limpiar *to clean*

lograr *to succeed in*
magulladura *bruise*
mantener *to maintain*
medidas *measures*
mole *mass*
muerto *dead*
palpar *to feel*
particular *private*
paso *passage, way*
poblado *populous*
poder m. *power*
pueblo *people*
preciso *necessary*
queja *complaint*
rato *a while*
reconocer *to recognize*
reconocimiento *acknowledgement*
rechazar *to reject*
remecer *to move*
rescate m. *rescue*
seísmo *earthquake*
sepultar *to bury*
sinfín m. *endless number*
sobrevivir *to survive*
socorrer *to help*
suelo *soil*
sufrir *to undergo*
superar *to exceed*
surgido *arisen*
temblor m. *earthquake*
tercio *third*
terremoto *earthquake*
trasladar *to move*
urbe f. *city*

Estudio de expresiones

1. **dar con** *to run across*

   Ellos esperan **dar con** sus parientes.
   Yo **di con** ella en el pasillo.

2. **de maravilla** *in a marvelous way*

   Los jóvenes respondieron **de maravilla**.

3. **hacer caso** *to pay attention*

> Los dueños no **hicieron caso**.
> El profesor siempre **hace caso** de las notas de sus estudiantes.

4. **llamar la atención** *to draw attention*

> **Llama la atención** que un gran número de las construcciones destruidas sean de la Administración Pública.
> A Salvador Dalí le gusta **llamar la atención** de todo el mundo.

5. **poner al descubierto** *to uncover*

> Han **dejado al descubierto** fallos en el sistema.
> El terremoto **puso al descubierto** un sinfín de deficiencias graves.

6. **poner de manifiesto** *to show*

> El terremoto **puso de manifiesto** la solidaridad de los mexicanos.

7. **por lo menos** *at least*

> **Por lo menos** había treinta y nueve españoles sepultados.
> El estudiante típico tiene **por lo menos** cuatro clases.

8. **venirse abajo** *to crumble*

> Muchos edificios **se vinieron abajo**.
> Un edificio reciente **se vino abajo**.

Práctica de vocabulario

Ejercicio uno. Put an appropriate word from the vocabulary into the sentence.

MODELO   Cuando tenemos más de dos coches tenemos **varios** coches.

1. Un edificio público se derrumbó, pero al lado un edificio _____ se mantenía.
2. La gente que no tiene casa va al _____.
3. Durante el seísmo, muchos edificios se _____.
4. Un movimiento muy fuerte de tierra es un _____.
5. 10, 20, 30, etc. son _____.
6. El edificio oficial de una nación en otra es una _____.
7. Las pobres víctimas esperan su _____.
8. El cuerpo de una persona muerta es un _____.
9. Cuando una chica ve un ratón, ella _____.
10. Hay mucha _____ entre los soviéticos y los americanos.

Ejercicio dos. Give the Spanish version of the expression in italics.

MODELO   El edificio es tan viejo que puede (*crumble*) _____.
El edificio es tan viejo que puede **venirse abajo**.

1. La investigación (*uncovered*) _____ los actos criminales de esa persona.
2. Un estudiante debe estudiar (*at least*) _____ dos horas diarias.
3. Hay muchas maneras de (*draw attention*) _____ del consumidor.
4. Los muchachos lo hicieron (*in a marvelous way*) _____.
5. Cuando habla nadie le (*pays attention*) _____.
6. El profesor (*showed*) _____ las razones por la revolución.
7. Yo (*ran across*) _____ mi profesor en la calle.
8. Ella (*showed*) _____ los errores y fallos del nuevo programa.

3. Más sobre los verbos reflexivos recíprocos

> **Repaso instantáneo: el reflexivo recíproco**
>
> A reciprocal reflexive applies when two or more people do the same thing to each other. If I write to you and you write to me, "we write to each other." Because at least two people are involved, a reciprocal reflexive must always be plural (**nos escribimos, os escribíais, se escriben**).
>
> Mis amigos **se ayudaban** con las tareas.
> Mi hermana y yo **nos ayudaremos** mañana.
> Ellas **se dieron** noticias de su ciudad.
> En mi familia, **nos dábamos** muchos regalos.
> María y yo **nos conocíamos** en Santiago.
> Margarita y Bruce Springsteen no **se conocen**.

Práctica oral _____

Answer in the reciprocal form, following the model.

MODELO   ¿Le escribes a tu madre a menudo?
Sí, **nos escribimos** mucho.

1. ¿Conociste a tu novio,-a en la universidad?
2. ¿Le cuentas tus problemas a tus amigos?

3. ¿Quieren ellos mucho a sus hermanos?
4. ¿Ayudas a tu amiga con su trabajo?
5. ¿Les compras regalos a tus abuelos?
6. ¿Les envías tarjetas de Navidad a tus parientes?
7. ¿No le hablas a Marcos?
8. ¿Ves a Luisa a menudo?
9. ¿Visitas a tus tíos frecuentemente?
10. ¿Le dices lo que piensas a tu novio?

A. Because **ellos se vieron** (and virtually *any* of the reciprocal reflexives) can mean two things (*They saw **each other***, and *They saw **themselves***), there is a way to distinguish between them—for the reciprocal, you use a supplementary expression meaning *each other* or *one another*. Notice how the gender of **unos** and **otros** follows the gender of the persons or groups involved. If the group is mixed, the generic masculine is used, as in the second example:

Juan y Federico se ven **el uno al otro.**
Margarita y Paco se saludan **el uno al otro.**
Los americanos y los ingleses se conocen **los unos a los otros.**
María y Marta se ayudan **la una a la otra.**
Mis tías y mis sobrinas se escriben **las unas a las otras.**

En el periódico: Una fiesta siguiendo a la victoria del partido radical argentino del presidente Raúl Alfonsín, noviembre de 1985.

Práctica oral ―――――――――――――――――――――――

Use the **la una a la otra** type expression to complete these sentences.

MODELO   Rosa ayuda a Juan y Juan ayuda a Rosa.
          Rosa y Juan **se ayudan el uno al otro.**

1. Los padres necesitan a los hijos y los hijos necesitan a los padres.
2. Yo miro a mi hermano y mi hermano me mira a mí.
3. Mis amigos me escriben a mí y yo les escribo a mis amigos.
4. Antonio y Rosaura escuchan a Pedro y Emilia y Pedro y Emilia escuchan a Antonio y Rosaura.
5. Yo le creo a Juana y Juana me cree a mí.
6. El profesor saluda a los estudiantes y los estudiantes saludan al profesor.
7. Mis padres conocen a tus padres y tus padres conocen a mis padres.
8. Los americanos visitan a los argentinos y los argentinos visitan a los americanos.
9. Yo encontré a Felicia y Felicia me encontró a mí.
10. Ella recuerda a sus amigos y sus amigos la recuerdan a ella.

―――――――――――――――――――――――――――――――――――――

B. The above use of **el uno** *al* **otro** and **los unos** *a* **los otros** is valid only for "ordinary verbs." When you are making reciprocal a reflexive verb with a preposition (such as **acordarse** *de* or **enojarse** *con*), the verb's *own preposition* is used instead of **a**. It's much easier to grasp this point through examples than by reading the explanation above.

> **Me despedí de** ella. Ella **se despidió de** mí.
> **Nos despedimos** el uno **del** otro.
> Mi hermana **se enfada con** mi hermano. El **se enfada con** ella.
> **Se enfadan** el uno **con** el otro.
> Grant **se quejó de** Lee, Lee **se quejó de** Grant.
> **Se quejaron** el uno **del** otro.
> Mi perro **se fijó en** tu gato. Tu gato **se fijó en** mi perro.
> **Se fijaron** el uno **en** el otro.

Here are some other common reflexive verbs associated with prepositions that can be used reciprocally:

acordarse de   *to remember*

casarse con   *to get married*

divorciarse de   *to get divorced*

enojarse con   *to get mad at*

interesarse en   *to get/be interested in*

En el periódico: Diego Maradonna, el gran futbolista argentino, ayuda en la derrota del equipo de Bulgaria en el World Cup de 1986 (México, 10 de junio).

juntarse con   *to gather/meet*
olvidarse de   *to forget*
parecerse a   *to resemble*
referirse a   *to refer to*
reírse de   *to laugh at*

Práctica oral

Say these sentences using the correct form of the **la una — la otra** expression.

MODELO   Isabel y Angela se fijaron **la una en la otra.**

1. Madonna y Sean Penn se casaron _____ recientemente.
2. Los padres de mi amiga se divorciaron _____ el año pasado.
3. Mis amigos se despiden _____ cuando van de vacaciones.
4. Rosario y Justo siempre se están quejando _____.
5. Margarita y Tomás se han fijado _____.
6. Los niños se juntan _____ para jugar.
7. Mi abuelo y yo nos enfadamos _____ a veces.
8. Ellos se olvidaron _____.
9. Los jóvenes se ríen _____ a veces.
10. Fernando y Isabel se interesaron _____.

LECTURA CULTURAL

This article gives a sample of international news from a non-Hispanic country. The art theft described was as brilliantly executed as it was baffling. The artists were contemporaries of Sorolla.

Impresión, amanacer,[1] de Claude Monet, la obra que dio nombre al movimiento impresionista es una de las que han sido robadas.

Los cuadros robados en el Museo Marmottan, de París, no estaban asegurados

(PARÍS) Los nueve cuadros impresionistas robados el pasado domingo 27 (de octubre, 1985) en el Museo Marmottan, de París, no estaban asegurados, según informaron el mismo día los portavoces de la Academia de Bellas Artes,[2] propietaria de la colección, lo que excluye la posibilidad de que los ladrones actuaran movidos por la idea de pedir un rescate. Descartada esa hipótesis,[3] todas las explicaciones, hasta las más locas, son posibles, incluyendo las motivaciones políticas y las del coleccionista fanático. En cualquier caso, los ladrones actuaron con la profesionalidad de un comando muy bien entrenado, y supieron elegir perfectamente los mejores cuadros.

La historia de robos de obras de arte demuestra que en la mayoría de los casos se trata, o bien de una persona con las facultades mentales enajenadas, que devuelve al poco tiempo el cuadro, o bien de bandas organizadas que, con la mayor discreción, se ponen en contacto con el

agente de seguros para negociar la prima de devolución.

Pocas semanas después los objetos robados aparecen en una estación de trenes o en un coche abandonado, siempre en perfecto estado. En el caso del Marmottan no se trata de un individuo sino de cinco que actuaron a cara descubierta (salvo uno), pero que, teóricamente, no pueden pedir rescate a ninguna compañía aseguradora. Los cuadros sustraídos son tan conocidos que no pueden tampoco ser vendidos en ninguna parte del mundo. Cualquier marchante o coleccionista privado sabría su procedencia.

Cabe, claro está, la posibilidad de un coleccionista fanático, que acepte comprar las telas, pero la gente que conoce a este tipo de amante de la pintura asegura que ninguno resiste la tentación de enseñar sus adquisiciones a los amigos. Quien comprara *Impression, soleil levant,*[4] de Claude Monet, tendría que meterlo en una caja fuerte y admirarlo a solas, lo que le quitaría el placer de la posesión.

Otra posibilidad, avanzada por la Prensa, sería la de un robo político: los cuadros habrían sido sustraídos por un grupo de extrema izquierda (por ejemplo, Acción Directa en colaboración con la Fracción del Ejército Rojo alemana) para llamar la atención sobre sus reivindicaciones. Existen precedentes: en 1978 el GARI (Grupos Armados Revolucionarios Internacionalistas, de tendencia anarquista) se hizo con un cuadro de El Bosco.[5] El hecho de que los ladrones del Marmottan no dejaran ningún comunicado ni se hayan puesto hasta ahora en contacto con la Prensa da

---

[1]*Impression, sunrise,* a view of the port of Le Havre, was exhibited in the very first "impressionist" show in 1874—before the painters were called impressionists.

[2]**Academia de Bellas Artes** *Academy of Fine Arts.* **Arte,** usually a masculine word, changes gender to feminine only in this case.

[3]**Descartada esta hipótesis** *This idea (having been) discarded.* This formula (past participle agreeing with a following noun) is a useful one to be aware of.

[4]The original French name for *Impression, sunrise.*

[5]**El Bosco** is the same Dutch painter, Hieronymus Bosch, seen in Lección 2.

credibilidad a esta hipótesis. Tampoco resulta muy factible que se trate de una inversión a largo plazo, es decir, que los cuadros hayan sido[1] sustraídos con la intención de guardarlos veinte o treinta años y después ponerlos discretamente a la venta.

"Sea como fuere",[2] asegura el conservador del museo expoliado, Yves Brayer, "estamos ante un robo de encargo. Los ladrones conocían perfectamente el local y sabían cuáles eran las piezas más valiosas. Todo estaba perfectamente organizado".

El robo tiene connotaciones casi militares. El grupo de cinco hombres se comportó como si fuera un *comando* bien entrenado, que no pierde un segundo en gestos innecesarios. Dos de ellos ingresaron tranquilamente con la entrada en la mano. A los pocos minutos sacaron sus armas, pidieron amablemente a los visitantes que se echaran en el suelo y encañonaron a los guardianes. Sus tres compañeros obligaron a la cajera y a los otros vigilantes a entrar en un gran armario y después se dirigieron sin vacilación al sótano, donde se encontraban los cuadros de Monet. Entre casi el centenar de telas expuestas, eligieron las mejores.

La alarma estaba desconectada (los responsables del museo sólo la encienden de noche porque de día salta continuamente ante cualquier gesto de los trescientos o cuatrocientos visitantes), así que sólo hizo falta un tirón para descolgar las obras de la pared. Ya en camino de salida, los ladrones rompieron una vitrina para hacerse con dos obras de Renoir. Con los nueve cuadros bajo el brazo, el comando se dirigió con toda calma a un coche gris que les esperaba con el maletero abierto, aparcado en doble fila.

Los cuadros robados en el museo Marmottan están valorados, según su conservador, en más de cien millones de francos[3] (unos dos mil millones de pesetas).[4]

---

[1]**Hayan sido** *may have been.*

[2]**Sea como fuere** *be that as it may* is often replaced by **Sea lo que sea. Fuere** is an archaic future subjunctive form that has fossilized in this expression.

[3]100,000,000 francs, when the article was written, would have been about $12,000,000.

[4]In most countries a billion is a *million* million. So our two billion becomes two thousand million in Europe.

Preguntas sobre la lectura

1. ¿Cómo sabían (o ¿sabían?) los bandidos que las telas no estaban aseguradas?
2. ¿Por qué no pueden pedir rescate a la Academia de Bellas Artes?
3. En su opinión, ¿cuál fue la motivación de los bandidos? ¿Qué deseaban hacer con los cuadros?
4. Cuando hay un rescate negociado, ¿en qué lugares pueden dejar la obra de arte? Sugiera usted más lugares de los que se mencionan en la lectura.
5. ¿Cuál sería una "prima de devolución" razonable por estos nueve cuadros?
6. ¿Por qué había un bandido que se cubrió la cara y los otros no?
7. Si fueran vendidos a un coleccionista fanático, ¿en cuánto tiempo probablemente se descubriría dónde están?
8. ¿Por qué no es razonable la hipótesis de una inversión a largo plazo?
9. ¿Es razonable encender la alarma de día?
10. ¿Cuánto tiempo habrá durado el robo—desde la entrada de los dos primeros bandidos hasta la salida con los nueve cuadros?
11. ¿Por qué no robaron a la cajera también?

Vocabulario de la lectura

actuar *to act*
amante m. *lover*
asegurado *insured*
asegurar *to insure, assure*
avanzado *advanced*
caja fuerte *safe*
cajera *cashier*
centenar *a hundred*
coleccionista m. *collector*
comunicado *communiqué*
cuadro *painting*
dejar *to leave*
descartado *discarded*
descolgar *to take down*
descubierto *unmasked*
devolución *restitution*
echarse *to stretch out*
elegir (i) *to select*
enajenado *absent*
encañonar *to hold at gunpoint*
encargo *commission*
encender *to turn on*
enseñar *to show*
entrada *ticket*

entrenado *trained*
espoliado *plundered*
excluir *to exclude*
expuesto *exposed*
factible *reasonable*
gestos *movements*
guardián *guard*
hasta *even*
inversión *investment*
ladrón m. *thief*
loco *crazy*
maletero *trunk of a car*
marchante *merchant*
obra *work*
pintura *painting*
portavoz *spokesperson*
prima *premium*
procedencia *origin*
propietario *owner*
quitar *to take away*
reivindicaciones *demands*
rescate m. *ransom*
robado *stolen*
robo *robbery*

sacar *to take out*	teóricamente *theoretically*
saltar *to go off*	tirón m. *pull*
sustraído *removed*	valioso *valuable*
tan *so*	valorado *valued*
tela *canvas*	vitrina *display window*

Estudio de expresiones

1. **a la venta** *on sale*

   Van a ponerlo **a la venta** en veinte años.
   Ahora su casa no está **a la venta**.

2. **a largo plazo** *long range*

   No es una inversión **a largo plazo**.
   La universidad ha hecho muchos planes **a largo plazo**.

3. **a solas** *alone*

   El coleccionista no puede verlo **a solas**.
   José se quedó **a solas** en su casa.

4. **de noche** *by night*

   Encienden la alarma **de noche**.
   ¿Qué hacen ustedes **de noche**.

5. **dirigirse a** *to go to*

   Los hombres **se dirigieron a** su coche.
   El joven **se dirigió al** director.

En el periódico: Alan García, candidato para le presidencia peruana. Habría sido el menor presidente sudamericano de todos los tiempos.

6. **hacerse con** *to make off with*

> Ellos **se hicieron con** nueve cuadros importantes.
> El estudiante **se hizo con** el libro del profesor.

7. **hacer falta** *to need*

> No se **hacía falta** mucho para descolgar los cuadros.
> No me **hace falta** nada actualmente.

8. **o bien... o bien** *either... or*

> Se trata, **o bien** de una persona loca, **o bien** de bandas organizadas.
> Es una cuestión **o bien** de quedarnos aquí **o bien** de ir a Madrid.

9. **ponerse en contacto con** *to get in touch with*

> Los ladrones no **se pusieron en contacto con** los oficiales.
> **Se puso en contacto con** la Prensa.

Práctica de vocabulario

Choose the indicated expression from above and say the sentences.

MODELO Me gustaría hablar contigo (alone).
        Me gustaría hablar contigo **a solas**.

1. La entrada en el Mercado Común es un beneficio (long term).
2. Los manifestantes (went to) el Ayuntamiento.
3. Cuando recibía llamadas anónimas ella (got in touch with) la policía.
4. Hay más cosas muy interesantes (on sale).
5. (I need) mucho dinero para terminar mis estudios.
6. Este problema debe solucionarlo (either) el decano (dean) (or) el profesor.
7. Me gusta mucho estudiar (by night).
8. Fui de compras y (I made off with) un vestido elegante y barato.
9. No me gusta estar con esa persona (alone).

RECAPITULACIÓN

Cuestionario doble

Person A

1. ¿Te atreves a hablar español con los estudiantes hispanos? ¿Por qué no?
2. ¿Te jactas de tu coche nuevo? ¿De qué te jactas?

3. ¿Se te rompió algo importante? ¿Qué fue?
4. ¿Se te cayeron los libros hoy? ¿Se te cayó algo?
5. ¿Te enfermaste este año? ¿Fue terrible?
6. ¿Te encontraste dinero en la calle? ¿Cuándo te lo encontraste?
7. ¿Cuándo te aburres mucho?
8. ¿Te encontraste alguna vez en otro país? ¿Dónde?
9. ¿Dónde se conocieron tus padres?
10. ¿Se saludan usted y el profesor cuando se ven fuera de la clase?

Person B

1. ¿Te abstienes de fumar? ¿Te abstienes de comer chocolate?
2. ¿Te atreviste a quejarte de tus notas? ¿Qué pasó?
3. ¿Se te perdió algo de mucho valor? ¿Qué fue?
4. ¿Se te acabó la gasolina una vez? ¿Qué hiciste?
5. ¿Te compraste algo ayer? ¿Qué fue?
6. ¿Con quién te enfadas más?
7. ¿Quieres llegar a ser famoso,-a? Haciendo ¿qué?
8. ¿Te hallaste sin dinero recientemente? ¿Qué pasó?
9. ¿Se parecen tu padre y tú?
10. ¿Dónde se conocieron tus padres?

Escenario

"The Dating Game" en español. The Dating Game appears on television every so often. In it three young men, for example, on one side of a barrier answer the questions of an unseen young woman. It works with three young women and one young man, too. Based on the quality of answers given by the three unseen candidates, one is selected as the date. The selector does not see any of the candidates until one has been chosen, then the barrier is taken away, and the two are introduced. An MC is also required, who introduces everyone while still unseen, and who also describes the prearranged date they will go on.

Temas de redacción

1. Reconstruya, usando información del artículo, *por qué* se llegó a creer que había una bomba en la Plaza del Callao.
2. Consulte usted periódicos y revistas que noticias dan del terremoto de Mexico—de la semana en que ocurrió y de semanas y meses después. Use *The New York Times Index* y *The Reader's Guide* y escriba otro reportaje, sobre todo si hay corrupción segura (o si no). ¿Cuáles son otros efectos del terremoto?
3. Describa el robo del Museo Marmottan desde el punto de vista de uno de los guardianes.

LECCIÓN 9

La mejor novela

ALGO VIEJO Y ALGO NUEVO

1. Los pronombres relativos

A. Que and **quien**. You have seen and used relative pronouns for a long time, although you may have not known that they were called "relative pronouns." **Que** (without an accent mark) is the relative pronoun that means both *that/which* and *who(m)*.

> La casa **que** está cerca del parque es de mi hermano.
> El lápiz **que** tengo es amarillo.
> La persona **que** vi no es el profesor.
> El chico **que** tú conoces es simpático.

When you use **que** after a preposition, it can only mean *which* and never *whom*. This is very straightforward and translates exactly into English—if you needed to say it without having studied it before, you could have made it up and been right.

> La tranquilidad **con que** hace su trabajo es notable.
> La lección **de que** hablamos ayer fue difícil, ¿no?
> El edificio **en que** trabaja mi padre es muy viejo.

Quien(es) means only *who(m)*; when you want to say *whom* after a preposition (or after "personal **a**," which technically *isn't* a preposition), you have to use **quien** (and obviously not **que** because of what was said above). This again presents no problem since it has an exact translation in English.

> El mexicano **con quien** fui a Cuernavaca me dijo muchas cosas de gran interés.
> El artista **a quien** se refirió el artículo es Diego Rivera, el pintor mexicano.
> Los señores **de quienes** hablábamos son los venezolanos.

288

Juana es una persona **en quien** tengo mucho confianza.

El hombre **a quien** vi en la fiesta era el profesor Vives.

Práctica oral

Ejercicio uno. Say these sentences with **que** or **quien(es)**.

MODELO   La persona *que* vi es tu hermana.

1. El chico con ＿＿＿＿＿＿＿＿ viajé al Paraguay era argentino.
2. La facilidad con ＿＿＿＿＿＿＿＿ convence a la gente es asombrosa.
3. La película de ＿＿＿＿＿＿＿＿ hablo fue dirigida por Carlos Saura.
4. Ese es el chico a ＿＿＿＿＿＿＿＿ conocí en la fiesta.
5. Esa es la chica ＿＿＿＿＿＿＿＿ me presentaron en la reunión.
6. El lugar en ＿＿＿＿＿＿＿＿ puedes informarte es la embajada.
7. Antonio es el hijo en ＿＿＿＿＿＿＿＿ Sara tiene esperanzas.
8. Los chicos ＿＿＿＿＿＿＿＿ saludé son mis amigos.
9. Me gustaría saber de ＿＿＿＿＿＿＿＿ fue la idea.
10. El hombre con ＿＿＿＿＿＿＿＿ hablaba es su profesor de matemáticas.

Ejercicio dos. Combine these two parts to make a new sentence using **que**. Follow the model.

MODELO   Los libros están en la mesa. Ayer compré los libros.
          Los libros **que** compré ayer están en la mesa.

1. La mujer es peruana. La mujer vive cerca de mi casa.
2. El chico es mi hermano. El chico habla con la chica.
3. La chica se llama Luisa. Conocí a la chica en clase.
4. El artista es bueno. Roberto habla de él.
5. El reloj es mío. El reloj es de oro.
6. La mesa vale mucho dinero. La mesa está en la tienda.
7. Los tíos son simpáticos. Visité a mis tíos en enero.
8. La biblioteca tiene muchos libros. Juan estudia en la biblioteca.
9. La persona es mi mejor amiga. Tengo mucha confianza en ella.
10. La llamada era de Gregorio. Tú recibiste la llamada.

B. **Lo que** and **el que, la que, las que, los que**. **Lo que**, which was referred to in the introductory lesson and which you can recognize easily for having seen it hundreds of times in this book, means *what*. Think of it as a substitute for **la cosa que**.[1]

---

[1] Of course, **la cosa que** would have to have a feminine adjective following (**La cosa que tengo es buena**) where as **lo que**, no matter what it refers back to, is always masculine and singular (**Enrique estudia inglés, María estudio geología, Juana estudia cálculo; *lo que* estudian es importante.**)

En la Plaza de España de Madrid hay un monumento a Cervantes. Se ve al escritor encima; sus creaciones salen delante de él a buscar aventuras.

La cosa que dijo mi madre fue interesante.
  Lo que dijo mi madre fue interesante.
La cosa que estamos haciendo es importante.
  Lo que estamos haciendo es importante.
Yo no tengo la menor idea de **la cosa que** ella dice.
  Yo no tengo la menor idea de **lo que** ella dice.
¿Ustedes no entienden **la cosa que** pasa en la película?
  ¿Ustedes no entienden **lo que** pasa en la película?

Lo que refers to something that you literally cannot put your finger on—such as an idea or a statement. But if you need to refer back to a specific tangible thing, you must use **la que, el que, las que,** and **los que,** which mean *the one(s) that.* The origin of this construction is plain—the noun between the article and **que** has simply been left out because it will have already been established what the noun is that you are talking about.

Once it is known that you are talking about a **bicicleta,** for example, you don't need to repeat the noun.

Veo que tienes una nueva **bicicleta; la (bicicleta) que** tengo yo es vieja y mala.

Hay muchas **novelas** buenas; **la que** escribió Cervantes es la mejor del mundo en la opinión de mucha gente.

Conozco muchos **estados** de nuestro país; **los que** no conozco son los del suroeste.

Práctica oral ——————————————————————————

Ejercicio uno. Follow the model to transform these sentences in order to use **la (el, lo, las, los) que.**

MODELO   Mi hermana entró en la discoteca.
               Mi hermana es **la que** entró en la discoteca.

1. Mis amigos fueron a mi casa.
2. Mi padre me compró un coche nuevo.
3. Las enfermeras cuidan de los enfermos.
4. La tranquilidad evita los ataques al corazón.
5. Tu prima se comió el último pastel.
6. El capitán dio la orden.
7. Los soldados luchan en la guerra.
8. Las comidas españolas me gustan mucho.
9. Hacer gimnasia ayuda a perder peso.
10. Leer novelas breves me gusta.

Ejercicio dos. Answer these questions following the model to use **el (la, lo, los, las) que** in your answers.

MODELO   ¿Querías comprar ese coche?
               No, no es **el que** quería comprar.

1. ¿Quieres beber leche?
2. ¿Te gustaría tener ese equipo de música?
3. ¿Quieren ese disco de Manuel de Falla?
4. ¿Te gustan los libros de filosofía?
5. ¿Le interesan a Juan las películas del oeste?
6. ¿Te gusta la ropa elegante?
7. ¿Quieren esos zapatos?
8. ¿Decidieron ir a la Argentina?
9. ¿Te interesan las actividades deportivas?
10. ¿Quieres ese sombrero?

C. **La cual, el cual, los cuales, las cuales** and **lo cual**: Sometimes using **que** will cause a problem because you can't tell what it refers to. The **el cual** series can clear up the problem much of the time because it can show gender whereas **que** cannot. If there is a masculine and a feminine, or a singular and plural referent possible, the **el cual** series can be used to make a clear distinction. Look at these examples.

¿Conoces a la hermana de Federico, **la cual** vive en Florida?
Finalmente vi los cuadros de Goya, **los cuales** me causaron inmenso placer.
Yo he visto una película de Luis Buñuel, **el cual** fue un director de cine español.

You saw above that **que** is used after some prepositions. But after **sin, por,** and two-part prepositions (such as **cerca de**), the **el cual** series has to be used instead of **que**.

Aquí está mi computadora, **sin la cual** no puedo hacer nada.

¿No ves aquella puerta **por la cual** tienes que pasar?

Allí está el edificio **dentro del cual** aprendí la geología el año pasado.

Compramos una casa **cerca de la cual** teníamos la nuestra cuando yo era joven.

You also use the **el cual** series after a comma when you are writing, and in speaking after a slight pause. If there is no comma, or no pause, you use **que**.

Ya conocí a aquella chica **que** es de México.

Ya conocí a aquella chica, **la cual** es de México.

¿Desean ustedes ver ese coche **que** es una ganga tremenda?

¿Desean ustedes ver ese coche, **el cual** es una ganga tremenda?

En una de mis clases hay un chico loco **que** tiene un oso.

En una de mis clases hay un chico loco, **el cual** tiene un oso.

Lo cual is the *which* that follows a comma or a pause referring to an idea, and not to a specific thing. In the examples below, **lo cual** refers to the italicized words.

Mis amigos todavía no han estudiado nada, **lo cual** me parece muy tonto.

Querían pintar su casa de color anaranjado, **lo cual** sería un gran error.

Ellos fueron a España y no vieron el Museo del Prado, **lo cual** fue una lástima.

Práctica oral

Use **la** (**el**, **lo**, **los**, **las**) **cual(es)** to connect these sentences following the model.

MODELO   Tengo muchos amigos. Me ayudan mucho.
          Tengo muchos amigos **los cuales** me ayudan mucho.

1. Hablé con Encarna. Es mi mejor amiga.
2. Este es mi coche. No puedo ir a ningún sitio sin él.
3. Se compró más zapatillas. Son muy cómodas.
4. Estos son mis padres. Yo haría cualquier cosa por ellos.
5. Los niños comieron todo el chocolate. No le gustó a su madre.
6. Aquí hay una caja. El regalo de Noemi está dentro de ella.
7. Escribí a mis tías. Viven en el Uruguay.
8. Allí está la Plaza Mayor. Antonio y Jorge viven cerca de ella.
9. Regresó a las dos de la madrugada. Es inadmisible.

D. **Cuyo** is the equivalent of *whose* following a noun, such as a person. It agrees—in number and gender—with what belongs to the person.

Nosotros conocemos a *aquella chica* **cuyo hermano** es el cantor famoso.

Los niños **cuyas familias** no tienen perros probablemente tengan miedo de estos animales.

La clase **cuyos exámenes** de cálculo son imposibles no es popular.

Cuyo expresses *whose* only after a noun. After any other type of word, such as the verbs or verb clauses below, **de quien** is necessary.

Yo no sé **de quien** es este gato.

Hemos aprendido **de quien** es aquella casa.

Yo veo muy claramente **de quienes** eres la hija.

Notice, as in the first example above, that in English we say "I don't know whose cat this is," but Spanish word order reflects "I don't know whose is this cat."

Práctica oral

Use **cuyo,-a(s)** or **de quien(es)** in these sentences.

MODELO   Eduardo, *cuyos* primos viven en mi calle, me invitó a salir.

1. Mario, _____ restaurante está en la calle principal, es italiano.
2. No sé _____ es este libro.
3. Le dijeron a mi amiga _____ fue la idea de la broma.
4. La casa, _____ ventana estaba rota, ha sido vendida.
5. La Sra. Manuela, _____ hijos estudian en Buenos Aires, se fue ayer de vacaciones.
6. ¡Díganme con claridad _____ es este dinero!
7. Ella sabe _____ se estaban riendo ustedes.
8. Carlos Fuentes, _____ novelas he leído, acaba de publicar otra nueva.

Don Quijote ayuda a Andrés.

SELECCIÓN LITERARIA

Don Quijote de la Mancha

Everybody recognizes Don Quixote[1] as a literary hero from Cervantes's 1605 and 1615 classic—there were two parts published ten years apart—yet not a great many people today have read the book about him. Some may shy away from "classics" because they feel that classics must be boring. It is true that the book has given long careers to hundreds of scholars who debate dusty philosophical and literary issues about the Quijote *in learned meetings. But it is also true that the book is utterly delightful, filled with ironic humor on every page. Indeed, when you reach the last page (and there are more than a thousand pages in the typical edition), you will be sorry to see it end.*

The book tells of the adventures of Don Quixote, driven crazy by spending most of his time reading books of fiction about ancient knights, and believing them as fact. The novel begins when he is fifty years old, at the point when he has decided to revive the ancient tradition of knights in armor in order to rescue people in need.

Because the books Don Quixote read were old, they used rather archaic language. When Don Quixote speaks in his role as knight, he frequently uses archaic words and pronunciation characteristic of the old books. In these selections, all of the archaic terms will be noted. Since Cervantes uses a rich language, we are giving footnotes to explain expressions rather than using a section of expressions after the **Vocabulario***.*

The episode below is from Chapter 4 of Part I. Don Quixote is wandering alone and is about to engage in his first rescue mission, just hours after having been dubbed a knight (albeit in a mock ceremony).

Don Quijote ayuda a Andrés

Don Quijote no había andado mucho cuando le pareció que a su diestra mano,[2] de la espesura de un bosque que allí estaba, salían voces delicadas, como de persona que se quejaba, y apenas las hubo oído[3] cuando dijo: "Gracias doy al cielo por la merced que me hace, pues tan presto[4] me pone ocasiones delante donde yo pueda cumplir con lo que debo a mi profesión, y donde pueda coger el fruto de mis buenos deseos. Estas voces, sin duda, son de algún menesteroso o menesterosa, que ha menester[5] mi favor y ayuda".

Y, volviendo las riendas, encaminó a Rocinante hacia donde le pareció que las voces salían. Y a pocos pasos que entró por el bosque, vio atada una yegua a una encina,[6] y atado en otra a un muchacho, desnudo de medio cuerpo arriba, y no sin causa, porque le estaba dando con una pretina muchos azotes un labrador de buen talle,

---

[1]In English we spell Quixote with an **x** because that is the way it was spelled in Cervantes's day, when English-speakers first came to know him. Spanish has since changed the **x** to **j**.

[2]**diestra mano**, archaic for *right hand*.

[3]You are used to seeing the "past perfect" tense with the imperfect form **había** (that is, **había oído** *had heard*). However, after **apenas** *hardly* (and a couple other words of that type) the *preterite* form (**hube, hubiste, hubo,** etc.) is used. If you picture the sentence as a scene, the use should become clear.

[4]**presto** is archaic for **pronto**.

[5]**Ha menester = necesita** (an archaic expression).

[6]**vio. . . encina** *he saw a mare tied to one oak tree.*

y cada azote le acompañaba con una represión y consejo. Porque decía: "La lengua queda y los ojos listos".

Y el muchacho respondía: "No lo haré otra vez, señor mío; por la pasión de Dios que[1] no lo haré otra vez, y yo prometo de tener de aquí en adelante[2] más cuidado con el hato".

Y viendo don Quijote lo que pasaba, con voz airada dijo: "Descortés caballero,[3] mal parece reñir con quien defender no se puede; subid[4] sobre vuestro caballo y tomad vuestra lanza"—que también tenía una lanza[5] arrimada a la encina donde estaba arrendada la yegua—"que yo os haré conocer ser de cobardes lo que estáis haciendo".[6]

El labrador, que vio sobre sí aquella figura llena de armas blandiendo la lanza sobre su rostro, túvose[7] por muerto, y con buenas palabras respondió: "Señor caballero, este muchacho que estoy castigando es un criado mío, que me sirve de guardar una manada de ovejas que tengo en estos contornos, el cual[8] es tan descuidado, que cada día me falta una; y porque castigo su descuido, o bellaquería, dice que lo hago de miserable, por no

pagarle la soldada que le debo, y en Dios y en mi ánima que miente".

"¿'Miente' delante de mí, ruin villano"?[9] dijo don Quijote. "Por el sol que nos alumbra que estoy por pasaros de parte a parte[10] con esta lanza. Pagadle luego sin más réplica; si no, por el Dios que nos rige que os concluya y aniquile[11] en este punto. Desatadlo luego".

El labrador bajó la cabeza y, sin responder palabra, desató a su criado, al cual preguntó don Quijote cuánto le debía su amo. El dijo que nueve meses, a siete reales cada mes. Hizo la cuenta[12] don Quijote y halló que montaban a setenta y tres reales, y díjole al labrador que al momento los desembolsase, si no quería morir por ello. Respondió el medroso villano que para el juramento que había hecho—y aún no había jurado nada—que no eran tantos; porque se le habían de descontar y recibir en cuenta[13] tres pares de zapatos que le había dado, y un real de dos sangrías que le habían hecho estando enfermo.[14]

"Bien está todo eso", replicó don Quijote, "pero quédense los zapatos y las sangrías por los

---

[1]This is an emphatic (and very commonly used) **que**. It has no translation; it only serves to emphasize anything that follows. It will be seen several times in these readings.

[2]**de aquí en adelante** *from now on*

[3]This peasant is obviously not a knight (**caballero**), but Don Quixote's craziness transforms everything into what it is not. As a result, people recognize immediately that Don Quixote is crazy.

[4]**Subid** and **tomad** (later in this sentence) are both **vos(otros)** commands, easy to form (just remove the final **-r** of the infinitive and replace it with **-d**). The **vos(otros)** form in olden days was used as a very polite singular form, thus Don Quixote's use of it here. **Vuestro** is the **vos(otros)** possessive, and **os** is the corresponding direct and indirect object pronoun. You will see this usage a number of times in these readings. The old **vos** form gave the modern **vosotros** forms.

[5]The peasant's **lanza** was for tending sheep, not for fighting.

[6]**que yo. . . haciendo** *I will make you see that what you are doing is cowardly* (= of cowards).

[7]Cervantes has the right to say **túvose** and **volvióse**, because he is a famous author. You, of course, must put the pronouns where they "should go": **se tuvo** and **se volvió**.

[8]Refers back to Andrés.

[9]To accuse someone of lying to a third person was considered an affront, therefore Don Quixote's rage.

[10]**de. . . parte** *through and through*

[11]**que os concluya y aniquile** *I'll finish you off and annihilate you*. The previous phrase (*By the God who governs us*) makes the subjunctive necessary.

[12]**hizo la cuenta** *made the calculation*

[13]**en cuenta** *on account*

[14]**estando enfermo** *being sick*; in this type of context the construction means *when he was sick*.

azotes que sin culpa[1] le habéis dado; que si él rompió el cuero de los zapatos, vos le habéis roto el de su cuerpo; y si le sacó el barbero sangre estando enfermo, vos en sanidad[2] se la habéis sacado: ansí que, por esta parte, no os debe nada".

"El daño está, señor caballero, en que no tengo aquí dinero: véngase Andrés conmigo[3] a mi casa, que yo se los pagaré un real sobre otro".

"¿Irme yo con él" dijo el muchacho, "más?[4] ¡Mal año! No, señor, ni por pienso;[5] porque al verse solo, me desuelle como a un San Bartolomé".

"No hará tal", replicó don Quijote, "basta que yo se lo mande para que me tenga respeto; y con que él me lo jure por la ley de la caballería que ha recibido, le dejaré ir libre y aseguraré la paga".

"Mire vuestra merced[6], señor, lo que dice", dijo el muchacho, "que este mi amo no es caballero ni ha recibido orden de caballería alguna; que es Juan Haldudo el rico, el vecino del Quintanar".

"Importa poco eso", respondió don Quijote, "que Haldudos puede haber caballeros;[7] cuanto más que cada uno es hijo de sus obras".

"Así es verdad", dijo Andrés, "pero este mi amo, ¿de qué obras es hijo, pues me niega mi soldada y mi sudor y trabajo"?

"No niego, hermano Andrés", respondió el labrador, "y hacedme el placer de veniros conmigo; que yo os juro por todas las órdenes que de caballerías hay en el mundo de pagaros, como tengo dicho, un real sobre otro, y aún sahumados".[8]

"Del sahumerio os hago gracia",[9] dijo don Quijote. "Dádselo en reales, que con eso me contento; y mirad que lo cumpláis como lo habéis jurado; si no, por el mismo juramento os juro de volver a buscaros y a castigaros, y que os tengo de[10] hallar, aunque os escondáis más que una lagartija. Y si queréis saber quién os manda esto, para quedar con más veras obligado a cumplirlo,[11] sabed que yo soy el valeroso don Quijote de la Mancha, el desfacedor de agravios y sinrazones, y a Dios quedad, y no se os parta de las mientes lo prometido y jurado, so pena de la pena pronunciada".[12]

Y en diciendo esto, picó a su Rocinante, y en breve espacio se apartó de ellos. Siguióle el labrador con los ojos, y cuando vio que había traspuesto del bosque y que ya no parecía, volvióse a su criado Andrés y díjole: "Venid acá, hijo mío; que os quiero pagar lo que os debo, como aquel deshacedor de agravios me dejó mandado".

"Eso juro yo", dijo Andrés, "y ¡cómo que andará vuestra merced acertado en cumplir[13] el mandamiento de aquel buen caballero, que mil años viva; que, según es de valeroso y de buen juez, que si no me paga, que vuelva y ejecute bien

---

[1]**sin culpa** (*to him* = Andrés) *without guilt*

[2]**En sanidad** *in health.*

[3]**véngase Andrés conmigo** *let Andrés come with me*

[4]**¿Irme... más?** *I, go away with him again?*

[5]**ni por pienso** *I wouldn't consider it*

[6]**Vuestra merced** *your grace.* This form, after having been said rapidly for generations, eroded to what is **usted** today. The abbreviation of **usted** is frequently **Vd.** (the origin of the **V** is obvious).

[7]**puede... caballeros** *there can be Haldudos who are knights*

[8]**Sahumado** literally is *perfumed*; it meant *in perfect condition* in contexts such as this.

[9]**Del... gracia** *I forgive you the "perfect condition" part*

[10]Synonym of **tengo que.**

[11]**para... cumplirlo** *so that you may be more firmly bound to obey it*

[12]**no... pronunciada** *so that what you have promised and sworn won't leave your mind, under penalty of what was said* (**mientes** is archaic for **mente** *mind*).

[13]**¡y cómo... cumplir** *and you'll do well to comply with*

lo que dijo"!¹

"También lo juro yo", dijo el labrador, "pero, por lo mucho que os quiero, quiero acrecentar la deuda para acrecentar la paga".

Y asiéndole del brazo le tornó a² atar a la encina, donde le dio tantos azotes, que le dejó por muerto.

"Llamad, señor Andrés, ahora," decía el labrador, "al desfacedor de agravios; veréis cómo no desface éste. Aunque creo que no está acabado de hacer, porque me viene gana de desollaros vivo, como vos temíades".

Pero, al fin lo desató y le dio licencia que fuese a buscar su juez, para que ejecutase³ la pronunciada sentencia. Andrés se partió algo mohino, jurando de ir a buscar al valeroso don Quijote de la Mancha y contarle punto por punto lo que había pasado, y que se lo había de pagar con las setenas.⁴ Pero con todo eso, él se partió llorando y su amo se quedó riendo.

Y de esta manera deshizo el agravio el valeroso don Quijote; el cual contentísimo de lo sucedido, pareciéndole que había dado felicísimo y alto principio a sus caballerías, con gran satisfacción de sí mismo iba caminando hacia su aldea.

Preguntas sobre la lectura

1. ¿Cuánta experiencia tiene don Quijote en su profesión cuando encuentra a Andrés?

2. Don Quijote piensa que el menesteroso necesita su ayuda, ¿es verdad? Explique su razonamiento.

3. ¿Era descuidadoso Andrés en su trabajo?

4. El labrador dice que Andrés mintió. ¿Es verdad que ha mentido Andrés? ¿Cómo lo sabe usted?

5. ¿Sabe bien don Quijote las matemáticas? ¿Sabe bien el labrador las matemáticas? ¿Por qué lo dice usted?

6. ¿Por qué no tenía consigo el labrador setenta y tres reales?

7. ¿Por qué no quería pagar al labrador tanto dinero?

8. ¿Qué expresión corresponde con "¡Mal año!" en inglés?

9. ¿Cuál es la historia de San Bartolomé?

10. ¿Cuál es el error de don Quijote en el párrafo que comienza "No hará tal..."?

11. ¿Por qué Juan Haldudo (en el párrafo "No niego") comienza a hablar con Andrés en la forma **vos**?

12. ¿Cree Andrés al principio lo que le dice Haldudo? ¿Cómo lo sabe usted?

13. ¿Piensa Haldudo que volverá don Quijote? ¿Por qué lo dice usted?

¹**que mil años... dijo** *may he live a thousand years! and as he is valorous and of good judgment, may he come back and do what he said.*

²**Y asiéndole... encina** *And taking him by the arm, he tied him to the oak tree again.* **Tornó a** *is archaic for* **volvió a.**

³Cervantes prefers the **-se** form of the past subjunctive instead of the **-ra** form.

⁴**Las setenas** means *sevenfold;* that is Haldudo would now be sentenced to pay seven times what he had previously owed.

14. Después de los otros azotes, ¿le pagó Haldudo a Andrés lo que le debía?

15. ¿Qué debía hacer don Quijote? ¿Por qué no lo hizo?

Vocabulario de la lectura ———————————

acá *(to) here*
acertar *to be right*
acompañar *to accompany*
acrecentar *to increase*
agravios *offenses*
airado *angry*
aldea *village*
alumbrar *to shine on*
amo *master*
andar *to walk, go*
ánima *soul*
ansí *thus* (archaic)
apartarse *to withdraw*
apenas *hardly*
arrendado *tied up*
arrimar *to lean against*
asegurar *to assure*
atar *to tie*
azote *lash*
bajar *to lower*
barbero *barber/surgeon*
bastar *to be sufficient*
bellaquería *swindling*
blandir *to brandish*
bosque *forest*
caballería *knighthood; chivalrous behavior*
caballerías *chivalric activity*
caballero *knight*
castigar *to punish*
cielo *heaven*
consejo *advice*
contornos *area*
criado *servant*
cuero *leather, skin*
cuidado *care*
cumplir *to obey, — con discharge*
daño *hindrance*
dejar *to leave*
delicado *faint*

desatar *to untie*
descontar *to discount*
descortés *discourteous*
descuidado *careless*
descuido *carelessness*
desembolsar *to pay*
desfacedor *undoer* (archaic)
desfacer *to undo* (archaic)
deshacedor *undoer*
deshacer *to undo*
desnudo *naked*
desollar (ue) *to flay*
deuda *debt*
diestro *right* (archaic)
ejecutar *to do*
ello *it*
encaminar *to direct*
encina *oak tree*
esconder *to hide*
espesura *thicket*
faltar *to lack*
guardar *to take care of*
hato *flock of sheep*
importar *to matter*
juez *judge*
juramento *oath*
jurar *to swear*
labrador *peasant*
lagartija *lizard*
lanza *lance*
licencia *leave*
listo *diligent*
luego *right now*
llorar *to cry*
manada *flock of sheep*
mandamiento *order*
mandar *to command*
más *again*
medroso *meek*
menesteroso *needy person*

merced *favor*
miseria *stinginess*
mohíno *mournful*
montar *to amount to*
negar (ie) *to deny*
obligado *bound*
obras *works*
ocasión *opportunity*
orden *order*
oveja *sheep*
paga *salary*
par *pair*
parecer *to appear, seem*
paso *step*
pena *penalty*
picar *to spur*
presto *soon* (archaic)
pretina *belt*
principio *beginning*
punto *point*
quedar *to offset*
quedo *quiet*
real *silver coin*
regir (i) *to govern*

reñir *to fight*
réplica *response*
reprensión *scolding*
riendo *laughing*
romper *to break*
roto *broken*
ruin *despicable*
sahumado *in perfect condition*
sangría *bloodletting*
sinrazón *injustice*
soldada *salary*
subir *to get up*
sudor *sweat*
tal *such a thing*
talle *size*
tantos *so many*
temer *to fear*
tornar a *to... again* (archaic)
traspuesto *gone to the other side*
valeroso *valiant*
vecino *resident*
villano *rustic person, boor*
volver to *turn,* — **a** *to... again*
yegua *mare*

2. Repaso de HACE y DESDE HACE

In Spanish, the **hace** construction with time is used for two different, easily distinguishable meanings: *ago* and *for (a period of time)*.

A. **Hace** as *ago* or *earlier*. There is no single word in Spanish that carries the exact meaning of *ago* in English. Instead, you use **hace** plus the length of time in question.

When **hace** means *ago*, it is always in the present tense, and what happened is always in the past. If **hace** begins a sentence, **que** usually precedes the past verb, but when the **hace** clause is second, there is no **que**.

Llegué aquí **hace** dos meses.
Hace dos meses **que llegué** aquí.
Yo **terminé** el trabajo **hace** tres horas.
Hace tres horas **que terminé** el trabajo.
Ella se **despidió hace** veinte minutos.
Hace veinte minutos **que** ella se **despidió**.

The **hace. . .** construction is useful when you are answering a question stated with **¿Cuándo. . . ?**

> ¿Cuándo volviste?
> Volví **hace dos horas**.
> ¿Cuándo descubrió Balboa el Océano Pacífico?
> Lo descubrió **hace quinientos años** más o menos.

When you use **hace** in the imperfect, it means *earlier* and the main verb must be in the past perfect (**había** + past participle).

Había llegado aquí **hacía** dos meses.	*I had arrived two months earlier.*
Hacía dos meses **que había llegado** aquí.	
Yo **había terminado** el trabajo **hacía** tres horas.	*I had finished the paper three hours earlier.*
Hacía tres horas **que había terminado** el trabajo.	
Ella se **había despedido hacía** veinte minutos.	*She had said goodby twenty minutes earlier.*
Hacía veinte minutos **que** ella se **había despedido**.	

Note: When **hace** means *ago* (or **hacía** means *earlier*) it and the main verb are always in *different* tenses— **hace** in the present and the main verb in the past; or **hacía** in the imperfect and the main verb in the past perfect.

Práctica oral

Use the **hace** or **hacía** construction to answer these questions.

MODELO   ¿Cuándo viajaste a Venezuela?
         Viajé a Venezuela **hace dos años**.

1. ¿Cuándo tomaste el curso de química? (1 año)
2. ¿Cuándo habían comprado aquella casa? (10 años)
3. ¿Cuándo visitó Chile? (3 semanas)
4. ¿Cuándo aprendieron ustedes a tocar el piano? (2 años)
5. ¿Cuándo habían tomado la decisión? (3 semanas)
6. ¿Cuándo habían construido el puente que se derrumbó? (5 años)
7. ¿Cuándo te compraste ese reloj? (2 horas)
8. ¿Cuándo había comido por última vez? (2 horas)
9. ¿Cuándo le regaló su padre el perro? (2 meses)
10. ¿Cuándo había echado la carta? (4 meses)

Dos a dos

Answer, using the **hace** construction.

A.

1. ¿Cuándo llegaste a la universidad por primera vez?
2. ¿Cuándo viajaste a Nueva York?
3. ¿Cuándo te desayunaste?
4. ¿Cuándo compraste una bicicleta?
5. ¿Cuándo escuchaste la radio?

B.

1. ¿Cuándo te decidiste a venir a nuestra universidad?
2. ¿Cuándo estudiaste mucho?
3. ¿Cuándo recibiste una nota muy buena?
4. ¿Cuándo visitaste a tu abuela?
5. ¿Cuándo escribiste una carta importante?

B. **(Desde) hace** as *for*. When we want to find out in English how long something has (or had) been going on, we use the complicated "have/had been. . . -ing" construction: *How long **have** you **been reading** that chapter?* In Spanish, it is much simpler—you just use the simple present tense after **hace que**: "¿Cuánto tiempo **hace que lees** ese capítulo?" (*It makes how long that you are reading that chapter?*). You can also use the imperfect after **hacía que**.

¿Cuánto tiempo **hace que estudias** español?	*How long **have** you **been studying** Spanish?*
¿Cuántos meses **hacía que** tu hermana **trabajaba** allí?	*How many weeks **had** your sister **been working** there?*
¿Cuántos años **hace que** el profesor **enseña** aquí?	*How many years **has** the professor **been teaching** here?*

When you answer this question, you can use either **desde hace** *for* in the middle of the answer, or you can begin your answer with plain **hace**.

¿Cuánto tiempo **hace que estudias** español?	
Estudio español **desde hace** dos años.	*I **have been studying** Spanish **for** two years.*
Hace dos años que **estudio** español.	

¿Cuántos meses **hacía que** tu hermana **trabajaba** allí?	
Ella **trabajaba** allí **desde hacía** ocho meses.	*She **had been working** there **for** eight months.*
Hacía ocho meses que ella trabajaba allí.	
¿Cuántos años **hace que** el profesor **enseña** aquí?	
Enseña aquí **desde hace** cuarenta años.	*He **has been teaching** here **for** forty years.*
Hace cuarenta años que **enseña** aquí.	

Note: With verbs that relate to states or conditions (including *to be, to have,* and *to know*), in English most of the time we cannot say *"been being," "been having,"* or *"been knowing,"* but rather just *"been," "had,"* and *"known": "I have been here for two months; you have known me for three years."* Spanish, on the other hand, keeps the same formula for all verbs: **hace** + simple verb.

Hace dos meses **que estoy** aquí.	*I **have been** here **for** two months.*
Hace cuatro años **que tengo** el conejo.	*I **have had** the rabbit **for** four years.*
Hace tres años **que me conoces**.	*You **have known** me **for** three years.*

Práctica oral

Ejercicio uno. What are the questions that these sentences imply?

MODELO   Hace cinco meses que trabajo aquí.
          ¿Cuánto tiempo hace que trabajas aquí?

1. Hace seis años que se murió mi abuelo.
2. Hacía dos meses que se había casado.
3. Veo esta serie de TV desde hace dos semanas.
4. Estudian en la universidad desde hace tres años.
5. Había trabajado allí desde hacía cuatro años.
6. Hace tres años que Rosalía vive en los Estados Unidos.
7. Hacía diez años que no se hablaban.
8. Hace cuatro semanas que está en el hospital.
9. Come en el restaurante barato desde hace seis meses.
10. Tiene estos dolores desde hace seis días.

Ejercicio dos. Restate these sentences to use the **(desde) hace** construction.

MODELO   He estudiado por un año aquí.
          Hace un año que estudio aquí.

1. He usado este perfume por dos meses.
2. Mónica ha jugado al tenis por quince años.

3. Mis amigos y yo hemos viajado por un mes en Europa.
4. Mi abuelo había vivido en Colombia por diez años.
5. Los niños han estado viendo la televisión por tres horas.
6. Tu madre ha estado cocinando por tres horas.
7. El había conducido por siete horas.
8. Ese abrigo había estado a la venta por meses.
9. He salido con ese chico por tres semanas.
10. Sus hermanos han estado leyendo por dos horas.

Dos a dos

A.
1. ¿Hace cuánto tiempo que estudias lenguas?
2. ¿Hace cuántos meses que vives en esta ciudad?
3. ¿Hace cuántos años que vives en esta sección del país.
4. ¿Hace cuántos años que tienes el carnet de conducir?
5. ¿Hace cuántos minutos que estamos en clase?

B.
1. ¿Hace cuántos semestres que estudias español aquí?
2. ¿Hace cuántos años que sabes las matemáticas?
3. ¿Hace cuánto tiempo que conoces a don Quijote?
4. ¿Hace cuánto tiempo que lees novelas?
5. ¿Hace cuántas semanas que estudiamos este semestre?

Molinos de viento en la Mancha.

SELECCIÓN LITERARIA

La aventura de los molinos de viento

When Don Quixote returns at his village a few days after he first left, he decides he needs a squire (a knight's servant) before he can go out again looking for more adventures. For this job he picks his neighbor, a peasant named Sancho Panza, to whom he promises the eventual rule of an island. Their first adventure together is the most famous one in the whole novel—the attack of the windmills. It comes from Part I, Chapter 8.

Descubrieron treinta o cuarenta molinos de viento que hay en aquel campo, y así como[1] don Quijote los vio, dijo a su escudero: "La ventura va guiando nuestras cosas mejor de lo que acertáramos a desear;[2] porque ves allí, amigo Sancho Panza, donde se descubren treinta, o pocos más, desaforados gigantes, con quien[3] pienso hacer batalla y quitarles a todos las vidas, con cuyos despojos comenzaremos a enriquecernos; que ésta es buena guerra, y es gran servicio de Dios quitar tan mala simiente de sobre la faz de la tierra".

"¿Qué gigantes"? dijo Sancho Panza.

"Aquellos que allí ves", respondió su amo, "de los brazos largos, que los suelen tener algunos de casi dos leguas".[4]

"Mire, vuestra merced", respondió Sancho, "que aquellos que allí se parecen no son gigantes, sino molinos de viento, y lo que en ellos parecen brazos son las aspas, que, volteadas del viento, hacen andar la piedra del molino".

"Bien parece", respondió don Quijote, "que no estás cursado en esto de las aventuras: ellos son gigantes; y si tienes miedo, quítate de ahí, y ponte en oración en el espacio que yo voy a entrar con ellos en fiera y desigual batalla".

Y diciendo esto, dio de espuelas a su caballo Rocinante, sin atender a las voces que su escudero Sancho le daba, advirtiéndole que, sin duda alguna, eran molinos de viento, y no gigantes, aquellos que iba a acometer. Pero él iba tan puesto en que eran gigantes, que ni oía las voces de su escudero Sancho, ni echaba de ver, aunque estaba ya bien cerca, lo que eran; antes iba diciendo en voces altas: "Non fuyades,[5] cobardes y viles criaturas, que un solo caballero es el que os acomete".

Levantóse en esto un poco de viento, y las grandes aspas comenzaron a moverse, lo cual visto por don Quijote, dijo: "Pues aunque mováis más brazos que los del gigante Briareo,[6] me lo habéis de pagar".[7]

Y al decir esto, y encomendándose de todo el corazón a su señora Dulcinea,[8] pidiéndole que en tal trance le socorriese, bien cubierto de su rodela, con la lanza en el ristre, arremetió a todo galope de Rocinante y embistió con el primer molino que

---

[1]**así como** *as soon as*

[2]**La ventura... desear** *Fortune is guiding our affairs better than we could have desired.*

[3]Nowadays we say **con quienes**. In Cervantes's time, **quien** was used for both singular and plural.

[4]**que... leguas** *Some of them* (i.e., giants) *are accustomed to having them* (i.e. arms) *almost two leagues long.*

[5]**Non fuyades** is archaic for **no huyáis** *don't flee*. The **f-** became silent and the **-d-** fell in **fuyades** by Cervantes's time.

[6]Don Quixote is quick with classical allusions: Briareus is the hundred-armed giant who helped Zeus against the Titans in Greek mythology.

[7]**me lo habéis de pagar** *you're going to have to pay for it.* **Haber de** means *have to.*

[8]Don Quixote was unmarried and had no lady-friend, yet he realized that all knights had to have a lady to whom to dedicate themselves and to whom to send the spoils that they received. For this purpose he selected Aldonza Lorenzo, a young peasant lady from a neighboring town, and transformed her into a fictional high-born lady whom he called Dulcinea.

estaba delante; y dándole una lanzada en el aspa, la volvió el viento con tanta furia, que hizo la lanza pedazos, llevándose tras sí al caballo y al caballero, que fue rodando muy maltrecho por el campo. Acudió Sancho Panza a socorrerle, a todo el correr de su asno, y cuando llegó halló que no se podía menear—tal fue el golpe que dio con él Rocinante.

"¡Válgame Dios!"[1] dijo Sancho. "¿No le dije yo a vuestra merced que mirase bien lo que hacía, que no eran sino molinos de viento, y no lo podía ignorar sino quien llevase otros tales en la cabeza"?[2]

"Calla, amigo Sancho", respondió don Quijote, "que las cosas de la guerra, más que otras, están sujetas a continua mudanza; cuanto más, que yo pienso, y es así verdad, que aquel sabio Fristón que me robó el aposento y los libros[3] ha vuelto estos gigantes en molinos para quitarme la gloria de su vencimiento: tal es la enemistad que me tiene; mas al cabo, han de poder poco sus malas artes[4] contra la bondad de mi espada".

"Dios lo haga como puede",[5] respondió Sancho Panza.

Y, ayudándole a levantar, tornó a subir sobre Rocinante, que medio despaldado estaba. Y, hablando de la pasada aventura, siguieron el camino del Puerto Lápice, porque allí decía don Quijote que no era posible dejar de hallarse muchas y diversas aventuras.

[1] **¡Válgame Dios!** *God bless me!*

[2] **no lo. . . cabeza** *no one, except a person who had other such (windmills) in his head, could have not known it*

[3] Don Quixote's friends, realizing that books of chivalry were what drove him crazy, got rid of his library and walled up the room that had housed the books. They made matters worse, though, by saying that a wicked enchanter (Fristón) had come and stolen the library.

[4] **han. . . artes** *his wicked skills can do little*

[5] **Dios. . . puede** *God's will be done*

"Non fuyades, cobardes
y viles criaturas. . ."

Preguntas sobre la lectura

1. ¿Realmente vio don Quijote treinta o más gigantes?
2. ¿Qué despojos esperaba don Quijote recibir de los gigantes?
3. ¿Es exacta la descripción de Sancho de los molinos de viento?
4. ¿Por qué pensaba don Quijote que su escudero ve molinos de viento y no gigantes?
5. ¿Entró de veras don Quijote en "fiera y desigual batalla" con los molinos de viento?
6. Después de la explicación de Sancho, ¿continuó creyendo don Quijote que habían sido gigantes?
7. ¿Qué haría usted después de esta aventura si fuera Sancho Panza?

Vocabulario de la lectura

acometer *to attack*
acudir *to go*
advertir (ie) *to warn*
andar *to turn*
aposento *room*
arremeter *to attack*
asno *donkey*
aspa *sail of windmill*
atender *to pay heed*
batalla *battle*
bondad *goodness*
campo *field*
corazón *heart*
cursado *learned*
desaforado *uncommonly large*
descubrir *to discover, find*
desigual *unequal*
despaldado *dislocated in the shoulder*
despojos *spoils*
embestir (i) *to attack*
enemistad *hatred*
enriquecer(se) *to get rich*
escudero *squire*
espacio *time*
espada *sword*
espuela *spur*
faz *face*
fiero *fierce*
furia *fury*
galope *gallop*

gigante *giant*
golpe *blow*
guerra *war*
guiar *to guide*
ignorar *to not know*
legua *league*
maltrecho *ill-treated*
menear *to stir*
miedo *fear*
molino *mill*
mover (ue) *to move*
mudanza *change*
oración *prayer*
parecer *to appear*
pedazo *piece*
piedra *stone*
quitar *to take away,* — se *to go away*
ristre *lance-rack*
rodando *rolling*
rodela *shield*
sabio *wizard*
simiente *seed*
sino *but, except*
socorrer *to help*
soler (ue) *to be accustomed to*
sujeto *subjected*
tierra *earth*
trance *peril*
tras *behind*

vencimiento *conquest*
viento *wind*
vil *contemptible*
volteado *turned*

volver (ue) *to turn*, **— en** *to turn into*
voz f. *shout*

---

3. "Haré limpiar la casa".

A. In Spanish, you don't *have something done* you *make (or send) something* **to be done**. The English passive infinitive (*to be . . . ed*) is rendered in the Spanish construction with an ordinary infinitive (such as **cantar, hacer, conseguir**). The formula is easy, but the word order is different from English:

Hacer
Mandar a + infinitive

Voy a mandar a revelar la película.   I'll **have the film developed**. (I am going to send to be developed the film.)

El profesor **hace escribir** sus exámenes a máquina.   *The professor **has** his tests **written** on the typewriter.*

Hacemos lavar el coche todas las semanas.   *We **have the car washed** every week.*

Tú **mandaste a recoger** al candidato.   *You **had the candidate picked up**.*

B. Usually, when there is a pronoun associated with an infinitive, it is connected to that infinitive (as in **Deseamos verlo** or **Ella quiere levantarse a las ocho**). Not with this construction—here the pronouns go with **hacer** or **mandar**.

El profesor **los hace escribir** a máquina.   *The professor **has them written** on the typewriter.*

Lo hacemos lavar todas las semanas.   *We **have it washed** every week.*

Tú **lo mandaste a recoger**.   *You **had him picked up**.*

Voy a **mandarla a revelar**.   *I am going to **have it developed**.*

The English version gives a clue to why the pronouns go with the first verb—*you* **have** *them* written, *you* **have** *it* washed.

If **hacer** or **mandar** themselves are in the infinitive form, the pronoun follows, connected to it.

Deseamos hacerla limpiar.   *We want to **have it cleaned**.*

José tiene que **hacerse cortar el pelo**.   *José has to **have his hair cut**.*

Práctica oral ————————————————————————————————

Ejercicio uno. Give the questions for these answers. Follow the model.

MODELO   Porque yo no sé hacer jerseys.
           ¿Por qué mandas a hacer tus jerseys?

1. Porque no tienen una máquina para limpiar la alfombra (*carpet*).
2. Porque él no entiende de mecánica de coches.
3. Porque el vestido no puede lavarse con agua.
4. Porque no sabemos preparar los impuestos.
5. Porque mi madre no puede cortar el césped (*grass*).
6. Porque no le gusta limpiar los zapatos.
7. Porque no podía recoger a mi hermana a esa hora.
8. Porque ellos no saben escribir a máquina.
9. Porque no saben traducir libros de español a inglés.
10. Porque yo no podía hacer la compra y mi hermano sí.

Ejercicio dos. Answer these questions following the model.

MODELO   ¿Haces tú misma las pizza?
           No, las mando a hacer.

1. ¿Arregló Juan su coche?
2. ¿Construiste tú la piscina?
3. ¿Pintaron tus padres la casa?
4. ¿Plantaron ellos las flores del jardín?
5. ¿Puso tu madre el piano en el salón?
6. ¿Escribiste tú este trabajo a máquina?
7. ¿Colgó usted las cortinas en el cuarto de baño?
8. ¿Cocinaste tú esta cena tan exquisita?
9. ¿Echaron las cartas ellos mismos?
10. ¿Grabaste tú misma la cinta?

4. "Este es mi padre, aquél es mi profesor".

In writing, **éste** (and all its variants) means *the latter* and **aquél** (and its variants) mean *the former*. The reason for this is obvious—**éste** refers to the nearest thing (the thing last mentioned, therefore *the latter*) and **aquél** refers to *the former*, the thing farthest away (the thing that appeared first). In Spanish, therefore, you always say *the latter* before *the former*, because you always start with **éste**. These words have accent marks on them because they are stressed words (the unaccented version can never be stressed: **este coche, estas lecciones**).

Nosotros vimos a Juan y a su hermano; **éste** vive en San Francisco, **aquél** vive en París. (Juan vive en París.)

Hemos leído las novelas de Gabriel García Márquez e Isabel Allende; **ésta** es de Chile y **aquél** es de Colombia. (Allende es de Chile.)

Los mexicanos y los italianos son dos poblaciones que hablan una lengua románica; **éstos** hablan italiano, **aquéllos** hablan español.

Este libro tiene lecciones de gramática y lecturas; **éstas** son más interesantes que **aquéllas**.

Práctica oral

Complete the idea—saying what each one does—by following the model.

MODELO   Me gustan Springsteen y Marsalis. (tocar jazz/rock)
Este toca jazz; aquél rock.

1. Les gustan García Márquez y Arthur Miller. (escribir teatro/novelas)
2. Julio es español y Bernard es francés. (hablar francés/español)
3. Quiero ver *Por un puñado de dólares* y *Sueño eterno*. (película de misterio/del oeste)
4. Mi hermano lee mucho y mi hermana no. (ser inculta/culta)
5. Esta tienda tiene coches extranjeros y nacionales. (costar poco dinero/mucho dinero)
6. Los trenes y los aviones son para viajar. (ir por el aire/por tierra)
7. Hay casas en el campo y en la ciudad. (tener más ruido/más tranquilas)
8. Mis padres tienen una televisión en color y otra en blanco y negro. (ser peor/mejor)

Don Quijote descansa un poco después de una batalla.

SELECCIÓN LITERARIA

Vuelve a aparecer Andrés

In Part I, Chapter 31, the same Andrés we saw earlier happens to run into Don Quixote by accident, and an embarrassing scene for Don Quixote (but an amusing one for most of those in his party) ensues.

Acertó a pasar por allí[1] un muchacho que iba de camino, el cual, poniéndose a mirar[2] con mucha atención a los que en la fuente[3] estaban, de allí a poco[4] arremetió a don Quijote y, abrazándole por las piernas, comenzó a llorar muy de propósito,[5] diciendo: "¡Ay, señor mío! ¿No me conoce vuestra merced? Pues míreme bien; que soy yo aquel mozo Andrés que quitó vuestra merced de la encina donde estaba atado".

Reconocióle don Quijote, y asiéndole por la mano, se volvió a los que allí estaban, y dijo: "Para que vean vuestras mercedes cuán de importancia es haber[6] caballeros andantes en el mundo, que desfagan los tuertos y agravios que en él[7] se hacen por los insolentes y malos hombres que en él viven, sepan vuestras mercedes[8] que los días pasados, pasando yo por un bosque, oí unos gritos y unas voces muy lastimosas, como de persona afligida y menesterosa; acudí luego, llevado de mi obligación, hacia la parte donde me pareció que las lamentables voces sonaban, y hallé atado a una encina a este muchacho que ahora está delante, de lo que me huelgo en el alma, porque será[9]

testigo que no me dejará mentir en nada. Digo que estaba atado a la encina, desnudo del medio cuerpo arriba, y estábale abriendo a azotes con las riendas de una yegua un villano,[10] que después supe que era amo suyo; y así como yo le vi pregunté la causa de tan atroz vapulamiento; respondió el zafio que le azotaba porque era su criado, y que ciertos descuidos que tenía nacían más de ladrón que de simple; a lo cual este niño dijo: 'Señor, no me azota sino porque le pido mi salario'. El amo replicó no sé qué arengas y disculpas, las cuales, aunque de mí fueron oídas, no fueron admitidas. En resolución, yo le hice desatar, y tomé juramento al villano de que le llevaría consigo y le pagaría un real sobre otro, y aun sahumados. ¿No es verdad todo esto, hijo Andrés? ¿No notaste con cuánto imperio se lo mandé, y con cuánta humildad prometió de hacer todo cuanto yo le impuse, y notifiqué y quise? Responde; no te turbes ni dudes en nada; di lo que pasó a estos señores, para que se vea y considere ser del provecho que digo haber caballeros andantes por los caminos".

"Todo lo que ha dicho vuestra merced es mucha verdad", respondió el muchacho, "pero el fin del negocio sucedió muy al revés de[11] lo que vuestra merced se imagina".

"¿Cómo, al revés?" replicó don Quijote. "Luego ¿no te pagó el villano?"

---

[1]**acertó. . . allí** *happened to pass by there.* Don Quixote was sitting around a campfire with some people whom he had agreed to devote all of his attention to helping.

[2]**Poner a** + infinitive means *to begin* + *infinitive.*

[3]Don Quijote and his friends are, of course, not *in* the fountain, but near it.

[4]**de. . . poco** *in a little while*

[5]**de propósito** *on purpose*

[6]**cuan. . . haber** *how important it is for there to be*

[7]i.e., **el mundo**

[8]**sepan. . . mercedes** *I want you to know*

[9]That is, **Andrés** will be a witness.

[10]i.e., **un villano estaba abriéndole. . .**

[11]**al revés de** *backwards from*

"No sólo no me pagó", respondió el muchacho, "pero así como vuestra merced traspuso del bosque y quedamos solos, me volvió a atar a la misma encina, y me dio de nuevo[1] tantos azotes, que quedé hecho un San Bartolomé desollado; y a cada azote que me daba, me decía un donaire y chufleta acerca de hacer burla de vuestra merced, que, a no sentir yo tanto dolor,[2] me reiría de lo que decía. En efecto, el me paró tal,[3] que hasta ahora he estado curándome en un hospital del mal que el mal villano entonces me hizo. De todo lo cual tiene vuestra merced la culpa;[4] porque si se hubiera ido su camino adelante y no hubiera venido donde no le llamaban, ni se hubiera entremetido en negocios ajenos, mi amo se habría contentado con darme una o dos docenas de azotes, y luego me habría soltado y pagado cuanto me debía. Pero como vuestra merced le deshonró tan sin propósito, y le dijo tantas villanías, encendiósele la cólera, y como no la pudo vengar en vuestra merced, cuando se vio solo descargó sobre mí el nublado, de modo que me parece que no seré más hombre en toda mi vida".

"El daño estuvo", dijo don Quijote, "en irme yo de allí, que no me había de ir hasta dejarte pagado; porque bien debía yo de saber, por luengas[5] experiencias, que no hay villano que guarde palabra que tiene, si él ve que no le está bien guardarla. Pero yo te prometo, Andrés, que yo juré que si no te pagaba, que había de ir a buscarle, y que le había de hallar, aunque se escondiese en el vientre de la ballena".

"Así es la verdad", dijo Andrés, "pero no aprovechó nada".[6]

"Ahora verás si aprovecha", dijo don Quijote. Y diciendo esto, se levantó muy aprisa y mandó a Sancho que enfrenase a Rocinante, que estaba paciendo en tanto que ellos comían.

Preguntóle Dorotea qué era lo que hacer quería. El le respondió que quería ir a buscar al villano y castigarle de tan mal término, y hacer pagado a Andrés hasta el último maravedí, a despecho y pesar de[7] cuantos villanos hubiese en el mundo. A lo que ella respondió que advirtiese que no podía, conforme al don prometido, entremeterse en ninguna empresa hasta acabar la suya;[8] y que pues esto sabía él mejor que otro alguno, que sosegase el pecho hasta la vuelta de su reino.

"Así es la verdad", dijo don Quijote, "y es forzoso[9] que Andrés tenga paciencia hasta la vuelta,[10] como vos, señora, decís; que yo le torno a jurar y a prometer de nuevo de no parar hasta hacerle vengado y pagado".

"No me creo de esos juramentos", dijo Andrés, "más quisiera tener agora con que llegar a Sevilla[11] que todas las venganzas del mundo; déme, si tiene ahí, algo que coma y lleve,[12] y quédese con Dios su merced y todos los caballeros andantes...".

Andrés asió de su pan y queso y, viendo que nadie le daba otra cosa, abajó su cabeza y tomó el

---

[1]**de nuevo** *again*

[2]**a no... dolor** *if I hadn't felt so much pain*

[3]**me paró tal** *he left me in such a state*

[4]**tiene... culpa** *you're guilty*

[5]**luengas** archaic for **largas**.

[6]**pero... nada** *but nothing came of it*

[7]**a despecho y a pesar de** *in spite of*

[8]**ella respondió... suya** *She responded that he must remember that he, because of the promise he had made, could not engage in any other enterprise until he concluded hers. This is true—Don Quixote did make that promise to her, which he was bound to keep.*

[9]**es forzoso = es necesario**

[10]That is, *until I return*

[11]Andrés doubtless wants to get on a ship going to the Americas in Seville, the large port city from where official ships bound for there left.

[12]**algo... lleve** *something to eat and take along*

camino en las manos, como suele decirse. Bien es verdad que, al partirse, dijo a don Quijote: "Por amor de Dios, señor caballero andante, que si otra vez me encuentra, aunque vea que me hacen pedazos, no me socorra, ni ayude, sino déjeme con mi desgracia; que no será tanta, que no sea mayor la que me vendrá de su ayuda de vuestra merced,[1] a quien Dios maldiga, y a todos cuantos caballeros andantes han nacido en el mundo".

Ibase a levantar don Quijote para castigarle; mas él se puso a correr de modo que ninguno se atrevió a seguirle. Quedó corridísimo don Quijote del cuento de Andrés, y fue menester que los demás tuviesen mucha cuenta con no reírse, por no acabarle de correr del todo.[2]

Preguntas sobre la lectura

1. ¿Sabía don Quijote inmediatamente quién era Andrés?
2. ¿Son importantes los caballeros andantes en el mundo?
3. ¿Está contento de ver a Andrés don Quijote? ¿Por qué?
4. Andrés afirma que lo que dice don Quijote es verdad. Según usted, ¿es verdad?
5. ¿Qué le pasó a Andrés depués de la salida de don Quijote?
6. ¿Por qué no se rió Andrés al oír los donaires acerca de don Quijote?
7. ¿Probablemente pasó Andrés cuánto tiempo en el hospital?
8. ¿Debe entremeterse el caballero andante en negocios ajenos?
9. ¿Por qué lo azotó tanto Haldudo según Andrés?
10. ¿Contestó usted bien a la pregunta quince sobre el primer episodio de Andrés (según lo que dice don Quijote en esta lectura)?
11. ¿Hay villanos que guardan su palabra, según usted?
12. ¿Por qué no va don Quijote inmediatamente en busca de Haldudo? ¿Quiere ir don Quijote?
13. ¿Desea esperar a ser pagado Andrés?
14. ¿Qué quiere Andrés antes de ir? ¿Adónde va Andrés?
15. ¿Quiere más ayuda de don Quijote Andrés?
16. ¿Por qué no le castigó don Quijote?

Vocabulario de la lectura

abrazar   *to embrace*
acertar (ie)   *to happen*
admitido   *accepted*
advertir (ie)   *to notice*
afligido   *afflicted*

ajeno   *someone else's*
alma   *soul*
aprisa   *quickly*
arenga   *speech*
arremeter   *to assail*

---

[1] **no será... merced** *it (my misfortune) will not be so great that a greater (misfortune) will not come to me by being helped by your grace*

[2] **tuviesen... todo** *took great care not to laugh so as not to shame him entirely*

atreverse   *to dare*
atroz   *cruel*
ballena   *whale*
chufleta   *joke*
cólera   *anger*
conforme   *according to*
correr   *to be ashamed*
corridísimo   *ashamed*
culpa   *guilt*
cuán   *how much*
daño   *damage*
desgracia   *misfortune*
deshonrar   *to insult*
docena   *dozen*
disculpa   *excuse*
don   *favor*
donaire   *witticism*
encender   *to kindle*
enfrenar   *to bridle*
entremeter   *to intrude*
forzoso   *necessary*
fuente   *spring*
grito   *shout*
guardar   *to keep*
holgarse (ue)   *to be delighted*
humildad   *humility*
imaginarse   *to imagine*
imperio   *authority*
imponer   *to impose*
ladrón   *thief*
lastimoso   *doleful*

luego   *immediately, then*
mal   *injury*
maldecir   *to damn*
mozo   *young man*
nacer   *to be born*
negocio   *affair*
notificar   *to inform*
pacer   *to graze*
parar   *to leave, stop*
parte   *place*
pierna   *leg*
prometer   *to promise*
propósito   *purpose,* **de —**   *on purpose*
provecho   *benefit*
rienda   *rein*
sentirse (ie)   *to feel*
simple   *simpleness*
soltar   *to release*
sonar (ue)   *to sound*
suceder   *to happen*
sujeto   *subjected*
testigo   *witness*
tuerto   *wrong* (obsolete)
turbarse   *to get confused*
vapulamiento   *whipping*
vengar   *to avenge*
vientre   *belly*
villanía   *vile deed*
zafio   *uncivil fellow*

5. "Lo más rápido posible..." y otras cosas

There is no dedicated superlative form for adverbs in Spanish, yet the notion is frequently necessary. Here are two ways to say the superlative of adverbs.

A. As... *as possible* is a useful English expression into which we can plug virtually any adverb of manner (As *quickly as possible*). Its equivalent in Spanish works the same way but uses a different formula.

as... as possible
lo más... posible

Hazlo **lo más rápido posible.**   *Do it as quickly as possible.*
El senador habla **lo más lento posible.**
Cervantes escribió **lo más irónicamente posible.**
Me devolvieron el dinero **lo más pronto posible.**

B. A colloquial way of saying *She swam faster than anyone* is to say **Nadó más rápido que nadie.** (Note that we say *anyone* and not *someone* in English; Spanish reflects the same idea by using **nadie** instead of **alguien.**)

Margarita cocina **más deliciosamente que nadie.**
Mi primo estudia **más que nadie.**
Joaquín lee **más lentamente que nadie.**

The two forms that do not use **más** work the same way:

Cervantes escribió **mejor que nadie.**
Francisco habla francés **peor que nadie.**

Related, useful expression are **más que nunca** *more than ever* and **más que nada** *more than anything.*

Los europeos viajan a los Estados Unidos **más que nunca.**
En las ciudades grandes españolas hay **más** gitanos **que nunca.**
Mis amigos estudian **más que nunca.**
Ellos prefieren ir al Perú **más que nada.**
Yo voy a escuchar muchos tipos de música, pero **más que nada** escucho la música popular.
Más que nada la gente viaja por avión.

C. American students are likely to be baffled when they try to render expressions such as *better and better* or *more and more frequently*[1] into Spanish; nothing they can dream up makes any sense. The Spanish formula uses **cada vez más**—but if the irregular **mejor** and **peor** are used, **más** is, of course, not possible.

cada vez más frecuentemente	*more and more frequently*
cada vez mejor	*better and better*

Mi amigo corre **cada vez más rápido.**
Los estudiantes escriben **cada vez mejor.**
Hoy se usan las computadoras **cada vez más fácilmente.**

---

[1]English uses *two* systems: *speedier* and *more speedy,* which complicates matters, but they represent the same idea.

This construction applies equally as well to adjectives.

Todos los años las clases de español se hacen **cada vez más grandes**.
Las películas que se producen son **cada vez más interesantes**.
Los estudiantes son **cada vez más inteligentes**.

Práctica oral

Ejercicio uno. Answer the questions using the **lo más** construction and following the model.

MODELO   ¿Como quieres que lea la lectura? (lento)
Quiero que la leas lo más lento posible.

1. ¿Para cuando quieres las fotografías reveladas? (pronto)
2. ¿Cuándo quieres que te envíe el dinero? (rápido)
3. ¿Cómo quiere que sea su nuevo sofá? (cómodo)
4. ¿Cómo quieren la nueva casa? (grande)
5. ¿Quieres llegar a ser rico? (rico)
6. ¿Cuándo piensas cambiar el dinero? (tarde)
7. ¿Cómo te gustaría que fuera el examen? (fácil)
8. ¿Cómo te gustaría que fuera el nuevo presidente? (inteligente)

Ejercicio dos. Using the expressions that follow, complete the sentences below.

más que nadie	más que nada
mejor que nadie	peor que nadie
más que nunca	más. . . que nadie
mejor que nunca	peor que nunca

MODELO   ¿Tu padre comía más que ahora?
No, ahora come **más que nunca**.

1. ¿Piensas que Raimundo pinta muy bien?
   No, pienso que pinta _____.
2. ¿Es tu hermano inteligente?
   Sí, es _____.
3. ¿Habla el profesor muy lentamente?
   Sí, habla _____.
4. ¿Qué es lo que más le gusta? ¿Ver películas?
   Sí, me gusta ver películas _____.
5. ¿Es Yolanda una buena trabajadora?
   Sí, trabaja _____.
6. ¿Toca tu amiga bien el piano?
   Sí, toca el piano _____.

7. ¿Ayudas a tus padres en la casa?
   Sí, les ayudo _____.
8. ¿Viajas mucho ahora?
   Sí, viajo _____.
9. ¿Cómo te sientes últimamente?
   Perfectamente. Me siento _____.
10. ¿Cómo está la situación económica recientemente?
    Muy mal. Está _____.

6. La "a personal" con TENER

As a part of your first-year training (and reviewed here in **Lección 1**), you learned that you do not use the "personal **a**" with **tener**: **Tengo tres hermanos; tenemos el mejor amigo posible.** But there is one instance in which **a** is required with **tener**; that is when the person following **tener** is modified with a prepositional phrase or other modifier that is not just a simple adjective.

Tengo tres hermanos; **tengo a uno de ellos *en el hospital*** ahora.

Tenemos varios amigos mexicanos; **tenemos a dos amigos mexicanos *en casa*.**

Tienes cinco profesores; **tienes a un profesor *viajando por España*.**

Práctica oral

Comment on the examples following the model.

MODELO   Rosario tiene dos hermanos. (uno en la cárcel)
         Tiene a un hermano en la cárcel.

1. Felipe tiene varios tíos. (uno en América)
2. La Sra. Gómez tiene dos hijas. (una en la Universidad de Buenos Aires)
3. El Sr. Pérez tenía dos socios (*partners*). (uno en Salamanca)
4. Mi amiga tiene dos hermanas. (una en el hospital)
5. Este profesor tiene treinta estudiantes. (tres enfermos)
6. El director de la cárcel tiene muchos policías. (cinco guardando la puerta principal)

RECAPITULACIÓN

Cuestionario doble

Person A

1. ¿Vas a viajar en el verano? ¿Con quién vas a viajar? ¿Qué país o qué ciudad vas a visitar?

2. ¿Estudias lo que te gusta o lo que tienes que estudiar?
3. ¿Has leído las novelas de García Márquez? ¿Las de Frederick Forsyth?
4. ¿Vas a leer a *Don Quijote* durante el verano? ¿En inglés o en español?
5. ¿Volverás a esta universidad en septiembre? ¿Qué vas a estudiar?
6. Después de graduarte, ¿qué planes tienes? ¿Hace cuánto tiempo que piensas en esto?
7. ¿Viste a una persona famosa? ¿Quién fue? ¿Hace cuánto tiempo?
8. ¿Lavas tu coche o haces lavar el coche?
9. Entres el cine americano o el argentino, ¿cuál prefieres—éste o aquél?
10. ¿Cuál es la actividad que haces mejor que nadie?

Person B

1. ¿Vas a trabajar en el verano? ¿Con quién vas a trabajar?
2. ¿Te gusta lo que pasa en el mundo? ¿Podrás cambiar algo?
3. ¿Has escuchado la música de Aaron Copland? ¿La de Mozart?
4. ¿Vas a leer a *Don Quijote* en español en el verano? ¿Qué más vas a leer?
5. ¿Estudiarás aquí en septiembre? ¿Cuál va a ser tu especialidad?
6. Después de graduarte, ¿qué planes tienes? ¿Hace cuánto tiempo que piensas en esto?
7. ¿Viste un espectáculo fantástico? ¿Cuál fue? ¿Hace cuánto tiempo?
8. ¿Revelas tú las películas o las mandas a revelar? ¿Sacas buenas fotos?
9. Entre Italia y España, ¿cuál prefieres—ésta o aquélla?
10. ¿Qué actriz actúa mejor que nadie? ¿Que músico toca mejor que nadie?

Escenario

This last **escenario** has two young people walking together in the street—Carmen and Manuel. A policeman approaches and begins to ask Carmen questions.

Temas de redacción

1. Compare lo que le pasó a Andrés en la primera lectura con lo que recuerda don Quijote del episodio. ¿En qué se parecen? ¿En qué no se parecen?
2. ¿Puede creer Sancho las explicaciones de don Quijote sobre el episodio de los molinos? ¿Son razonables las explicaciones de don Quijote? ¿Cree don Quijote sus propias explicaciones?
3. Escriba un diálogo entre Sancho y Andrés. Ellos hablan de don Quijote.

Where do you go from here?

You have reached the end of the second year of language study at the college level. There is a lot more that can—that should—be done.

If you feel that you are still not brilliantly conversant in Spanish after two years of study, this is absolutely normal. You have had a few hours a week in class during part of these two years. It is simply not sufficient time to master a language.

Next year, you may be eligible to take a Spanish Conversation class, which can be most useful for building vocabulary and promoting spontaneous conversation—what you need to do all the time when you are in Spanish-speaking countries. You may also be able to take a Spanish Composition class, where you will both review and add to your knowledge of the structure of the language, and learn to write creatively in Spanish.

You can also take courses in Hispanic Civilization that will doubtless astound as well as inform you. Truly, a knowledge of language is not enough. If you want to do business or spend time in a Spanish-speaking country, knowledge of culture and traditions is imperative. Soon, if not next year, you will be able to dabble in literature by taking the Survey of Hispanic Literature course—either that of Spain or Latin America. You have been exposed already to three wonderful Hispanic writers, but the surface has only been scratched. The survey course is again crucial to help you understand Hispanic culture.

And don't forget about Spanish Phonetics class. You have come a long way since your first classes last year, but chances are people will not yet mistake you for a native. Phonetics class will put you on the road to near-native pronunciation.

What about a semester or a year either in Spain or Latin America? Nothing could be better, no matter what your major. First of all, the country will be a living manual of culture and a living dictionary. Everywhere you go, you'll see the foreign culture and traditions in action. How do you call a waiter in an open air café? Just sit down, wait, watch, and soon you'll see how to do it. Do you want to learn perfectly the names of hand tools in Spanish? Just wander regularly through a hardware store where you'll see them all, and all will be identified with little signs.

Perhaps more importantly, you will be able to see your own country through the eyes of another culture and therefore learn more about our own society. You can take courses in your major and get a new perspective on the subject by seeing how the same topics are handled in a different culture.

One thing is certain. You will come back a different person.

Finally, when you apply for a job, you will have something on your résumé that will distinguish you from other applicants—a working knowledge of a second language.

SPANISH-ENGLISH VOCABULARY

Virtually every word used in the text is included here, including a number of cognates (words that look quite alike in both languages) such as **actor** *actor*, and false friends (words that look like ones in a second language but with different meanings) such as **alternativas** *ups and downs*.

Masculine nouns that end in **-o** and feminine nouns that end in **-a** or **-dad/-tad/-ud** have no gender indication, but those that end in **-e** do. Numbers in [brackets] refer to the lesson

where the word is first seen. Verbs are listed under their infinitives. Adjectives are listed in the masculine singular. Words are listed according to the meanings used in the text, thus **apunte** is given the meaning *sketch* because in the art context in which it is used it means that (its typical meaning is [*class*] *note*).

Spanish alphabetization has been used throughout: **chico** follows **cuyo**; **allá** follows **alumno**; **añadir** follows **anuncio**; **-rr-** is alphabetized between **-rs-** and **-rt-**.

A

a to, at [1], **— que** so that [6], **— lo largo de** all along [7]
abajar to lower [9]
abajo: para downwards [6], **allá — down there** [6]
abandonado abandoned [6]
abandonar to abandon [5]
abanico fan [1]
abdomen *m.* abdomen [7]
abiertamente openly [7]
abierto open [2]
abogado lawyer [6]
abrazar to embrace [3]
abrigo coat [1]
abril April [3]
abrir to open [1]
absoluto absolute [3]
abuelo,-a grandfather,-mother [1], **—s** grandparents [5]
acá to here [3]
acabar de to have just ...-ed [1], to finish [6]
académica academic [5]
acaecer to happen [3]
acaso perhaps [2], **por si —** just in case [4]
accesorio accessory [5]
accidente *m.* accident [3]
acentuar to accent, stress [1]

aceptar to accept [3]
acerca de [9]
acercarse a to approach [P]
acertado correct [9]
acertar (ie) to happen, to be right [9]
aclarar to make clear [6]
acometer to attack [9]
acompañado accompanied [3]
acompañar to accompany [1]
acongojado bereft [3]
aconsejar to advise [6]
acordarse (ue) de to remember [3]
acorde *m.* harmony of colors [5]
acostarse (ue) to go to bed [4]
acrecentar to increase [9]
acto act [5]
actor *m.* actor [5]
actriz *f.* actress [3]
actuación performance [4]
actuar to perform [1]
acuarela water-color painting [5]
acudir go, come [7]
acuerdo resolution [5]
acurrucarse to huddle [6]
acusación accusation [6]
acusar to accuse [6]
adelante ahead [9], **en —** from then on [5]

además de aside from [5]
adentro inside [3]
adiós good-bye [7]
adivinar to guess [5]
admirar to admire [3]
admitido accepted [9]
adolescencia adolescence [6]
¿adónde? (to) where? [1]
adoptivo adoptive [3]
adquirido acquired [5]
adquirir to acquire [4]
adrede on purpose [5]
adulto adult [5]
advertir (ie) to warn, to notice [8]
adyacente neighboring [7]
aeropuerto airport [1]
afán *m.* eagerness [8]
afección illness [3]
afeite *m.* adornment [5]
afición hobby [6]
aficionado fan [5]
afirmar to affirm [1]
afligido afflicted [9]
afrontar to confront [8]
afuera outside [6]
agilidad agility [4]
agora now (archaic) [9]
agorero ill-omened [6]
agradable nice, pleasant [3]
agradecer to thank [1]

agravios offenses [9]
agrupar to group together [2]
agua water [1]
aguardar to wait [5]
ahí there [9]
ahogar to drown [6]
ahora now [1]
airado angry [9]
aire: a libre outside [5]
aislado isolated [8]
ajedrez *m.* chess [1]
ajeno someone else's [9]
ajo garlic [6]
al = in*f.* upon + -ing [4]
al upon [3], at, in the [5], **— otro día** (on) the next day [6]
alargar to prolong [7]
albañil bricklayer [1]
albergue *m.* shelter [8]
alcalde accidental acting mayor [7]
alcance *m.* reach [4]
alcanzado hit [7]
alcanzar to reach [P]
aldea village [9]
alegrarse de to be glad [6]
alegría joy [4]
alimento food [8]
alejado distant [6]
alemán German [1]
alergia allergy [6]
alfabeto alphabet [2]
álgebra algebra [1]
algo something [1]
alguien someone [4]
algún,-uno,-a,-as some [1], **alguna parte** somewhere [6]
alma soul [3]
almohadilla cushion [7]
almorzar (ue) to eat lunch [1]
almuerzo lunch [1]
alojamiento lodging [7]
alquilar to rent [1]
alquiler *m.* rent [1]
alrededor around [P], **—es** *m.pl.* outskirts [7]
altercado commotion [9]
alternativas ups and downs [3]

alto high [1], **en —** on high [7]
altura level, height [1]
alumbrar to shine on [9]
alumno pupil [5]
allá there [6]
allegado close friend [3]
allí there [P], **por —** over there [1]
amable friendly, kind, nice [6]
amante *m.* lover [6]
amarillo yellow [1]
amarrar to fasten [6]
ambición ambition [2]
ambiente atmosphere [8], **medio —** surroundings [3]
ambos both [6]
ambulancia ambulance [1]
amenazar to threaten [6]
americano American [6]
ametralladora machine gun [1]
amigo,-a friend [1]
amiguito little friend [6]
amistad friendship [5]
amnistía amnesty [7]
amo master [9]
amor *m.* love [9]
análogo similar [5]
anaranjado orange color [9]
anciano old man [7]
Andalucía Andalusia (Southern Spain) [1]
andante errant [9]
andar to walk [P], go [9]
ángel *m.* angel [1]
anhelar to long for [3]
anillo ring [6]
ánima soul [9]
animal *m.* animal [1]
ánimo spirit [7]
aniquilar to annihilate [9]
aniversario anniversary [1]
anoche last night [5]
ansí thus (archaic) [9]
ansiedad eagerness [2]
ansioso anxious [2]
ante before [2]
antemano, de beforehand [4]
anterior previous [6]

antes (de) before [P]
anticuerpos antibodies [6]
antiguamente formerly [6]
antiguo old [6], ancient [1], former [4]
anual annual [5]
anunciar to announce [5]
anuncio ad [1]
añadir to add [6]
año year [P], **al siguiente —** the following year [5]
años atrás years before [5]
apaciguar to pacify [7]
aparcado parked, **— en doble fila** double parked [8]
aparecer to appear [6]
aparentemente apparently [6]
aparición appearance [5]
apariencia appearance [5]
apartamento apartment [1]
apartarse to withdraw [9]
apedrear to throw stones [7]
apellido last name [6]
apenas only [2], hardly [6]
apesadumbrado mournful [3]
aplauso applause [5]
aplicarse to apply onself [5]
apocado weak [6]
apocalipsis *m.* Apocalypse [6]
apoderar to take hold of [2]
aposento room [9]
aprender to learn [P]
aprendiz *m.* apprentice [5]
aprestarse to get ready [6]
aprisa quickly [9]
aprovechar to take advantage of [9]
aproximar to approximate [5]
aptitud aptitude [5]
apuesta bet [2]
apuntar to note [7]
apunte *m.* sketch (pencil or oils) [5]
aquél,-la,-los,-las that (over there) [1]
aquí here [4]
árabe *m.* Arab, Arabic [1]
araña spider [3]
árbol *m.* tree [1]

ardor *m.* fervency [2]
arena arena [7]
arenga speech [9]
argentino Argentinean [3]
armado armed [7]
armar to put together — **un escándalo** to make a commotion [2]
arquitectura architecture [1]
arrancar to start [6]
arrastradoádragged [5]
arrastrar to drag behind [2], drag away [7]
arreciar to grow violent [7]
arreglar to arrange [5]
arreglárselas to arrange [6]
arremeter to assail, attack [9]
arrendado tied up [9]
arriba up [9], high [P]
arrimar to lean against [9]
arte *m.* art [1]
armario closet [8]
artesano artisan [5]
artículo article [5]
artista *mf.* artist [1]
artístico artistic [2]
ascensor *m.* elevator [1]
asegurado assured [5]
asegurar to secure [6], to assure [9]
asesino murderous [7]
así like that [1], thus [2]
asiento seat [2]
asignar assign [2]
asignatura course [6]
asilo para huérfanos orphanage [5]
asimilar assimilate [5]
asimismo likewise [7]
asir to grasp, grab [9]
asistente assistant [6]
asistir (a) to attend [1]
asno donkey [9]
asombrarse de to be astonished [6]
asombro astonishment [6]
asombroso astonishing [P]
aspa sail of windmill [9]
aspirina aspirin [1]

astronomía astronomy [6]
asunto matter, affair [2]
atacado attacked [6]
ataque *m.* attack [7]
atar to tie [9]
atender to expect [6], to pay heed [9]
atónito amazed [4]
atrás behind [6]
atravesar (ie) to go across [1]
atrayente attractive [1]
atreverse a to dare [3]
atrevesar (ie) to go across [4]
atrevidamente daringly [2]
atrevido daring [5]
atributo attribute [3]
atroz cruel [9]
auditorio audience [4]
aula classroom [6]
aumentar to increase [2]
aumento increase [7]
aún yet [6], still [5]
aun even [4], — **más** even more [4]
aunque although [3]
auténtico real [7]
autobús *m.* bus [1]
automático automatic [4]
automóvil *m.* car [1]
autor *m.* author [2], creator [5]
auxiliar to help [5]
avanzado advanced [8]
aventura adventure [1]
aventurar to venture [2]
averiguar to verify [8]
ávido avid [6]
avión *m.* airplane [4]
¡ay! oh! [3]
ayer yesterday [4]
ayuda help [1]
ayudar to help [3]
azar *m.* chance [2]
azotar to whip [9]
azote *m.* lash [9]
azul blue [5]

B

bailaor *m.* dancer (**bailador**) [1]
bailar to dance [1]

bailarina dancer [4]
baile *m.* dance [4]
bajar to go down, get off [1], to lower [9]
bajo under [8]
bala bullet [7]
balada ballad [6]
balancé *m.* balancing in dancing [4]
balanza scale [2]
balazo bullet wound [7]
balcón *m.* balcony [6]
baloncesto basketball [1]
ballena whale [9]
ballet *m.* ballet [4]
bancario banking [7]
banco bank [1], bench [5]
banda band [7]
bandera flag [7]
bañarse to swim in the ocean [5]
baño bathroom [6]
bar *m.* bar [1]
barbero barber [1], barber/surgeon [9]
barbilampiño beardless [6]
barca boat [5]
Barcelona second largest Spanish city [2]
barco boat [6]
barrera barricade [7]
base *f.* base[5]
bastante pretty, quite [1], sufficiently [2]
bastante(s) quite a bit (a few) [1]
bastar to be sufficient [9]
bastión bastion [6]
basura garbage [6]
batalla battle, — **campal** pitched battle [7]
Beaujolais region of France, type of wine [P]
beber to drink [1]
beca scholarship [3]
béisbol baseball [1]
belga Belgian [1]
Bélgica Belgium [1]
bellaquería swindling [9]

bellas artes fine arts [1]
beso kiss [3]
bestias beasts of burden [1]
biblioteca library [1]
bicicleta bicycle [1]
bien well [P], quite 6]
billete *m.* ticket [1]
blanco white [2]
blandir to brandish [9]
boca mouth [4]
bocadillo sandwich [1]
boda wedding
bolígrafo ball point pen [1]
bolsillo pocket [6]
bondad goodness [9]
bondadoso generous [6]
bonito pretty [1]
boquita little mouth [4]
borracho drunk [6]
borrajear to scribble [5]
borrar to erase [5]
bosque *m.* forest [5]
bote *m.* **de humo** tear gas [7]
botella bottle [7]
bravo fierce, bull for fighting
  [7]
brazo arm [2]
breve short [9]
brillante brilliant [2]
brillar to shine [5]
brío vigor [5]
británico British [1]
buen good [5]
bueno good [1]
buey *m.* ox [5]
burla joke [9]
buró desk, bureau [6]
burocracia bureaucracy [6]
busca de, en in search of [7]
buscar to look for [1]

C

caballería knightbood; chivalrous behavior [9], **—s** chivalric activity [9]
caballero knight [9]
caballete *m.* easel [2]
caballo horse [1]
cabe it is possible [8]

caber to fit [1]
cabeza head [2]
cable *m.* cable telegram [6]
cabo, al in the end [9]
cabo end [2]
cacofonía cacophony (unharmonious sounds) [7]
cada each [9], **— vez** more
  and more [6]
cadáver *m.* body [7]
caerle (bien) to create a (good)
  impression [5]
caerse to fall [7]
café brown [6], **— concierto**
  café with entertainment [1], **—**
  cantante café with entertainment [7]
caída fall [7]
Caín Cain [6]
caja box [8]
cajera cashier [8]
calamidad calamity [6]
calcular to figure out [3]
cálculo calculus [1]
calma calm [6]
calor *m.* warmth, heat [5]
callar to keep still [9], **—se** to
  remain silent [6], keep quiet [1]
calle *f.* street [1]
callejón *m.* alley [6], lane [7]
cama bed [1]
cambiar to change [5]
cambio change [3], **en —** on
  the other hand [3]
caminar walk [1]
camino road [2]
camión *m.* truck [1]
camisa shirt [5]
campal, batalla — pitched battle [7]
campesino country person [1]
campo , field [1], countryside,
  — abierto open country [6],
  — de batalla battelfield [7]
canción song [1]
cantante *m.* singer [6]
cantaor(-a) *m.* singer (**canta-**
  dor(-a)) [1]
cantar to sing [1]
canto song [6]

cañón *m.* cannon [1]
capaz capable [6]
capital *f.* capital city [1]
capítulo chapter [4]
capricho fancy [5]
cara face [6]
carácter *m.* characteristic [3]
caracterizado characterized [5]
carga burden [1], attack [7]
Caribe Caribbean (Sea) [6]
caridad *f.* charity [5]
carnet de conducir driver's license [5]
caro expensive, dearly [6]
carpeta entry area of police station (Cuba) [6]
carpintero carpenter [1]
carrera career [1]
carta (playing) card, letter [1]
cartero mailman [1]
casa house [4], building [6],
  en — at home [6]
casado married [4]
casamiento marriage [3]
casarse con to get married to
  [3]
casco helmet [2], section of
  town [7]
casi almost [2]
casilla post office box [3]
castigar to punish [9]
castillo castle [5]
casual by chance [7]
casualidad, por by chance [3],
  coincidence [4]
catálogo catalogue [2]
catarata cataract [4]
catecismo catechism [3]
católico Catholic [1]
catorce 14 [3]
caudal wealth [3]
causa cause [4], **a — de** because of [1]
causar to cause [7]
ceguera blindness [4]
celda cell [6]
celebrarse to take place [7]
célebre famous [4]
cementerio cemetery [7]
cena dinner [1]

cenar to eat dinner [1]
censura censorship [6]
centavo cent [4]
centenar *m.* a hundred [5]
central main office [6]
central telefónica main telephone office [6]
centro center [3], downtown [5]
cerca (de) near (to) [P]
carcanías vicinity [8]
cercano nearby [6]
cernícalo sparrow hawk [6]
cerrado closed [2]
cerrajería locksmith shop [5]
cerrajero locksmith [5]
cerrar (ie) to close [1]
cerveza beer [5]
cesar to stop [2]
cese firing [7]
ciclón *m.* cyclone [6]
ciego blind [4]
cielo heaven [3]
cien 100 [2]
ciento, por per cent [4]
cierto certain [4]
cigarrillo cigarette [5]
cinco 5 [2]
cincuenta 50 [3]
cine *m.* movies [3], moviehouse [1]
cinematográfico cinematographic [3]
cinta ribbon [8]
cinturón *m.* belt [6]
circular to circulate [7]
círculo circle [2]
circunstancia circumstance [4]
citado already mentioned [5]
ciudad city [1]
claro clear [5], — **está** it's clear [4]
clase *f.* class [2], type [6], **en —** in class [1]
clásico classic [1]
clavar to nail [6]
clave *f.* key [1]
cobarde *m.* coward [9]
cocinar to cook [1]
cocinero cook [2]

coche *m.* car [1]
coger to get, collect [9]
cohete rocket [7]
coincidencia coincidence [4]
cojo lame [5]
cola tail [6]
colaborar to collaborate [1]
colarse to filter [6]
cólera cholera [5], anger [9]
coliflor *f.* cauliflower [2]
colindante bordering [7]
colocar to place [1]
color *m.* color [2]
colosal colossal [5]
columna vertebral spine [7]
comando commando [7]
combinación combination [4]
comedia play [5]
comentar comment [2]
comenzar (ie) to begin [1]
comer to eat [1]
comestibles *m.pl.* foodstuff [5]
cometer to commit [4]
cómico comedian [1]
comida food [1], **—s** meals [8]
comido eaten [5]
comienzo beginning [6]
comillas Spanish quotation marks [6]
comisaría police station [8]
comisión commission [6]
comitiva retinue [7]
cómo how [2]
como since, as [P], as a [5], about (with time) [6],
cómodo comfortable [9]
compañero friend [5]
compañía company [4]
complemento directo direct object [5]
completar to complete [6]
complicado complicated [5]
comportarse to behave [8]
composición composition [5]
compostura repair [5]
comprar to buy [1]
comprender to understand [1]
comprobar (ue) to establish [8]
computadora computer [4]
común common [1]

comunicado communiqué [7]
comunista Communist [1]
con with [2], **— tal que** provided that [7]
conato attempted crime [7]
conceder to give, grant [2]
concentración concentration [7]
concierto concert [6]
concluir to conclude [9]
concretamente concretely [7]
concuñado brother-(or sister)-in-law's brother [6]
concurso contest [7]
condenar to censure [7]
condenatorio condemnatory statements [7]
condición condition [4]
conducido driven [7]
conducir to drive [1]
conductor *m.* driver [5]
conejillo little rabbit [6]
conferencia conference [1]
confesarse (ie) to confess [3]
confianza confidence [1]
confluencia crossing of roads [7]
conforme according to [9]
confundir to confuse [1]
confuso confused [7]
congregar to congregate [7]
conmigo with me [1]
conmover to move [5]
conocer to know (people, places, senses), to meet [P]
conocido known [3]
conquista conquest [6]
conquistar to conquer [1]
consagración consecration [7]
consecución attainment of desired object [2]
consecuencia consequence [2], **a — de** as a consequence [7]
conseguir (i) to get [1]
consejo council [2]
consejos advice [3]
consenso consensus [6]
considerable considerable [4]
considerado considered [1]
considerar to consider [3]

considerarse to consider one-self [1]

consigo with him, her, you, them [1]

consolar to console [3]

consonancia con, en in harmony with [5]

constante constant [2]

consternación consternation [6]

construido built, constructed [5]

consuelo consolation [3]

consultar to consult [6]

contabilidad accounting [6]

contabilizarse to admit (to hospital) [7]

contagioso contagious [6]

contar (ue) to relate, count [1], — **con** to count on [4]

contener (ie) to contain [6]

contentado contented [9]

contentísimo very delighted [5]

contento happy [1]

contestación answer [3]

contestar to answer [2]

contigo with you [1]

continente m. continent [1]

continua continuous [7]

continuación, a following [7]

continuamente continually [2]

continuar to continue [1]

continuo continuous [9]

contornos area [9]

contra against [1]

contraer to contract [3]

contrapuesto contrasting [5]

contrario contrary, **lo —** the opposite [2]

contraste m. contrast [5]

contribuir to contribute [2]

convencer to convince [1]

convencido convinced [5]

convenir (ie) to be good [6]

convento convent [5]

conversar to converse [P]

convertirse (ie) en to become [6]

conviene it's useful, fitting, proper [4]

convivir live together [1]

copia copy [2]

copiar to copy [2]

corazón m. heart [9]

corbata tie [6]

cordel m. shoelace [6]

Córdoba Argentinean city [3]

cordones m.pl. shoelaces

coreografía choreography [4]

corona garland [7]

coronel m. colonel [3]

correcto proper, well brought-up [4]

corregir (i) to correct [1]

correo post office [3]

correr to make ashamed, to run [9]

corrida bullfight [7]

corridísimo very ashamed [9]

corriente ordinary [6]

cortar to cut [1]

cortejo procession [3]

cortesía courtesy [6]

cortina curtain [6]

cortinas curtains [1]

corto short, **cuento —** short story [6]

cosa thing [P]

cosecha harvest [1]

costa coast [5]

costa: a de at the expense of [5]

costar (ue) to cost [1], to be difficult [4]

costear to afford [4]

costumbre f. custom [3]

crear to create [4]

crecer to grow [3]

crédito credit [1]

creer to believe [1]

cremar to cremate [3]

crepúsculo dusk [6]

criada maid [2]

criado servant [9]

criador m. breeder [6]

criar to raise [3]

criatura creature [9], baby [6]

crisis f. crisis [3]

crítica criticism [5]

criticar to criticize, critique [4]

crítico critic [4]

crueldad f. cruelty [3]

cruzar to cross [1]

cuadro painting [2]

cuadro flamenco flamenco troup [1]

cual, lo which [3]

cualidad quality [5]

cualquier any at all, just any [1]

cuán how much [9]

cuando when [P]

cuánto más ... menos (or **— más**) the more ... the less (or more) [1]

cuanto as much as [5]

cuantos as many as [5]

cuarenta 40 [4]

cuarto fourth [4], room [6]

cuatro 4 [2]

cuatrocientos 400 [3]

cubano Cuban [4]

cubierto covered [5]

cubo bucket [6]

cubrir to cover [4]

cuchillo knife [2]

cuello collar [6]

cuenta sum

cuento story [1]

cuerno horn [2]

cuero leather [7], skin [9]

cuerpo body [3]

cuervo crow [P]

cuidado care [4]

cuidarse to take care of oneself [3]

culpa guilt, fault [2]

culpable guilty [6]

culpar to blame [4]

cultura culture [1]

cumplir to obey, fulfill [3], **— con** discharge [9]

cúmulo heap [3]

cuñado brother-in-law [4]

cura priest [3]

curar to cure [9]

curioso odd [3]

cursado learned [9]

curso course [1]

custodiar to hold in custody [5]

cuyo whose [4]

Ch

chico small; young fellow [3]
chileno Chilean [5]
chillar to shriek [2]
chispazos sparks [7]
chiste *m.* joke [1]
chocolate *m.* chocolate [5]
chufleta joke [9]

D

daltonismo color blindness [P]
danés Danish [1]
dañar to damage [4]
daño damage, injury [7], hindrance [9]
dar to give [1], — **a** to face [6], —**le pena** to make (someone) feel sorry [6], —**le lástima** to grieve [3]
dar una vuelta to walk around, —**se por vencido** to give up [P]
darse cuenta de to realize [3]
de of [4], **de + infinitive** if + *past tense* [6], — **repente** suddenly [6], — **antemano** beforehand [2], — **todos lo tiempos** of all times [2], **modo que** so that [2]
debajo de under [7]
deber to owe [1], ought to [1]
debido a owing to [1]
década decade [3]
decenas tens [8]
decepción deception [3]
decepcionarse to become disillusioned [3]
deceso death [3]
decidir(se) to decide [2]
decir (i) to say, tell [1], **es** — that is to say [1], —**se** to say to oneself [P]
declarar to declare [2]
declinar to decline [6]
dedicar to dedicate [4], —**se** to dedicate oneself [5]
dedo finger, — **índice** index finger [6]
defecto defect [5]
defender to defend [9]

definición definition [1]
definir to define [1]
definitivamente definitively [5]
definitivo definitive [6]
defunto deceased [6]
dejar to let, allow [3], leave [9], — **de** to stop ...-ing [1]
del of, from the [4]
delante (de) in front of [3]
delicado faint [9], delicate [3]
delito crime [6]
demás, los the rest [1]
demasiado too much, too many [2]
democrático democratic [6]
demonios the heck [P]
demostrar (ue) to demonstrate [5]
dentista *m.* dentist [1]
dentro de inside [2]
deportivo pertaining to sports [9]
depositar to deposit [7]
derecha right [1]
desafiar challenge [7]
desaforado uncommonly large [9]
desafortunado unfortunate [7]
desaparecer to disappear [3]
desaparecido disappeared [3]
desaparición death [3]
desarrollar to develop [2]
desarrollo development [1]
desastroso disastrous [3]
desatar to untie [9]
desatención inattention [5]
desbandada great disorder [7]
descansar to rest [1]
descanse, en paz rest in peace [3]
descanso rest [4]
descargar to disgharge [9]
desconocer not to know [3]
descontar to discount [9]
descortés discourteous [9]
describir to describe [4]
descubrimiento discovery [5]
descubrir to discover [2], find [9]

descuidado careless [9]
descuido carelessness [9]
desde since [5], from [7], — **hace** for [3], — **entonces** since then [3]
desear to desire [1]
desembolsar to pay [9]
desempeñar un papel play a role [4]
deseo desire [2]
desesperado desperate [2]
desfacedor undoer (archaic) [9]
desfacer to undo (archaic) [9]
desfile parade [7]
desgajar to sever [7]
desgracia misfortune [3]
deshacedor undoer [9]
deshacer to undo [9]
deshonrar to insult [9]
deshonroso disgraceful [6]
desierto desert [1]
desigual unequal [9]
desnudo naked [5]
desolador desolate [7]
desollar (ue) to flay [9]
despacio slowly [2]
despaldado dislocated in the shoulder [9]
despecho de, a in spite of [9]
despejado cloudless [6]
despertador *m.* alarm clock [1]
despertar (ie) to awaken [7]
despertarse (ie) to wake up [3]
despierto awake [3]
desplegado spread out, unfolded [7]
despojos spoils [9]
despreciar to despise [3]
desprevenido off guard [6]
después de later [1], afterwards [2]
destacar to highlight [5]
destacarse to be outstanding [3]
destinado destined [6]
destrozo destruction [7]
destruir to destroy [5]
desventurado unfortunate [5]
detalle *m.* detail [2]

detenerse to stop [1]
detenida arrested [7]
determinar to decide [7]
detrás de behind [5]
deuda debt [9]
devolver (ue) to return (something) [1]
día *m.* day [2]
diamante *m.* diamond [6]
diariamente daily [3]
diario daily newspaper [5], daily [1]
dibujar to draw [5]
dibujo drawing [1]
diccionario dictionary [1]
dictadura dictatorship [7]
dicho aforementioned [7]
diecinueve nineteen [1]
dieciocho 18 [4]
dieciséis 16 [6]
diecisiete 17 [6]
diente *m.* tooth [1]
diestro right (archaic) [9]
diez 10 [4]
diferencia difference [2]
diferente de different from [1]
difícil difficult [1]
dificilísimo very hard [4]
dificultad difficulty [4]
dime tell me [P]
dimensión dimension [4]
dimisión resignation [7]
dinero money [1]
Dios God [7]
diputación governnment building [7]
dirección address [1], direction [5]
directamente directly [2]
directo direct [5]
dirigir to direct [4], —**se a** to go to [P], — **la palabra** to give the floor [7]
disciplinario disciplinary [2]
disco record [5]
discreto discreet [5]
disculpa excuse [9]
discusión discussion [2], argument [3]

discutir discuss [1]
disfrutar to enjoy [5]
disgusto disgust [6]
disminuri to diminish [8]
disolución dissolution [7]
disparar to shoot [7]
disparo shot [7]
disparate *m.* absurdity [1]
dispensar to give [5]
dispersar to disperse [7]
disponerse to get ready [6]
distancia distance [2]
distinguir distinguish [3]
distinto different [1]
diversos different [5]
divertido amusing [6]
divertirse (ie) to have a good time [6]
divino divine [6]
docena dozen [9]
dólar *m.* dollar [1]
dolor *m.* pain [5]
domingo Sunday [1]
don *m.* gift, talent [3], precedes man's first name [5], — **de lenguas** facilty with languages [P]
donaire witticism [9]
donde where [4]
dondequiera here and there [6]
doña title predecing woman's first name [5]
dormir (ue) to sleep [1], —**se** to go to sleep [6]
dos 2 [2], — **veces** twice [5]
dotado endowed [5]
dotar to endow [6]
dote *f.* talent [5]
drama *m.* drama, theater [4]
dramatismo drama [7]
duda doubt [3], **sin** — doubtless [1]
dudar to doubt [6]
dudoso doubtful [6]
dueño owner [4]
duquesa duchess [5]
durante during [1]
durar to last [4]

dureza hardness [5]
durmiente sleeper [4]
duro hard [5]

E

e and *before (h)i* [1]
echar to throw [6], throw out [1], — **de ver** to notice [9], —**se** to stretch out
edad age [1]
edificio buliding [1]
educación education [1]
educado educated [5]
efectivamente effectively [6]
efecto effect [2]
efectuar to do [5]
ejecución execution, carrying out [2]
ejecutar to carry out [2], do [9]
ejemplo example [3], **por** — for example [4]
ejercer exercise [3], to exert [6]
ejercicio exercise [1]
ejército army [1]
el the [1]
él he [1]
elegir (i) to elect [8]
elemento element [3]
elevado high [4]
elevar raise [1]
eliminado eliminated [5]
ella she, her [P]
ello it [3]
ellos they, them [1]
embarcarse to embark on [6]
embestir (i) attack [7]
emergencia emergency [4]
empeorar to worsen [4]
empezar (ie) to begin [1]
empleado employee [4]
emplear to use [5]
empresa undertaking [9]
empresario businessman [1]
empujar to push [2]
en in, on, at [P], — **cuanto a** as far as [2], — **vez de** in-

stead of [3], — **vista de** since [5]

enamorado de in love with [5]

encajera lacemaker [2]

encaminar to direct [9]

encarcelado put in jail [6]

encargarse de to see to [6]

encender (ie) to turn on [8], to kindle [8]

encerrar (ie) to lock up [6]

encierro running of bulls [7]

encima over [7]

encina oak tree [9]

encomendar to commend [9]

encontrar (ue) to find [1], —**se** find oneself [1]

encrespar to be boisterous [7]

enemigo enemy [1]

enemistad hatred [9]

enérgica energetic [5]

enfermarse to get sick [6]

enfermedad illness [3]

enfermera nurse [5]

enfermería infirmary [7]

enfermo sick [1]

enfrenar to bridle [9]

enfrentamiento confrontation [7]

enfrentar to confront [7]

enojado angry [7]

enriquecer(se) to get rich [9]

ensalada salad [4]

ensayar to rehearse [4]

enseguida immediately [5]

enseñanza instruction, teaching [5]

enseñar to teach [2], show [4]

entender (ie) to understand [P]

entendimiento understanding [5]

enteramente entirely [5]

enterarse to find out [3]

entereza integrity [7]

entero entire [2]

enterrado buried [7]

enterrar (ie) to bury [7]

entidad entity [7]

entonces then [2], in that case

[1], **en aquel —** at that time [4]

entrada entry, entrance, ticket [7]

entrar (en) to enter [1]

entre between [2], among [4], — **comillas** in quotes [6]

entregarse to hand oneself over [5]

entremeter to intrude [9]

entretenerse (ie) to entertain oneself [5]

entrevistar to question [6]

entusiasmo enthusiasm [7]

enviar to send [1]

envío shipment [5]

envolver to envelop [5]

épico epic [5]

época era [4]

equivocación mistake [4]

equivocarse to make a mistake [3]

erróneo erroneous [1]

error m. error [1]

erudito scholar [5]

escafandra deep-sea diver's uniform [2]

escalera stairs [1], staircase [6]

escándalo fuss [2]

escaparase (de) to esape (from) [3]

escarnecer to scoff at [7]

escena stage [4]

escolar scholar, school [2]

esconder to hide [1]

escribir to write [1], — **a máquina** to type [6]

escritor m. writer [6]

escritura writing [6]

escuchar to listen to [1]

escudero squire [9]

escudo shield [7]

escuela school [1]

esencia essence [1]

esfera sphere [5]

esfuerzo effort [2]

eso that [2]

espacio space [4], time [9]

espada sword [9]

espalda back [4]

España Spain [2]

español Spanish, Spaniard [1]

especia spice [1]

específicamente specifically [3]

espectador spectator [7]

esperar to wait for [1], hope [1], to expect [5]

espeso thick [2]

espesura thicket [9]

espiar to spy [1]

espíritu f. spirit [3]

espontáneamente spontaneously [2]

esposa wife [5]

esposas handcuffs [5]

espuela spur [9]

esquina corner [8]

esquiar to ski [1]

establecerse to establish oneself [1]

establecido estabished [7]

establecimiento establishment [1]

estación station, season [2]

estado state [4]

estallar to explode [6]

estampa print [5]

estancia stay [6]

estar to be [4], — **seguro** to be sure [6], — **a punto de** to be about to [6], — **de acuerdo** to agree [2]

estatua statue [2]

éste the latter [5]

este this [2]

este m. east [1]

estiércol m. manure [5]

estilo style [1]

estimado dear [3]

estirar to stretch [6]

estrechísima very narrow [7]

estrella star [1]

estreno début [4]

estudiante student [1]

estudiantil pertaining to students [5]

estudiar to study [1]

estudio studio [1]
estupefacción stupefaction [2]
estupendo stupendous [5]
estúpido stupid [6]
Europa Europe [1]
europeo European [1]
eventualmente eventually [6]
evitar to avoid [4]
exactamente exactly [2]
exacto exact [2]
examen *m.* exam [1]
examinado examined [2]
exceder to exceed [6]
excelencia excellence [3]
excelente excellent [3é
excepción exception [1]
exceptuando except [7]
exclamar to exclaim [P]
excluir to exclude
exclusivamente exclusively [5]
excrementos excrements [6]
exigencia need [5]
exigir to demand, require [4]
existir to exist [1]
éxito success [1]
experiencia experience [6]
explanada lawn [7]
explicación explanation [4]
explicar explain [3]
explotación expoitation [3]
expresamente expressly [3]
expulsar to expel [2]
extender to extend [6]
extenso extensive [5]
extinto dead person [3]
extranjero foreign [8]
extrañamente strangely [P]
extrañar to seem funny [6]
extraño strange [P], stranger [3]
extravagancia extravagance [2]
extremadamente extremely [3]
extremo extreme [3]

F

fabricar to make up [2]
fábula fable [P]
fácil easy [5]
facilitar to supply [5]

fácilmente easily [2]
facultad college [6]
faena task, labor [5]
falso false [2]
falta: hacer to be necessary [5]
faltar to be lacking [1], to be left, to need [5]
fallecido deceased [7]
fallecimiento death [3]
fallo error [7]
familia family [1]
familiar *m.* family member [7], of the family [4]
famoso famous [2]
fantástico fantastic [1]
fastidiar annoy [7]
fausto happy [6]
faz *f.* face [9]
febrero February [5]
febril feverish [5]
fecha date [1]
felicidad happiness [4]
felicísimo very fortunate [5]
feliz happy [4]
fenomenal phenomenal [4]
féretro coffin [7]
feria (de toros) bullfight [7]
ferrocarril *m.* train [2]
fertilidad fertility [1]
fibras fibers [5]
ficción fiction [3]
fielmente faithfully [5]
fiero fierce [9]
fiesta party [1]
figura figure [9**figurar** to be]
fijo fixed [5]
filmación on film [7]
filosofía philosohpy [5]
fin *m.* end [1], **a este —** to this end [5]
finalizar to make final [7]
finalmente finally [3]
financiero financial [4]
fines: a — de at the end of [6]
firmar to sign [6]
físico physical [4]
flaco thin [6]
flamenco flamenco, Flemish, flamingo, gypsy [1]
Flandes Flanders [1]

flor *f.* flower [1]
foco spotlight [4]
fogosidad enthusiasm [5]
fonético phonetics [7]
forjar forge [1]
formar to form [7]
formulario printed form, application [6]
forzado forced [6]
forzoso necessary [9]
foto *f.* photograph [6]
fragua forge [5]
francés French [2]
frecuente frequent [5]
frecuentemente frequently [5]
frenesí *m.* frenzy [2]
frente *f.* forehead [7]; front; **de —** front view, **— a** in front of [6]
fresco fresh [1]
frígido frigid [2]
frío cold [5]
frontera border [1]
fruto fruit [5]
fuente *f.* source [8], spring [9]
fuera de outside of [3]
fuerte strong [1]
fuerza force [2], strength [4], **a — de** by means of [5]
fuerzas del orden público various police forces [7]
fumar to smoke [6]
función show [1], event [5]
funcionar to work [1]
furgoneta van [7]
furia fury [6]
furtivamente furtively [2]
fútbol *m.* soccer [1]

G

galope *m.* gallop [7]
gana, no me da la I don't feel like it [5]
ganado cattle [3]
ganar to win [2], earn [5], **a** to conquer [6]
ganga bargain [9]
garaje *m.* garage [1]
garantía guarantee [6]

garrafal huge [1]
gasolina gasoline [1]
gastar to waste [5]
gato cat [1]
generalísimo generalissimo [7]
gente f. people [1]
gesticular to gesticulate [2]
gestión negociation [7]
gigante giant [6]
gimnasia gymnastics [1]
gira tour [4]
girar to turn [4]
giro turn in dance [4]
gitano gypsy [1]
gloria heaven [3], glory [3]
glorioso glorious [3]
gobernador governor [7]
gobierno government [4]
golpe m. blow [8], **de —** suddenly [3]
golpear to hit [6]
goma rubber [7]
gótico Gothic [2]
gozo joy [7]
grabación recording [7]
grabar to engrave [4]
gracias thanks [4]
gramática grammar [5]
gran great [2]
grande big [1]
granjear to win [3]
grato pleasant [7]
grave serious [7]
gravísimos very serious [7]
griego Greek [7]
gris gray [6]
gritar to shout [8]
grito shout [7], **a —s** shouting [P]
grupo group [4]
guapo good looking [7]
guardar to keep [6], to take care of [9]
guardia civil rural Spanish police [5]
guayabera tropical long-sleeve shirt-jacket [6]
guerra war [1], **— civil** civil war [7]
guía telephone book [6]

guiar to guide [5]
guión m. screenplay [3]
guitarra guitar [1]
guitarrista m. guitarist [1]
gustar to appeal to [2], **— de** to enjoy [1]
gusto taste [5]

H

Habana, La Havana [6]
haber to have (with verbs), there to be [4]
habilidad ability [2], skill [4]
habitación room [1]
hábito habit [6]
habitualmente habitually [7]
habla speech [1]
hablar to speak [1]
hacer to make, do [1], **— caso** to pay attention [8], **— la vista gorda** to pretend not to notice [5], **— falta** to be necessary, need [1], **—se** to become [3], **—le = infinitive** to make someone do something [6]
hacia towards [5], **— atrás** backwards [7]
halarse to pull [6]
hallar to find [2]
hambre f. hunger [P]
hasta up to [1], even [3], to [4], until [5], **— que** until [4]
hato flock of sheep [9]
hay there is/are [1]
hebreo Hebrew [3]
hecho fact, happening [5], made, done [2], deed [8], **el — de que** the fact that [6]
heladería ice-cream shop [7]
helicóptero helicopter [7]
herbívoro herbivorous [6]
herencia heritage [5]
herida wound [7]
herido wounded person [7]
hermano,-a brother, sister [1]
heroína heroine [4]
hierro iron [5]
hija daughter [3]

hijo son, child [3], **—s** children [1]
Hispania Roman name for Iberian Peninsula [1]
hispano Hispanic [1]
histerismo hysteria [7]
historia history [2], story [3]
hogar m. home [6]
hoja sheet [5]
holgarse (ue) to be delighted [9]
holgazán lazy [6]
hombre m. man [1]
hombro shoulder [5]
homenaje homage [7]
homilía eulogy [7]
honorario fee [4]
hora hour, time [2]
hormiga ant [1]
horrible horrible [1]
hostil hostile [3]
hotel m. hotel [1]
hoy today [4], **— día** today [7]
hubo there was, were [7]
huellas digitales fingerprints [6]
huérfano orphan [5]
huido fled [7]
huir to flee [1]
humildad humility [9]
humo smoke [5]
húngaro Hungarian [3]
huracán hurracane [6]

I

ibérica Iberian [7]
idea idea [1]
ideal m. ideal [1]
idéntico the same [5]
idioma m. language [4]
idiota m. idiot [5]
idiotez f. stupidity [7]
iglesia church [3]
ignorar not to know [3]
igualdad equality [3]
igualmente equally [6]
ilegal illegal [6]
ilustrado illustrated [5]

imagen *m.* reflection [6], image [4]
imaginación imagination [2]
imaginarse to imagine [3]
imitación imitation [6]
impedir (i) to prevent [4]
imperio authority [9]
imponer to impose [9]
importa it's important [4], **no — ** it doesn't matter [P]
importancia importance [3]
importante important [1]
importar to be important [5]
imposibilidad impossibility [4]
imposible impossible [3]
impredecible unpredictable [6]
impresionar to impress [5]
impresionismo impressionism [5]
impronunciable unpronounceable [6]
improvisto unexpected [6]
inaudito unheard-of [1]
incapacidad handicap [4]
incapacitado handicapped [5]
incapaz unable [6]
incendiar to burn [7]
incendio fire [7]
incesantemente incessantly [5]
incidente *m.* incident [7]
incitar to incite [6]
incluido including [7]
incluir to invlude [1]
incluso even, including [3]
incoercible unrestrained [6]
inconsciente unconscious [7]
incontenible irrepressible [6]
increíble incredible [2]
independencia independence [1]
índice index [6]
indiferente indifferent [6]
indignado angry [7]
indio Indian
indo-europeo Indo-European [7]
indolencia laziness [2]
inesperado unexpected [7]
inexpresiva unexpressive [6]

infancia early youth [1], childhood [5]
infante *m.* prince [6]
infanticida child murderess [5]
infectar to infect [6]
infinitamente infinitely [2]
influencia influence [1]
influir to influence [1]
ingeniero engineer [8]
inglés *m.* English [1]
ingrediente *m.* ingredient [7]
ingresar to enroll [3]
inhóspito harsh [3]
inhumado buried [3]
iniciar to begin [5]
ininterrumpidamente uninterrupted [7]
inmediatamente immediately [2]
inmensamente immensely [2]
inmenso immense [2]
inmoderación excess [5]
inmortal immortal [5]
innato innate [6]
inocente innocent [6]
insistencia persistence [P]
insistente insistent [P]
insistir en to insist on [P]
insolencia insolence [6]
inspiración inspiration [4]
inspirado inspired [5]
instalar to install [2]
instante, al instantly [7]
insuperable insurmountable [2]
íntegro whole, entire [2]
inteligente intelligent [2]
intenso intensively [P]
intentar try [7]
interés *m.* interest [2]
interesante interesting [1]
interesar to affect [7], to interest [5], **—se en** to become interested in [5]
interior inner [4]
interpolar interpolate [6]
interpretar to interpret [5]
intérprete *m.* interpreter [6]
interrogar interrogate [6]

interrogatorio interrogation [6]
interrumpir to interrupt [6]
intervención quirúrgica operation [4]
íntimo close [7]
introducir to introduce, put in [7]
inundar to inundate [6]
inútil useless [P]
invasión invasion [5]
invitado guest [1], invited [4]
invitar to invite [5]
ir to go [1], **—le (bien)** to go (well) [5], **—se** to go away [P]
isla island [1]
italiano Italian [3]
izquierda left [1]

J

jamás ever [4], **no —** never [4]
jamón *m.* ham [1]
japonés *m.* Japanese [3]
jardín *m.* garden [7]
jardinera flower stand [8]
jaula cage [6]
jefe *m. f.* head [4]
jefe de redacción *m.* editor-in-chief [6]
jinete *m.* horseman [6]
joven young, *m.f.* young person [2]
joya jewel [2]
judío Jew [1]
juez *m.* judge [9]
jugar (ue) to play a game [1]
juguete *m.* toy [4]
juicio judgment [3]
julio July [1]
junto together [3]
juramento oath [9]
jurar to swear [9]
justamente exactly [3]
justicia justice [3]
jutía West Indian rodent [6]
juventud *f.* youth [2]

K

kilo kilo (2.2 pounds) [2]
kilómetro kilometer (.62 miles) [3]

L

la the [P], you, her, it [4]
laboratorio laboratory [1]
labrador peasant [9]
lado side [3]
ladrón thief [8]
lagartija lizard [9]
lamentado lamented [3]
lanza lance [9]
lanzada blow with lance [9]
lanzado flung [2]
lanzamiento throwing [7]
lanzar to throw [7], —**se** to throw oneself [6]
lápiz *m.* pencil [1]
largo long [3]
las the [P]
lástima compassion [3], pity [6]
lastimarse to get hurt [4]
lastimoso doleful [9]
latino Latin [4]
latinoamericano Latin American [3]
lavar to wash [4]
le to him, her, you [2]
lección lesson [1]
lector *m.* reader [6]
lectura reading [1]
leche *f.* milk [1]
leer to read [1]
legendario legendary [5]
legua league [9]
lejano faraway [3]
lejos (de) far (from) [1]
lema *m.* motto [2]
lengua language [P]
lenguaje *m.* language [6]
lentamente slowly [2]
les to you, them [4]
lesionado injured [8]
letra letter [2], handwriting [6]
levantar to raise [2], —**se** to get up [1]

levantino east coast [5]
ley *f.* law [1]
libertad liberty [7]
libre free[1], — **de** free from [5]
libro book [1]
licencia leave [9]
lidiar fight (used only with bulls) [7]
lienzo canvas [2]
liga league [7]
ligereza agility [4]
ligero light [1]
lila lilac [6]
limpiar to clean [6]
línea line [3]
listo clever [P], ready [4], diligent [9]
literalmente literally [6]
literario literary [6]
literatura literature [3]
lo it, you (*m.*), him [2], — **que** what [P], — **más (fácil)** the (easiest) thing [1], — **de** the matter of
localidad place [3]
loco crazy [2]
lógicamente logically [3]
logrado succeeded [2]
lograr to succeed in [1]
lomo back of animal [6]
Londres London [5]
los the, them [5], — **demás** the rest [5]
lotería lottery [6]
Louvre *m.* Paris art museum [2]
lucha fight [1], struggle [5]
luchador *m.* fighter [7]
luchar to fight [1]
luego then [4], immediately, right now [9]
luengo long (archaic) [9]
lugar *m.* place [3]
luminoso luminous [5]
luz *f.* [5]

Ll

llamada call [6]

llamar to call [2], knock, —**se** to be called [1]
llano flat [3]
llanura flatness [3]
llegada arrival [1]
llegar to arrive [1], — **a ser** to become [3], — **a** succeed in, reach [1]
llenar to fill [1]
lleno full [2], filled, — **de** filled with [5]
llevar to take, carry [1], — **tiempo** spend, pass (time) [1], to wear [6], to take away [6], —**se** to take away [7]
llorar to cry [9]
lluvia rain [1]

M

madera wood [6]
madre *f.* mother [1]
madrileño of Madrid [1]
madrugada wee-small hours [6]
maestro master, maestro [2], teacher [5]
magnetofónico tape recorded [7]
magnífico magnificent [5]
mal badly [3]
maldecir to damn [9]
maleta suitcase [1]
maletero trunk of car [8]
maletín briefcase [1]
malísimo very bad [3]
malo bad [1]
maltrecho ill-treated [9]
mamá mother [6]
manada flock of sheep [9]
mancha spot [6]
mandamiento order [9]
mandar to send [1], to command [6]
manejar to handle [3], to drive [6]
manera manner [3], way [9], **de esta —** in this way [5]

manifestación demonstration [7]

manifestante *m.* demonstrator, rioter [7]

manifestar (ie) declare [7]

manifiesto obvious [5]

manipular manipluate [3]

mano *f.* hand [1]

mantener to maintain [2], **—se** to maintain onself [4]

manual textbook [1]

mañana morning [1]

mapa *m.* map [5]

máquina machine [5]

mar *m.* ocean, sea [3]

maravedí old coin worth little [9]

maravilla wonder [4], **de —** marvelously

maravilloso marvelous [4]

marcharse to go away [6]

marido husband [3]

marina seascape, shore [5]

marrón brown [5]

Marruecos Morocco [1]

martillazo blow with hammer [6]

más, more, most [1], again [9], **— tarde** later [P], **— que nada** more than anything [3], **— bien** rather [1], **no —** not anymore [6], **— o menos** more or less

matador *m.* matador, bullfighter [5]

matar to kill [4]

matemáticas mathematics [1]

material de obras construction material [7]

matrícula tuition [1]

matricularse to enroll [3]

mayo May [2]

mayor greatest [5], **la — parte** the majority [7]

mayoría majority [7]

me (to) me [2]

mecánico mechanic [4]

medalla medal [5]

media half [2], **— docena** hal dozen [7], **—noche** *f.* midnight [1]

mediante by means of

medicina medicine [6]

medidas measures [8]

médico doctor [4], medical [6]

medida que, a while [3]

mediodía noon [5]

medios means

medir (i) to measure [4]

meditar to meditate, think [5]

medroso meek [9]

mejilla cheek [5]

mejor better, best [1], **a lo —** maybe, perhaps [1]

melodioso melodious [6]

memoria memory [6]

menear to stir [9]

menester *m.* need [9]

menesteroso needy person [9]

menos less [4], **a — que** unless [7], **por lo —** at least [3]

mensual monthly [3]

mente *f.* mind [4]

mentir (ie) to lie [1]

mentira lie [5]

menudo small [6], **a —** often [6]

merced *f.* grace, favor [9], **a — thanks to** [5]

mes *m.* month [1]

mesa [8]

meta goal [4]

metálico, en cash [1]

meter to put in [1]

metralleta sub machine gun [7]

Metro *f.* MGM [3]

metro subway train [1], meter (39.4″) [2]

metropolitano metropoltan [5]

mezcla mixture [1]

mi my [2]

mía mine [2]

miau meow [1]

miedo fear [3], **tener —** to be afraid [6]

miembro member [2]

mientras while [2], **—tanto** meanwhile [6]

mil 1000 [2]

milagro miracle [6]

milenio 1000 years [7]

miles *m.pl.* thousands [6]

militante *m.* militant [7]

militar military [6]

milla mile [6]

mili *f.* military service

mínimo minimal [6]

ministro minister, **— de gobernación** Secretary of the Interior

minucioso minute [2]

minuto minute [1]

mirada look [7]

mirar to look at [P]

misa mass [7]

miserable stinginess [9], wretched [2]

mismo,-a (him, her)self, same [P], itself [7], oneself [5]

misterio mystery [2]

misterioso mysterious [5]

mixtificación mystification [2]

mobiliario furnishings [6]

moda, a la in style [P]

modelo model [2]

moderno modern [2]

modo way, mode, manner [1], **de — que** so that [1], **— de transporte** means of transportation [1], **de todos —s** in any case [3], **de — de** as a kind of [7]

mohino mournful [9]

molestar to bother [6]

molino mill [9]

momento moment [3]

moneda coin [1]

montaña mountain [3]

montar to amount to [9]

montón *m. pile* [5]

monumento monument [1]

moraleja moral [P]

morir (ue) to die [1]

mosca fly [1]

mostrar (ue) to show [2]
motocicleta motorcycle [6]
mover (ue) to move [4]
movimiento movement [4]
mozo young man [3]
muchacha girl [4]
muchacho boy [3]
muchísimo(s) very much (very many) [1]
mucho much [2], a lot [5], quite a bit [4], **—s** many [1]
mudanza change [9]
mudarse to change residence [6]
muebles *m.pl.* furniture [4]
muerte *f.* death [3]
muerto dead [6], killed, dead person [7]
mujer *f.* woman [4]
mula mule [1]
muleta crutch [5]
mulilla little mule [7]
multado fined [6]
multitud a multitude [5]
mundial world [1], worldwide [5]
mundo world [1]
municiones ammunition [1]
muñeca doll [P]
murciélago bat [4]
muralla city walls [5]
murmurar to murmur [6]
muro wall [6]
museo museum [1]
música music [1], musical composition [6]
músico musician [6]
musulmán Muslim [1]
mutuo mutual [6]
muy very [2]

N

nacer to be born [1]
nacido born [6], **de —** from birth [6]
nacionalista nationalistic [5]

nada nothing [P], **— más que** nothing else but [1]
nadar to swim [5]
nadie no one [P], **— más** no one else [1]
naranjero orange orchard keeper [1]
nariz *f.* nose [5]
nativo native [3]
naturaleza nature [5]
naturalmente naturally [3]
naufragar to sink [6]
Navarra region oof Spain sout of western France [7]
navarro person from Navarra [7]
navegar to sail [5]
Navidad Christmas [1]
necesario necessary [4]
necesitar to need [1]
necrópolis *f.* cemetery [3]
negar (ie) to refuse [2], **—se a** to deny, refuse [6]
negativamente negatively [6]
negocio affair [9]
negro black [5]
nena baby [P]
nene baby [3]
nervioso nervous [4]
ni not even [3], neither [4], **—... ni** neither... nor [1]
nicho niche [7]
nieto grandchild [6]
ningún,-uno,-a none, not any [2], no one [4], **ninguna parte** nowhere [6]
niñez *f.* childhood [6]
niño child [5], **de —** as a child [6]
nivel *m.* level [3]
no no, not [P], **— es que** its not that [6], **—... más que** only [7]
nocturno by night [4]
noche *f.* night [1]
nombre *m.* name [1]
normalidad normal condition [7]

normalmente normally [7]
norte *m.* north [1]
norteamericano North American [3], American [4]
nos us, to us [5]
nosotros we [1], us [4]
nota grade [1]
noticias news [1]
notificar to inform [9]
notorio notorious [2]
novecientos 900 [2]
novela novel [1]
novelista *m.* novelist [3]
novelita short novel [6]
novia girl-friend [6], bride [8]
novilla heifer [7]
novio,-a boy/girl friend [1], groom [8]
nublado storm of blows [9]
nuestro,-a our [1]
Nueva York New York [4]
nueve 9 [2]
nuevo new [1], **de —** again [3]
número number [1]
numeroso numerous [3]
nunca never [1], not ever [6]

O

o or, **—... o...** either... or [6]
obedecer to obey [4]
obligado bound [9]
obra work [2], work of art [5]; **—s** works [9], **material de —** construction material [7]
obsceno obscene [6]
observador observer [4]
obsesión obsession [6]
obstáculo obstacle [4]
obstante, no however [3]
obstruir to obstruct [1]
obtener to get, obtain [5]
obvio obvious [1]
ocasión occasion [2], opportunity [9]
occidente *m.* west [6]
ocuparse to be busy [5], **—se de** to take care of [6]

ocurrir to occur [6]
ochenta 80 [6]
ocho 8 [1], — **días** one week [7]
odiar to hate [1]
oeste west [1]
ofender offend [6]
ofendido offended [2]
oficiales workers [5]
oficiar to officiate [7]
oficina office [6]
oficio trade [5]
ofrecer (-zco) to offer, give [5]
oído heard [6]
oír to hear [P]
ojalá I hope [3]
ojo eye [P]
ola wave [6]
óleo oil [2]
oler (hue-) to smell [6]
olor *m.* smell [1]
olvidado forgotten [2]
olvidar to forget [P], —**se de** to forget [7]
once 11 [2]
operación operation [4]
operado operated [4]
operar to operate [4], —**se** to have an operation [4]
oportunidad opportunity [4]
optimismo optimism [5]
opuesto a opposed to [5]
oración prayer [9]
orden *m.* order [9]
ordenar to order [6]
organizarse to organize [7]
orgulloso haughty [P]
origen *m.* origin [1]
originalmente originally [7]
orina urine [6]
orquesta orchestra [1]
orquestado orchestrated [2]
oscurecer to grow dark [6]
oscuro dark, dark in color [6]
otorgar to give [5]
otras veces other times [6]
otro another [P], — **tal** another one [5]
oveja sheep [9]
oyente *m.* listener [5]

P

pacer to graze [9]
paciente patient [6]
pacífico peaceful [7]
padecer de to suffer from [P]
padre *m.* father [1], —**s** parents [4]
paga salary [9]
pagar to pay for [1]
página page [P]
país *m.* country [1]
paisaje *m.* countryside [3], landscape [5]
paja straw [5]
pájaro bird [1]
palabra word [P]
paleta pallette [5]
palidecer to become pale [2]
palpar to feel [8]
pamplonés pertaining to Pamplona, person from Pamplona [7]
pamplónico pertaining to Pamplona [7]
pan *m.* bread [1]
pancarta sign [7]
pandilla gang [6]
panecillo bread roll [2]
pantalones *m.pl.* pants [6]
pantalla movie screen [3]
papas fritas French fries [1]
papel *m.* role [4], examination performance [2], paper [5]
paquete *m.* package [1]
par *m.* pair [9], **un — de** a couple of [6]
para for, in order to [2], — **abajo** downwards [6], — **que** so that [7]
paranoico paranoid [6]
parar to stop [2], to leave [9]
parcialmente partially [4]
pardo dark color [5]
parecer to seem [1], —**se a** to be, look like [1], to appear [9], —**se a** to resemble [1]
parecido similar [7]
pared f, wall [6]
pareja pair [5], partner [4]

paréntesis parenthesis [6]
paródicamente as a parody [6]
parque *m.* park [1]
parte *f.* part [1], **de — de** from, on the aprt of [6], place [9]
participar to participate [3]
particular private [8]
particularmente particularly [4]
partido game, match [5]
partir de, a starting with [7]
partirse to leave [9]
pasado past [3]
pasajero fleeting [5]
pasar to spend time, pass [1], to spend [6], to go through [4], to go to [6], — **inadvertido** to go unnoticed [5], to pass on, — **por alto** to overlook, — **de largo** to pass by [6]
pasarle la mano to pet [6]
pasatiempo pastime [6]
pasear to take a walk [1]
paseo, de on a walk [1], **sacar de —** to take out for a walk [6]
pasión passion [9]
paso passage [3], step [4], **de — hacia** on the way toward [P], —**de tiempo** passage of time [5], **a su —** in his wanderings [5], **a — lento** slowly [7]
pastel *m.* cake [6]
pasto pasturage [3]
pata animal's foot [6]
patata potato [6]
paz *f.* peace [1], **que en — descanse** may he/she rest in peace [1]
pedazo piece [9]
pedir (i) to ask for [1]
pegar fight [7], — **un salto** to give a jump [7]
pelea fight [8]
película motion picture [3], film [1]
peligro danger [7]
peligroso dangerous [6]
pelo hair [1]
pelota ball [7]

pelotón *m.* platoon [7]

pena grief [5], penalty [9], **dar — ** to trouble [6]

pensamiento thought [7]

pensar (ie) to think, intend [1], **— en** to think about [3]

pensión stipend [5]

peña club [7]

pequeño small [1]

perder (ie) to lose [1]

pérdida loss [3]

perdón *m.* pardon [5]

perdonar to pardon [3]

perfeccionar to perfect [4]

perfectamente perfectly [2]

perfecto perfect [2]

perfil *m.* profile [6]

periódico newspaper [5]

periodismo journalism [6]

periodista *m.* journalist [1]

período period of time [6]

permanecer to remain [7]

permanentemente permanently [4]

permiso permission [2], permit [4]

permitir to permit [4]

pero but [P]

perro dog [1]

perseguido pursued [7]

perseguir (i) to pursue [7]

persona person [2]

personaje *m.* character [3]

perspectiva perspective [5]

pertenecer to belong [6]

pesado heavy [2]

pésame, más sentido deepest condolence [3]

pesar to grieve [3]

pesar *m.* grief [9], **a — de** in spite of [3]

pescador fishing [5], **barca pescadora** fishing boat [5]

pese a in spite of [3]

piano piano [1]

picar to spur [9]

pictórica pictorial [5]

pie *m.* foot [4], **de —** on foot, standing up [4]

piedra stone [9]

piel *f.* skin [7], **pieles** "fur" (lit. skins) [1]

pierna leg [7]

pieza piece [8]

pincel brush [2]

pincelada brushstroke [5]

pintado painted [4]

pintar to paint [2]

pintor *m.* painter [2]

pintura painting [2]

pirámide *f.* pyramid [1]

pirata *m.* pirate [7]

pisar to step (on) [7]

piso floor (of building), apartment [1]

pistola pistol [7]

placer *m.* pleasure [9]

planeado planned [2]

planilla piece of paper [6]

plato plate [5]

playa beach [5]

plaza de toros bullring [5]

plomo lead [2]

pluma pen [6]

poblado populous [8]

población town [3], population [7]

pobre poor [1]

pobrecito poor little [3]

poco not very [3]

poco, un a little bit [1], **por —** almost [4]

poder *m.* power [3]

poder (ue) to be able [P]

policía *m.* policeman, *f.* police force [1]

policíaco pertaining to police [6]

policial pertaining to police [6]

político politician [1]

polvo powder [6]

pólvora (gun)powder [5]

pollo chicken [4]

poner too put [1], **fin — a** t put an end to [7]; **—se** to put on [4], to become [6], to set (sun) [5], **— de pie** to stand up [4]

por through, by, along [1], for [4], **— cima de todo** above all

[5], **— completo** completely [5], **— vez primera** for the first time [6], **— medio de** by means of [5], **— supuesto** of course [6], **— fin** finally [6], **— encima de** on top of [6], **— última vez** for the last time [P], **— su parte** for his own part [7], **— ejemplo** for example [5]

¿por qué? why? [1]

porque because [P]

portar to carry [7]

portero doorman, concierge [4]

poseedor possessing [3]

poseer to possess [4]

posibilidad possibility [1]

posible possible [1]

posterior *m.* rear [2], later [7]

posteriormente later [7]

postrado bedridden [4]

potencia power [8]

Prado the famous art museum in Madrid [7]

precio price [2]

precioso precious [5]

precipitadamente quickly [7]

precisamente precisely [2]

preciso necessary [4]

preferir (ie) to prefer [1]

pregunta question [1]

preguntar to ask [P]

premiado awarded [5]

premiar to award a prize [2]

premio prize [2]

prensa press [8]

preocupación worry [5]

preocupar to worry [4]

preparado prepared [4]

preparar to prepare [2], **—se** to prepare [7]

presencial, testigo — eyewitness [7]

presenciar to witness [6]

presentar to present [2], to introduce [5], **—se a** to take (a test) [7]

presentir (ie) to have a premonition [5]

presidente *m.* president [5]

preso prisoner [7], under arrest [6]

prestar atención to pay attention [5]

presto soon (archaic) [9]

pretina belt [9]

previsión warning [6]

primario original [5]

primavera spring [5]

primer first [2], **— término** foreground [5]

primero first [1], **primeras letras** primary subjects [5]

primo,-a cousin [1]

principio beginning [9], **al —** at the beginning [6]

principios de, a at the beginning of [5]

privado private [6]

probable probable [6]

probar (ue) to prove [6]

problema m. problem [1]

proceder to proceed [7]

procedimiento process [5]

proclamar to proclaim [1]

prodigio prodigy [1]

pródigo prodigal [6]

producir to produce [6]

proferir (ie) to utter [7]

profesor,-a professor [1], teacher [4]

progenie f. progeny [6]

progreso progress [1]

prohibido prohibited [4]

prohibir to prohibit [4]

promesa promise [5]

prometer to promise [6]

pronto soon [1]

pronunciar to pronounce [7]

propiedad property [6]

propio one's own [1], characteristic [6]

proponer to propose [6]

propósito purpose, **de —** on purpose [9], **a —** on purpose [2]

proteger to protect [6]

protesta protest [7]

provecho benefit [9]

provincia province [7]

provocar to provoke [3]

próximo next [4]

proyecto project [1]

psicología psychology [5]

psicólogo psychologist [4]

publicado published [6]

publicar to publish [6]

público public [2]

pueblo people [1]

puede ser it can be [6]

puente m. bridge [5]

puerta door [1]

puerto mountain pass [9]

pues since [2]

puesto place, position [7], placed in charge [6], **— que** since [3]

pulido polished [6]

pulular to swarm [5]

punta point (of horn) [7]

punto point [4], **a — de** at the point of [6], **en —** exactly (with the time of day) [7]

puño fist [7]

pupitre m. student's desk [6]

puro pure [1], cigar [6]

Q

que that [P], what [4]

¿qué? what? [2], **¿— más?** what else [4], **¡—!** what a! [3]

quedar remain [1], be [1], to become [4], to offset [9], **—se** to remain [1]

quedo quiet [9]

queja complaint [8]

quejarse to complain

quemar to burn [5]

querer (ie) to want, like [1]

queso cheese [9]

quién who [4]

¿quién? who? [2]

quiere decir it means [1]

química chemistry [1]

quince 15 [4]

quirúrgico surgical [4]

quitar to take away [3], **—se** to go away [9]

quizá(s) perhaps [6]

R

ráfaga burst of shots [7]

raíz m. root [1]

rajatabla, a — absolutely [6]

rápidamente quickly [4]

rapidez f. speed [4]

rápido fast [1]

raro rare [5], strange [6]

ras m. **de mar** tidal wave [6]

rasgueado flamenco strumming [1]

rata rat [6]

rato a while [1], short time [6], **al poco —** in a little while [7]

raya stripe [6]

razón f. reason [3], correctness [5]

reacción reaction [1]

real real [2], silver coin [9]

realeza royalty [6]

realidad f. reality [3]

realismo realism [5]

realista m. realist [5]; realistic [6]

realizado done [7]

realizar to do, make [5]

realmente really [2]

recepción place where you check in [6]

recibimiento greeting [7]

recibir to receive [1]

recién recently [6]

reclamar to demand [8]

recobrar to recover [4]

recoger to collect, pick up [1]

recogido taken in [5], collected [7],

recomendar (ie) to recommend [1]

reconocer to recognize [7]

reconocido recognized [1]

reconstrucción reconstruction [7]

reconstruir to reconstruct [5]

recordando reminding [6]

recordar (ue) to remember [1], remind [4]

recorrer to circulate [7]

recrear to re-create [3]

recuerdo memory [2]
recuperar(se) to recuperate [4]
recurrir to resort [2]
rechazar to reject
redacción editorial office [6]
redondel *m.* bull ring [7]
referencia reference [6]
referente a referring to [7]
referirse a (ie) to refer to [1]
refinado refined [4]
refresco cold drink [1]
refriega skirmish [7]
refuerzos reinforcements [7]
regalar to give [5]
regalo present [1]
regazo lap [6]
región region [3]
regir (i) to govern [9]
registrar to record [7]
regla rule [6]
reglamentario prescribed [7]
regordete plump [6]
regresar to return [1]
reina queen [1]
reinar to reign [6]
reino kingdom [1]
reírse to laugh [9]
reja bars on window [6]
relapso relapse [4]
religioso religious [1]
reloj *m.* watch [7]
remordimiento remorse [5]
renacimiento rebirth [1]
rencor *m.* animosity [3]
reñir (i) to fight [9]
reparto delivery [7], — de papeles casting [4]
repente, de suddenly [1]
repetidamente repeatedly [2]
repetir (i) to repeat [1]
replegar (ie) to rally, —se to retreat [7]
réplica response [9]
repliegue *m.* retreat [7]
reprensión reprimand [5], scolding [9]
representación characterization [5], performance [4]
representante *m.* performer [4]
representar to represent [3]

represión repression [6], repressive [7]
reproducir to reproduce [5]
requerer (ie) to require [4]
reservar to reserve [7]
resignado resigned [6]
resignarse to resign oneself [3]
resolución quickness [6]
resolver (ue) to resolve [4]
respecto a as regards [5]
respetar to respect [3]
respeto respect [8]
resplandeciente glistening [5]
responder to respond [P]
responsabilidad responsibility [7]
respuesta answer [1]
resto rest [2], remainder [1]
restos remains [3]
resucitar to make come to life [5]
resuelto prompt [6]
resultado result [2]
resultar to turn out, result [3], to turn out to be [7]
retina retina [4]
retirada taking away [7]
retirado withdrawn [7]
retornar to return [7]
retrato portrait [2]
reunión meeting [4]
reunirse to gather [6]
revelar to reveal [5]
revés *m.* opposite [9]
revista magazine [3]
revolucionario revolutionary [6]
rey(es) *m.* king (king and queen) [1], reyes *m.* kings, king and queen [5]
rezar to pray [3]
ridículo ridiculous [6]
rienda rein [9]
riendo laughing [9]
rincón *m.* corner [6]
rinoceronte *m.* rhinoceros [2]
río river [5]
riqueza richness [4]
risa laughter [1]
ristre *m.* lance-rack [9]

ritmo rhythm [4]
robusto robust [5]
rociar to sprinkle [2]
rodando rolling [9]
rodar (ue) to wander about [7]
rodear to surround [3]
rodela shield [9]
rogar (ue) to beg [6]
rojizo reddish [5]
rojo red [6]
romano Roman [4]
romper to break [6]
ronroneo purr [6]
ropa clothing [5]
rosa pink [1]
rostro face [5]
roto broken [9]
ruedo circle [7]
ruido noise [1]
ruin despicable [9]
rumbo in the direction of [6]
ruso Russian [1]
ruta route [7]

S

sábado Saturday [1]
saber to know (facts) [1]
sabio wizard [9]
sacado taken out [6]
sacar to take out [1], choose [2], — una copia to make a copy [2], — fruto to derive benefit from [5]
sacerdote *m.* priest [7]
sagacidad wisdom [5]
sahumado in perfect condition [9]
salida exit [7]
salir to leave, come out [1]
salsa sauce, — picante hot sauce [1]
saltar to jump [P]
salto leap [6]
salud *f.* health [1]
saludar to greet [3]
saludo greeting [3]
salvación saalvation [5]
sandalia sandal [5]

Sanfermines holiday of St. Fermin [7]
sangre *f.* blood [4]
sangría bloodletting [9]
sangriento bloddy [5]
sanidad health [9]
sarampión *m.* measles [6]
sarape *m.* zarape [1]
sargento sergeant [6]
satisfacción satisfaction [9]
satisfacer to satisfy [5]
sazón, a la at that time [5]
sazón *f.* time [5]
secretario secretary [6]
secreto secret [6]
sefardita Jew of Spanish origin [1]
seguido rapid [7]
seguir (i) to continrue, keep on [P], to stay, to keep on [6], to follow [1]
según according to [5]
segundo second [4]
seguramente surely [P]
seguridad security [7], sureness [3]
seguro sure, certain [3]
seis 6 [2]
semana week [1]
sembrar to sow [7]
semejante such [6]
sencillamente simply [1]
sencillez *f.* simplicity [5]
sencillo simple [1]
sentado seated [5]
sentar (ie) to sit [6]
sentencia sentence [9]
sentido sense [4]
sentimiento feeling [3]
sentir (ie) regret, be sorry [2], feel [6]
señalar signal [7], point out [8]
señor sir, Mr. [3]
señora madame, Mrs. [3]
señorita miss, lady [P]
separación separation [4]
separado distinct [7]
separar to separate [3]
separarse to become separated [7]
separatista separatist [7]

ser to be [P]
ser *m.* human being
serie *f.* series [6]
serio serious [5]
servir (i) to serve [1]
setenas sevenfold [9]
setenta 70 [3]
seudónimo pen name [6]
severamente severely [4]
si if [2]
sí certainly [P], yes [2], — **mismo** one's own self [3]
siamés Siamese [6]
sido been [4]
siempre always [1], **para —** forever [4]
sierra mountain range [3]
siete 7 [2]
siglas initials [7]
siglo century [1]
significado meaning [1]
significar to mean [1]
siguiente following [2], next [6]
sílaba syllable [6]
silbante hissing [6]
silencio silence [2]
silencioso silent(ly) [P]
silla chair [1]
símbolo symbol
simiente *f.* seed [9]
simpatía niceness [3], — **por** friendliness toward
simple simpleness [9]
simplemente simply [4], just [6] — **simplicidad** simplicity [5]
sin without [P], — **más** without any reason [7], — **+ infinitive** without + -ing [4]
sinceridad sincerity [5]
sinfonía symphony [1]
singular strange [7]
sino but, except [9], but on the contrary [3], but rather [4], **no solamente — también** not only... but also [4]
sinrazón injustice [9]
sirena mermaid [6]
sistemáticamente systematically [2]
sitio site, location [6]

situado located [3]
sobre about, on [2], *m.* envelope [3], on top of [6]
sobrevivir survive [3]
sociedad society [1]
socorrer to help [9]
socorro aid [8]
sol *m.* sun [6], **al —** in the sun [5]
solamente only [4]
solamente: no sino también not only... but also [4]
solas, a alone [8]
soldada salary [9]
soler (ue) to be accustomed [1]
sólido solid [5]
solista *m.* soloist [1]
sólo only [P]
solo alone, single [1]
soltar (ue) release [7]
solucionar to solve [3]
sombra shadow [5], shade [7]
sombrero hat [6]
sonar (ue) to sound [6]
sonido sound [1]
sonreír to smile [6]
sonriendo smiling [6]
sonriente smiling [2]
soportar to stand [3]
sordo deaf [1]
sorprender to surprise [6]
sorpresa surprise [2]
sosegar to calm [9]
sospechar to suspect [1]
sostener to maintain [6]
sótano basement [4]
su his, her, your, their [2]
suave quiet [7]
súbdito citizen [7]
subir to go up [1]
submarino submarine [1]
subterfugio trick [6]
subtítulo sub-title [3]
suceder to happen [3], **—se** to follow one another [7]
suceso event [7]
sucio dirty [6]
Sudamérica South America [4]
sudor sweat [9]
suelo floor, ground [1]
suelto loose [7]

sueño dream, sleepiness [5]
suerte *f.* sort, way [5], luck [2]
suficiente sufficient [3]
suficientemente sufficiently [4]
sufrir suffer, to undergo [4]
sugerir (ie) to suggest [4]
sugestivo suggestive [P]
sujeto subjected [9]
superar overcome [4]
supermercado [8]
supuesto, por of courese [6]
sur *m.* south [1]
surgir to come out [6]
sus your, their [4]
suspender to stop [7]
suspensión suspension [7]
suspirar por to long for [3]

T

tabaco tobacco [1]
tableteo rattling sound [7]
tal such a [1], such a thing [9], — **como** (such) as [4], — **vez** perhaps [P], **un** — a certain [6]
talle *f.* size [9]
taller *m.* shop [5]
también also, too [1]
tambor *m.* drum [5]
tampoco neither [2]
tan so [2], — **sólo** just [5]
tanto so much, so many [2], —... **como** as well as [7]
tardar en to delay [5]
tarde *f.* afternoon [1]
tarea work [5], homework [1], schoolwork [2]
tarima platform [2]
tarjeta card [1]
te to you, you [5]
teatral theatrical [4]
teatro theater [4]
técnica technique [5]
tela canvas [2]
telefónica pertaining to the telephone [6]
teléfono telephone [1], telephone (number) [6]
telegrama *m.* telegam [6]
televisión television [1]

tema *m.* theme [1], topic [2]
temer to fear [6]
temor *m.* fear [6]
templar to harden [5]
temporada season [4]
temprano early [1]
tendencia tendency [5]
tenderos shopkeepers [2]
tendido stretched out; section in an arena [7]
tener (ie) to have [1], **no** — **más remedio que** to have no aternative but [4], — **lugar** to take place [7], — **que ver con** have to do with [1], — **que** to have to [1], — **ganas de** to feel like ...-ing [1], — **éxito** to be successful [1], — **razón** to be right [1]
teniente *m.* lieutenant [6]
tenis *m.* tennis [1]
teoría theory [1]
tercera clase third class [5]
tercio third [8]
terminar to finish [1]
término behavior [9], **al** — **de** at the end of [7]
terremoto earthquake [1]
terriblemente terribly [6]
tesis *f.* thesis [2]
tesoro treasure [1]
testigo witness [7]
testimonio testimony [5]
ti you [5]
tiempo time, weather [1], **a** — on time [1], **al mismo** — at the same time [6]
tienda store [1], shop [4]
tierra earth [3]
tigre *m.* tiger [6]
timidez *f.* timidness [6]
tímido timid, shy [2]
tinta hue [5]
tío,-a uncle/aunt [1]
tíos aunt and uncle [5]
típico typical, quaint, characteristic [1]
tipo type [2]
tirar to throw out [2]
tiro shot [7]
título title [6]

tocadiscos *m.* record-player [1]
tocar touch [1], to play [2]
todavía still [P], — **no** not yet [1]
todo every, all [2], — **el mundo** everybody [2]
to mar to take [4], take (a pic ture) [6], take, drink [1]
tono tone [6]
tontería foolishness [5]
tórax *m.* thorax [7]
toril bull pen [7]
tornar a to... again (archaic) [9]
torno, en around [2]
toro bull [7]
tortilla omelette [2]
totalmente totally [2]
trabajador hard-working [5], worker [1]
trabajar to work [1]
trabajo work [1]
tradición tradition [4]
traducido translated [3]
traer to bring [1]
tráfico traffic [1]
traje *m.* suit, outfit [5]
trance *m.* peril [9]
tranquilidad tranquillity [3]
tranquilo calm [1], quiet [6]
transcurrir to pass [7]
transeúnte *m.* passer-by
transformarse to be transformed [3]
tránsito traffic [8]
transparente transparent [5]
transporte *m.* transportation [1]
tras after [3], behind [6]
trasladado transferred [7]
trasladar to translate, to transfer [5]
traspuesto gone to the other side [9]
tratante dealer, trader [1]
tratar to try to [1], to treat [7], to deal with [2]; — **de** to deal with [3]
travieso mischievous [4]
treinta 30 [3]
tren *m.* train [1]
trepar to climb [6]

tres 3 [2]
tribu *f.*átribe [1]
tribunal *m.* board of examiners [2]
tributar to pay homage, award [5]
triste sad [3]
triunfo triumph [5]
tromba marina sea cyclone [6]
tropezar (ie) con to stumble against [4]
tú you [1]
tu your [5]
tuerto wrong (obsolete) [9]
turbar to disturb [3]
turbarse to get confused [9]
turístico touristic [1]
último last [P], **última vez** last time [7], **por último** finally [7]

U

un,-a, one [2], a(n) [5]
único only (one) [1], unique [5], **lo —** the only thing [3]
unidad unity [7]
uniforme *m.* uniform [6]
unir to join [6]
universidad university [1]
universitario university [1]
uno a, one [1], **—s** some [2]
usar to use [2], to wear [6]
uso use [5]
usted you [1]
útil useful [5]
utilizar to use [5]
uva grape [P]

V

vaca cow [5]
vacaciones vacation [1]
vacilar to hesitate [2]
vacío empty [8]
vacunado vaccinated [6]
vagón *m.* railroad car [5]
valenciano Valencian [5]
valentía bravery [7]
valeroso valiant [9]
valor *m.* value [3]

valupamiento whipping [9]
variedad variety [5]
varios several [1]
vasco Basque [7]
vascuence *m.* Basque languag [7]
veces, a at times [1]
vecindad vecinity [3]
vecino neighbor [1], neighboring [6], resident [9]
vegetariana vegetarian [P]
vehículo vehicle [7]
veinte 20 [2]
veintidós 22 [2]
veintinueve 29 [3]
veintisiete 27 [5]
veintitrés 23 [7]
vejez *f.* old age [5]
vela sail [5]
velo veil [8]
velocidad speed [4]
vencimiento conquest [9]
venda bandage [4]
vendado bandaged [4]
vender to sell [1]
venezolano Venezuelan [9]
venganza vengeance [7]
vengar to avenge [9]
venir (ie) to come [1]
ventana window [1]
ventura venture [9]
ver to see [P]
verano summer [1]
veras truth [9]
verbo verb [1]
verdad truth [1], ¿—? right? [1], **de —** real(ly) [1]
verdaderamente truly [6]
verdadero true [2]
verde unripe, green [P]
versión version [3]
vertiginoso dizzy [2]
vestido dressed [5]
vestimenta piece of clothing, outfit [6]
vestir (i) to wear [6]
veterinario veterinarian [6]
vez(-ces) *f.* time [4], **una —** once [1], **una — más** once again [P], **una y otra —** time

and time again [P], **en — de** instead of [5], **a la —** at the same time [6], **a su —** in turn [6], **a veces** at times [2]
viajar to travel [1]
viaje *m.* trip [1]
víctima victim [5]
vida life [1], **por —** lifetime [6]
vídeo videocassette [5]
viejo old [1]
viento wind [6]
vientre *m.* belly [9]
vigilante *m.* guard [8]
vigoroso vigorous [5]
vil contemptible [9]
villanía vile deed [9]
villano rustic person, boor [9]
vino wine [1]
violencia violence [7]
violentamente violently [6]
violentísimo very violent [7]
violento violent [5]
violeta violet [5]
Virgen *f.* Virgin Mary, Mother of Christ [2]
virtud virtue [5]
visión vision, sight [4]
visita visit [1]
visitante *m.* visitor [7]
visitar to visit [1]
vista view, vision, sight [4], **ante su —** before his eyes [5]
visto seen [P]
vivir to live [1]
vivo alive [3]
vocabulario vocabulary [7]
vocación vocation [5]
volteado turned [9]
voluntad will, power [4]
volver (ue) to return, go back [1], **— a** to... again [P], to turn [9], **— en** to turn into [9]; **—se** to become suddenly, to turn [6], **— loco** to go crazy [4]
vómito vomiting [6]
vosotros you [1]
votar to vote [6]
voz *f.* voice [2], *f.* shout [9]

vuelta return(ed) [6]

Y

y and [1]
ya now, already — **no** not
anymore [5], — **que** since [P]

yegua mare [9]
yerro error, iron [6]
yo I [1]

Z

zafio uncivil fellow [9]
zapato shoe [1]
zona zone, area [7]
zorra fox [P]

VERB APPENDIX

THE FORMATION OF REGULAR AND IRREGULAR VERBS

I. Regular Verbs

Spanish has two types of regular verbs: those whose stem (whatever comes before the infinitive's ending, **-ar, -er, -ir**) throughout all tenses, and those that show a change in vowels in the present system (present indicative, present subjunctive, and commands).

A. Verbs with no vowel changes in the stem.

These verbs are organized using this pattern:

(yo)	(nosotros)
(tú)	(vosotros)
(usted)	(ustedes)
(él, ella)	(ellos, ellas)

	-ar		**-er**		**-ir**	
Infinitive	hablar		comer		vivir	
Gerund	hablando		comiendo		viviendo	
Past Participle	hablado		comido		vivido	

Indicative

	-ar		**-er**		**-ir**	
Present[1]	hablo	hablamos	como	comemos	vivo	vivimos
	hablas	habláis	comes	coméis	vives	vivís
	habla	hablan	come	comen	vive	viven
	habla	hablan	come	comen	vive	viven
Preterite[2]	hablé	hablamos	comí	comimos	viví	vivimos
	hablaste	hablasteis	comiste	comisteis	viviste	vivisteis
	habló	hablaron	comió	comieron	vivió	vivieron
	habló	hablaron	comió	comieron	vivió	vivieron
Imperfect	hablaba	hablábamos	comía	comíamos	vivía	vivíamos
	hablabas	hablabais	comías	comíais	vivías	vivías
	hablaba	hablaban	comía	comían	vivía	vivían
	hablaba	hablaban	comía	comían	vivía	vivían

[1]Some verbs that end in **-iar** and **-uar** (and they have to be learned individually) take an accent mark throughout: **enviar—envío, envías,** etc. (but not **estudiar—estudio, estudias,** etc.); **continuar—continúo, continúas,** etc. (but not **apaciguar** to pacify, **apaciguo, apaciguas,** etc.).

[2]If the stem of an **-ar** preterite ends in **c-, g-,** or **z-,** its preterite **yo**-form shows a spelling change: **explicar—expliqué, llegar—llegué, comenzar—comencé. -Er** and **-ir** verbs whose stem ends in a vowel show a regular spelling change in the **usted/él/ella** form and its plural—the **-i-** of the ending becomes **-y-: caer—cayó, cayeron.**

Future	hablaré	hablaremos	comeré	comeremos	viviré	viviremos
	hablarás	hablaréis	comerás	comeréis	vivirás	viviréis
	hablará	hablarán	comerá	comerán	vivirá	vivirán
	hablará	hablarán	comerá	comerán	vivirá	vivirán
Conditional	hablaría	hablaríamos	comería	comeríamos	viviría	viviríamos
	hablarías	hablaríais	comerías	comeríais	vivirías	viviríais
	hablaría	hablarían	comería	comerían	viviría	vivirían
	hablaría	hablarían	comería	comerían	viviría	vivirían

Commands[1]	habla, no hables		come, no comas		vive, no vivas	
	hable		coma		viva	
	hablemos		comamos		vivamos	
	hablad, no habléis		comed, no comáis		vivid, no viváis	
	hablen		coman		vivan	

Subjunctive

Present	hable	hablemos	coma	comamos	viva	vivamos
	hables	habléis	comas	comáis	vivas	viváis
	hable	hablen	coma	coman	viva	vivan
	hable	hablen	coma	coman	viva	vivan
Past	hablara	habláramos	comiera	comiéramos	viviera	viviéramos
	hablaras	hablarais	comieras	comierais	vivieras	vivierais
	hablara	hablaran	comiera	comieran	viviera	vivieran
	hablara	hablaran	comiera	comieran	viviera	vivieran
Past (-se forms)	hablase	hablásemos	comiese	comiésemos	viviese	viviésemos
	hablases	hablaseis	comieses	comieseis	vivieses	vivieseis
	hablase	hablasen	comiese	comiesen	viviese	viviesen
	hablase	hablasen	comiese	comiesen	viviese	viviesen

Perfect Tenses
Indicative

Present	he	hemos				
	has	habéis	hablado	comido	vivido	
	ha	han				
	ha	han				
Past	había	habíamos				
	habías	habíais	hablado	comido	vivido	
	había	habían				
	había	habían				
Future	habré	habremos				
	habrás	habréis	hablado	comido	vivido	

[1]The **vosotros** command, not discussed in the text, is simple to form: for the positive form, remove the **-r** from the infinitive and replace it with **-d**; for the negative, use the corresponding subjunctive form. For reflexive **vosotros** commands, remove the **-d** (**sentaos, atreveos, divertíos**)—except for the eternally irregular **ir**, where the **-d** remains: **idos**.

	habrá	habrán			
	habrá	habrán			
Conditional	habría	habríamos			
	habrías	habrías	hablado	comido	vivido
	habría	habrían			
	habría	habrían			

Subjunctive

Present	haya	hayamos			
	hayas	hayáis	hablado	comido	vivido
	haya	hayan			
	haya	hayan			
Past	hubiera	hubiéramos			
	hubieras	hubierais	hablado	comido	vivido
	hubiera	hubieran			
	hubiera	hubieran			

B. Verbs with vowel changes in the stem.

The -**ar** and the -**er** verbs change **o** to **ue** or **e** to **ie** only in the present system and commands. The -**ir** verbs have three sets of changes (**o** to **ue**,[1] **e to ie**, and **e** i) in the present system and commands, *and* show special set of changes in a few other specific places. For this reason, the -**ar** and -**er** systems will be given separately from the -**ir** system. Command forms are not given since they follow the regular patterns.

-ar and -er Verbs

	contar (o–ue)		**volver (o–ue)**	
Present	cuento	contamos	vuelvo	volvemos
Indicative	cuentas	contáis	vuelves	volvéis
	cuenta	cuentan	vuelve	vuelven
	cuenta	cuentan	vuelve	vuelven
Present	cuente	contemos	vuelva	volvamos
Subjunctive	cuentes	contéis	vuelvas	volváis
	cuente	cuenten	vuelva	vuelvan
	cuente	cuenten	vuelva	vuelvan

	cerrar (e–ie)		**perder (e–ie)**	
Present	cierro	cerramos	pierdo	perdemos
Indicative	cierras	cerráis	pierdes	perdéis
	cierra	cierran	pierde	pierden
	cierra	cierran	peirde	pierden

[1]**Jugar** is the only verb to make the change **u–ue**.

Present Subjunctive	cierre	cerremos		pierda	perdamos
	cierres	cerréis		pierdas	perdáis
	cierre	cierren		pierda	pierdan
	cierre	cierren		pierda	pierdan

-ir Verbs

	dormir (o–ue)		mentir (e–ie)		pedir (e–i)	
Present Indicative	duermo	dormimos	miento	mentimos	pido	pedimos
	duermes	dormís	mientes	mentís	pides	pedís
	duerme	duermen	miente	mienten	pide	piden
	duerme	duermen	miente	mienten	pide	piden
Present Subjunctive	duerma	durmamos	mienta	mintamos	pida	pidamos
	duermas	durmáis	mientas	mintáis	pidas	pidáis
	duerma	duerman	mienta	mientan	pida	pidan
	duerma	duerman	mienta	mientan	pida	pidan

The special **ir** changes are **o** to **ué** and **e** to **ié**; they occur in four places:

a) The present participle:

dormir	durmiendo
mentir	mintiendo
pedir	pidiendo

b) The **nosotros** and **vosotros** forms of the present subjunctive:

duerma	**durmamos**	mienta	**mintamos**	pida	**pidamos**
duermas	**durmáis**	mientas	**mintáis**	pidas	**pidáis**
duerma	duerman	mienta	mientan	pida	pidan
duerma	duerman	mienta	mientan	pida	pidan

c) The **usted/él/ella** and **ustedes/ellos/ellas** forms of the preterite:

dormí	dormimos	mentí	mentimos	pedí	pedimos
dormaiste	dormisteis	mentiste	mentisteis	pediste	pedisteis
durmió	**durmieron**	**mintió**	**mintieron**	**pidió**	**pidieron**
durmió	**durmieron**	**mintió**	**mintieron**	**pidió**	**pidieron**

d) Since the past subjunctive is built on the **ustedes/ellos/ellas** form of the preterite, the entire past subjunctive shows the same vowel throughout.

durmiera	**durmiéramos**	**mintiera**	**mintiéramos**	**pidiera**	**pidiéramos**
durmieras	**durmierais**	**mintieras**	**mintierais**	**pidieras**	**pidierais**
durmiera	**durmieran**	**mintiera**	**mintieran**	**pidiera**	**pidieran**
durmiera	**durmieran**	**mintiera**	**mintieran**	**pidiera**	**pidieran**

These changes are perfectly regular with any **-ir** vowel-changing verb. There is no exception.

2. Irregular Verbs

Only the irregular tenses of the verbs are given, with two exceptions: 1) if the future is irregular, the conditional (sharing the same stem as the future) will not be listed; 2) if the preterite is irregular, the past subjunctive (built on the **ustedes/ellos/ellas** form of that tense) will not be given. Verbs that show only spelling changes (such as **llegar—llegué** and **oír—oyó**) are regular, and will not be listed.

Subject pronouns are again not listed, and the conjugations are listed in the same order as above. Formal and negative **tú** commands are not listed since they are found in the subjunctive forms.

A. Individual Verbs

caer

pres. ind.	caigo, caes, cae, cae, caemos, caéis, caen, caen
pres. subj.	caiga, caigas, caiga, caiga, caigamos, caigáis, caigan, caigan

conocer

pres. ind.	conozco, conoces, conoce, conoce, conocemos, conocéis, conocen, conocen
pres. subj.	conozca, conozcas, conozca, conozca, conozcamox, conozcáis, conozcan, conozcan

dar

pres. ind.	doy, das, da, da, damos, dais, dan, dan
pres. subj.	dé, des, dé, dé, demos, deis, den, den
preterite	di, diste, dio, dio, dimos, disteis, dieron, dieron

decir

pres. ind.	digo, dices, dice, dice, decimos, decís, dicen, dicen
pres. subj.	diga, digas, diga, diga, digamos, digáis, digan, digan
preterite	dije, dijiste, dijo, dijo, dijimos, dijisteis, dijeron, dijeron
future	diré, dirás, dirá, dirá, diremos, diréis, dirán
tú-command	di

estar

pres. ind.	estoy, estás, está, está, estamos, estáis, están, están
pres. subj.	esté, estés, esté, esté, estemos, estéis, estén, estén
preterite	estuve, estuviste, estuvo, estuvo, estuvimos, estuvisteis, estuvieron, estuvieron
future	estaré, estarás, estará, estará, estaremos, estaréis, estarán

haber

pres. ind.	he, has, ha, ha(y), hemos, habéis, han, han
pres. subj.	haya, hayas, haya, haya, hayamos, hayáis, hayan, hayan
preterite	hube, hubiste, hubo, hubo, hubimos, hubisteis, hubieron, hubieron
future	habré, habrás, habrá, habrá, habremos, habréis, habrán

hacer

pres. ind.	hago, haces, hace, hace, hacemos, hacéis, hacen, hacen
pres. subj.	haga, hagas, haga, haga, hagamos, hagáis, hagan, hagan
preterite	hice, hiciste, hizo, hizo, hicimos, hicisteis, hicieron, hicieron
future	haré, harás, hará, hará, haremos, haréis, harán
tú-command	haz

ir

pres. ind.	voy, vas, va, va, vamos, vais, van, van
pres. subj.	vaya, vayas, vaya, vaya, vayamos, vayáis, vayan, vayan
imperfect	iba, ibas, iba, iba, íbamos, ibais, iban, iban
preterite	fui, fuiste, fue, fue, fuimos, fuisteis, fueron, fueron
tú-command	vé

oír

pres. ind.	oigo, oyes, oye, oye, oímos, oís, oyen, oyen
pres. subj.	oiga, oigas, oiga, oiga, oigamos, oigáis, oigan, oigan

poder

preterite	pude, pudiste, pudo, pudo, pudimos, pudisteis, pudieron, pudieron
future	podré, podrás, podrá, podrá, podremos, podréis, podrán

poner

pres. ind.	pongo, pones, pone, pone, ponemos, ponéis, ponen, ponen
pres. subj.	ponga,pongas, ponga, ponga, pongamos, pongáis, pongan, pongan
preterite	puse, pusiste, puso, puso, pusimos, pusisteis, pusieron, pusieron
future	pondré, pondrás, pondrá, pondrá, pondremos, pondréis, pondrán
tú-command	pon

querer

preterite	quise, quisiste, quiso, quiso, quisimos, quisisteis, quisieron, quisieron
future	querré, querrás, querrá, querremos, querréis, querrán

saber

pres. ind.	sé, sabes, sabe, sabe, sabemos, sabéis, saben, saben
pres. subj.	sepa, sepas, sepa, sepa, sepamos, sepáis, sepan, sepan
preterite	supe, supiste, supo, supo, supimos, supisteis, supieron, supieron
future	sabré, sabrás, sabrá, sabrá, sabremos, sabréis, sabrán

salir

pres ind.	salgo, sales, sale, sale, salimos, salís, salen, salen
pres. subj.	salga, salgas, salga, salga, salgamos, salgáis, salgan, salgan
preterite	salí, saliste, salió, salió, salimos, salisteis, salieron
future	saldré, saldrás, saldrá, saldremos, saldréis, saldrán
tú-command	sal

ser

pres. ind.	soy, eres, es, es, somos, sois, son, son
pres. subj.	sea, seas, sea, sea, seamos, seáis, sean, sean
preterite	fui, fuiste, fue, fue, fuimos, fuisteis, fueron, fueron
imperfect	era, eras, era, era, éramos, erais, eran
tú-command	sé

tener

pres. ind.	tengo, tienes, tiene, tiene, tenemos, tenéis, tienen, tienen
pres. subj.	tenga, tengas, tenga, tenga, tengamos, tengáis, tengan, tengan
preterite	tuve, tuviste, tuvo, tuvo, tuvimos, tuvisteis, tuvieron, tuvieron
future	tendré, tendrás, tendrá, tendrá, tendremos, tendréis, tendrán
tú-command	ten

traer

pres. ind.	traigo, traes, trae, trae, traemos, traéis, traen, traen
pres. subj.	traiga, traigas, traiga, traiga, traigamos, traigáis, traigan, traigan
preterite	traje, trajiste, trajo, trajo, trajimos, trajisteis, trajeron, trajeron

venir

pres. ind.	vengo, vienes, viene, viene, venimos, venís, vienen, vienen
pres. subj.	venga, vengas, venga, venga, vengamos, vengáis, vengan, vengan
preterite	vine, viniste, vino, vino, vinimos, vinisteis, vinieron, vinieron
future	vendré, vendrás, vendrá, vendrá, vendremos, vendréis, vendrán
tú-command	ven

ver

pres. ind.	veo, ves, ve, ve, vemos, veis, ven, ven
pres. subj.	vea, veas, vea, vea, veamos, veáis, vean, vean
imperfect	veía, veías, veía, veía, veíamos, veíais, veía

B. Irregular Past Participles

These include verbs built on a similar stem such as **hacer–deshacer**

abrir	abierto
cubrir	descubierto
decir	dicho
escribir	escrito
hacer	hecho
morir	muerto
poner	puesto
romper	roto
ver	visto
volver	vuelto

INDEX

Index of Lecturas Culturales, Repasos Instantáneos, and Selecciones Culturales appear at the end of this Index.

LECTURAS CULTURALES

REPASOS INSTANTÁNEOS

SELECCIONES LITERARIAS

México, América Central y el Caribe

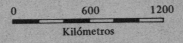

0   600   1200

Kilómetros